跨境支付及金融服务

通道、流程与系统

胡丕辉 孙 韬◎著

电子工业出版社·

Publishing House of Electronics Industry

北京·BEIJING

内 容 简 介

全书共分为 7 章，主要内容为支付市场及其监管、跨境支付原理、全球汇款及购付汇、跨境收款与结汇、境外本地支付、支付通道与系统设计、跨境金融服务。围绕跨境贸易"全球买卖"的中心方向，阐述电子商务领域的支付与结算的热点问题，以"收付全球"为主题，全面阐述与跨境支付有关的市场、监管、通道、合规、运营、流程及系统等方面内容，兼有市场分析和运营实务，同时对跨境支付的业务流程和系统设计做了详细的分析表达。

未经许可，不得以任何方式复制或抄袭本书之部分或全部内容。
版权所有，侵权必究。

图书在版编目（CIP）数据

跨境支付及金融服务：通道、流程与系统 / 胡丕辉，孙韬著. —北京：电子工业出版社，2022.12
ISBN 978-7-121-44400-5

Ⅰ. ①跨… Ⅱ. ①胡… ②孙… Ⅲ. ①电子商务-电子支付-支付方式-研究 Ⅳ. ①F713.361.3

中国版本图书馆 CIP 数据核字（2022）第 203102 号

责任编辑：黄爱萍
文字编辑：刘　博
印　　刷：北京天宇星印刷厂
装　　订：北京天宇星印刷厂
出版发行：电子工业出版社
　　　　　北京市海淀区万寿路 173 信箱　　　　邮编：100036
开　　本：720×1000　1/16　印张：13.5　　字数：302.4 千字
版　　次：2022 年 12 月第 1 版
印　　次：2025 年 8 月第 6 次印刷
定　　价：89.00 元

凡所购买电子工业出版社图书有缺损问题，请向购买书店调换。若书店售缺，请与本社发行部联系，联系及邮购电话：（010）88254888，88258888。
质量投诉请发邮件至 zlts@phei.com.cn，盗版侵权举报请发邮件至 dbqq@phei.com.cn。
本书咨询联系方式：（010）51260888-819，faq@phei.com.cn。

序一

中国之所以能够强起来，是因为 40 多年来，我们坚持改革开放创新发展，逐步建立起了适合国情的中国特色社会主义市场经济体制，实现了以市场为基础优化资源配置与社会主义制度的有机结合与现实统一。中国的发展实践证明了诺贝尔经济学奖得主道格拉斯·诺思的著名论断："制度高于一切"。

伟大的实践展开了一个伟大的时代。在这个伟大的时代，技术升级迭代日新月异，网络经济全面开花，数字社会大踏步走来，创新的浪潮深刻地影响着生产、交换、分配、消费，推动着社会再生产全过程的创新与升级，带动了跨境电商、出境游、留学、网络游戏、社交应用等行业的快速发展。跨境支付将会由少数外贸人的金融服务逐步成为服务广大跨境小商户的普惠金融服务，且越发重要。

新浪潮可能让某些准备不足的人措手不及，而慧者能以睿智拥抱未来。

胡丕辉携手孙韬记初心、行使命，理论结合实践，不懈探索，推出了大作《跨境支付及金融服务——通道、流程与系统》。我怀着学习愿望，先睹了佳作，虽涉猎不多，受眼光局限，不敢言"一览众山小"，但阅读完本书有一种在金融理论与实务中砥砺前行，旨在努力追求新高度的感觉。天生我等逐浪人，无限风光在险峰！为了中华民族的伟大复兴，勇毅攀登！

国务院政府特殊津贴专家

中国人民大学博士生导师

米建国

序二

当前我国正在实施更大范围、更广领域、更深层次的全面开放，跨境支付在对外开放中一直扮演着重要角色。全球贸易摩擦叠加新冠肺炎疫情的冲击，全球消费呈现出个性化、碎片化、无接触式服务的新特征，传统的中心化、规模化、B2B 的供应链受到严重冲击，小额、分散、高频、B2C 的跨境电商逆势增长，为更多中小微企业走出国门带来更大机遇和空间。世界商业格局也逐渐从全球贸易向全球电商零售演进，这对现有跨境支付体系与技术提出了更高的支付结算要求。

中国在推动新一轮高水平对外开放，为驱动贸易发展注入新动能，积极培育贸易新业态、新模式。跨境电子商务是新兴的国际贸易模式，这一"网上丝绸之路"，促进了国际交流合作和探索贸易新规则，为国内广大中小微企业创造了普惠贸易环境。中国发展了高效的制造业，并更多地转向市场化的多元发展，在科技领域，我们身处一个技术急剧升级的时代，如今的中国毫无疑问正成为世界领跑者。

在网络经济的浪潮中，覆盖全球的跨境和本地的电子支付方式发生了巨大进步。我国结合共建"一带一路"倡议、自贸区建设，坚持金融业改革开放，进一步深化与完善金融科技全球治理体系，积极对外输出金融科技发展催生的技术、标准、产品和服务，推动建立有利于金融科技发展的国际新规则，助力商家和消费者加入全球经济生态圈，实现互惠共赢、共同发展。

对外经济贸易大学教授、博士生导师

海南研究院首席专家

崔凡

序三

　　跨境电商是传统外贸转型与创新的重要标志，跨境支付是跨境电商与数字贸易的基础支撑。跨境电商与跨境支付的发展关乎国际经济循环、国内生产流通效率、大众消费及资金安全等多方面。跨境电商在生产者和消费者之间架起了高效便捷的供需桥梁，拓宽了消费渠道和商品种类，引领消费趋势和商业创新，引导生产厂商更快地响应市场，驱动着支付方式在全球范围的变革。跨境电商与跨境支付的有机结合，正在突破国际贸易和全球生产消费的壁垒，显示出蓬勃的生机和广阔的前景。跨境电商与跨境支付让世界变得"更平、更快、更新、更绿、更简单"。

　　跨境电商正在消弭国际贸易与全球消费的障碍，中小微企业和网商借助电子商务，进入全球价值链和国际市场，但支付与资金结算具有一定门槛。碎片化的电商贸易使得商业银行等传统金融渠道的优势难以发挥，新型支付机构抓住商流模式的变化，依托技术平台与网络化运营，为跨境市场提供了多样化的支付及融通方式，为跨境商家切实解决了合规条件下的资金闭环。

　　时代在变迁，当前跨境支付已经从伴随电商与外贸走出去，到成为业务全球化的代表，中国的网络支付技术发挥了引领作用，这在全球金融监管日趋严苛的条件下已超越了业务本身的意义。金融是经济发展的"血脉"，跨境支付体系作为金融新基建的重要组成部分，未来将伴随人民币国际化发挥更加突出的作用，这也意味着金融科技创新中的跨境支付市场有着前所未有的发展潜力。

中国国际发展知识中心副主任

国务院发展研究中心研究员

魏际刚

目 录

第 1 章 支付市场及其监管 ·· 1

1.1 传统跨境支付与结算 ··· 2

1.2 跨境支付场景 ··· 4

1.3 国内支付行业监管 ··· 7

1.4 境外合规要求 ··· 12

1.5 跨境金融风控 ··· 17

1.6 跨境支付行业趋势 ··· 19

第 2 章 跨境支付原理 ··· 23

2.1 跨境网络支付形态 ··· 24

2.2 跨境支付环节解析 ··· 26

2.3 跨境支付清结算体系 ··· 29

2.4 人民币跨境支付结算 ··· 35

2.5 银行卡支付清算 ··· 38

2.6 第三方支付模式 ··· 41

2.7 外汇兑换通道 ··· 44

2.8 产业链及盈利模式 ··· 46

2.9 金融科技 ··· 49

第 3 章　全球汇款及购付汇 ································· 53

3.1　国际汇款 ··· 54

　3.1.1　跨境汇款流程 ····································· 55

　3.1.2　创新汇款模式 ····································· 58

3.2　境外消费支付与结算 ··································· 60

　3.2.1　境外聚合收单 ····································· 61

　3.2.2　银行卡及银联国际 ································· 63

　3.2.3　国际微信支付 ····································· 64

　3.2.4　支付宝国际 ······································· 66

3.3　进口通关支付申报 ····································· 67

3.4　全球购的市场机会 ····································· 70

第 4 章　跨境收款与结汇 ····························· 72

4.1　收付款账户 ··· 73

　4.1.1　离岸账户 ··· 74

　4.1.2　支付虚拟账户 ····································· 77

4.2　外贸收款 ··· 79

4.3　跨境电商收款 ··· 81

　4.3.1　跨境电商平台收款 ································· 82

　4.3.2　独立站支付与收款 ································· 85

4.4　外卡收单 ··· 87

4.5　结汇提现 ··· 90

　4.5.1　外汇交易风险 ····································· 91

　4.5.2　结售汇及费用 ····································· 93

第 5 章　境外本地支付 ······························· 96

5.1　境外主流支付方式 ····································· 97

5.2　信用卡 ··· 100

5.3　在线网银 ··· 101

5.4　电子钱包 ··· 103

5.5　预付卡 ·· 105

5.6　代扣代付 ·· 108

5.7　先买后付与分期付款 ·· 109

5.8　现金与到付 ·· 113

5.9　电子货币/数字货币 ·· 115

5.10　运营商计费 ·· 118

5.11　虚拟币 ·· 119

5.12　支付渠道集成 ··· 120

5.13　行业名企 ··· 122

第 6 章　支付通道与系统设计 ··· 125

6.1　金融级支付平台 ·· 126

6.2　资金归集与存管 ·· 129

6.3　支付系统设计 ·· 131

6.3.1　账户体系 ·· 132

6.3.2　商户管理 ·· 134

6.3.3　交易系统+收银台 ·· 135

6.3.4　支付处理+记账 ··· 137

6.3.5　渠道网关+前置 ··· 139

6.3.6　交易对账 ·· 141

6.3.7　清分结算 ·· 145

6.4　架构设计与运维 ·· 148

6.5　支付安全与风控 ·· 150

6.5.1　KYC 和 AML ··· 150

6.5.2　交易风控引擎 ··· 154

6.5.3　信息安全与隐私保护 ······································ 156

6.6　支付产品"白标" ·· 159

第 7 章　跨境金融服务 ··· 162

7.1　传统外贸金融服务 ·· 163

7.2　数字银行与互联网金融 ·· 166
7.3　跨境供应链金融 ·· 168
　　7.3.1　预付账款融资模式 ·· 171
　　7.3.2　存货融资模式 ·· 173
　　7.3.3　应收账款融资模式 ·· 177
　　7.3.4　数据贷和信用融资 ·· 182
　　7.3.5　票据及其他融资方式 ·· 185
　　7.3.6　供应链融资风控 ·· 186
　　7.3.7　跨境供应链金融生态 ·· 189
　　7.3.8　外贸综合金融服务 ·· 192
7.4　支付即服务 ·· 194
　　7.4.1　支付增值服务 ·· 194
　　7.4.2　支付平台运营推广 ·· 196
7.5　网络平台的支付版图 ·· 198

结语 ··· 201

附录 A ··· 202

第 1 章

支付市场及其监管

支付是整个商业体系的基础服务，任何形式的贸易或买卖都离不开支付。支付又是一个细分的金融领域，由于直接操作"钱"，因此深入至各行各业，监管门槛高，专业性比较强。企业开展金融服务必须获得官方的许可证（License）、授权认证（Authorization）或注册名录（Registration）等牌照身份。支付机构（Payment Service Provider，PSP）以特有的"科技+金融"创新，不断赋能新领域，将传统支付复杂的底层逻辑进行"重构"与"封装"，让不同地区、不同行业、不同场景下的资金收付和管理更加便捷。在跨境交易中，买卖双方难以当面进行钱货两清的交割，从各自利益考虑，都力求在货、款的收付方面能得到较大的安全保障，在长期经验下形成了多种支付结算方式。本书主要探讨基于网络的跨境支付结算，既有传统银行渠道的线上化模式，也有第三方支付或金融科技的支付新模式，重点围绕跨境电商及数字化贸易的网络交易场景展开。

支付与场景的结合，创新出诸多数字化的金融服务、垂直应用，突破了传统金融市场壁垒，借助渠道优势提高客户的资金周转效率。随着全球网购消费习惯的改变，跨境电商交易量不断增长，社会对便捷、安全的跨境支付有着强烈需求。在电商出海、海淘进口、出境游、留学等支付需求的快速拉动下，跨境支付行业呈现巨大潜力。国内诸多支付机构正加快迈进全球市场，向支付产业链条上下游发力，并在收款、收单、汇款等领域广泛涉足。支付行业属于规模经济，必须达到相当大的交易规模才能获利，与有实力的国际知名支付机构相比，国内支付机构的综合服务能力、合规水平仍需提升。

1.1 传统跨境支付与结算

跨境支付（Crossborder Payment）又称跨境外汇支付，是付款人向收款人完成跨境转移可以接受的货币债权的过程，涉及账户、外汇、安全、系统等多方面。掌握传统外贸支付与结算的流程与机制，有助于理解跨境支付的数字化升级对解决新需求的痛点，以及满足政策合规的变革、创新与继承关系。传统国际贸易 B2B 货款的收付，多为大额、低频的一对一交易，对支付的安全性要求高，支付形态主要是以化解交易风险为基础的各种信用工具，如信用证、银行保函[①]、汇票、期票等。收付双方主要通过银行发生支付关系，除了小额边贸，很少采用现金支付，双方按照贸易合同规定的支付结算。传统对公账户跨境支付与结算方式对比如表 1-1 所示。

---

① 银行应委托人申请向受益人开立的一种书面凭证，保证申请人按规定履约，否则由银行负责偿付。

表 1-1 传统对公账户跨境支付与结算方式对比

方式	流程	性质	卖方收汇风险
前 T/T	先款后货	顺汇，商业信用	○
信用证 L/C	先证后货，货到付余款	逆汇，银行信用	●
部分 T/T	预付定金、货到付余款	顺汇，商业信用	●●
即期 D/P	先货，后付款交单	逆汇，商业信用	●●
远期 D/A	先货，后承兑交单，再付	逆汇，商业信用	●●●
后 T/T	先货后款、货到付款	逆汇，商业信用	●●●●
赊销 O/A	先货后款	逆汇，商业信用	●●●●●

1. 汇付

汇付（Remittance）又称汇款，属于顺汇，由付款人主动将款项汇给收款人。这是最直接的支付方式，付款义务的履行完全依靠买方的商业信用，银行作为付款人的代理只提供支付服务，不承担偿付责任。汇付通常用于预付货款、货到付款、订金、尾款、佣金等支付，种类有信汇、票汇、电汇。

随着网络的普及，现在的汇款主要指银行电汇（Wire Transfer 或简称 T/T）。汇款人通过银行电传给境外的分行或代理行解付款项给收款人，收款机构收到支付信息后，直接存入收款人的指定账户或通知收款人取现。银行间的国际电汇是传统 B2B 贸易跨境支付的主流方式，适用于大额汇款，无限额、手续费高。

个人汇款及小额外贸等对私账户常使用部分银行代办的西联汇款、速汇金等跨境汇款方式，这类国际汇兑金融网络建立了独立的资金池网络，不依赖于银行结算传导。对小额高频的跨境电商来说，买家不易接受直接到账汇款的方式，容易导致交易失败，目前基本都是跨境网络支付 PayPal 等。

2. 托收

托收（Collection）是出口方开具的以进口方为付款人的汇票，委托银行向进口方收款。托收属于逆汇，作为结算工具的单据及其传送与资金的流动呈相反方向，费用低、风险小，甚至可以取得卖方的资金融通。银行根据卖方的指示来收款，但能否收到货款要依靠买方的信用。最常用的托收类型有跟单托收、光票托收（不附带商业票据）等。

3. 信用证

信用证（Letter of Credit，L/C）以开证银行的信誉为卖方提供付款保证书，依靠银行信用，不依附于买卖合同，凭单付款，且不以货物为准，只要单据相符，开证银行就应无条件付款，银行负首要付款责任。信用证在大额外贸付款中使用较多，可用来解决远程交易的双方互信问题，其中卖方的风险较低。信用证包括即期信用证、延期付款信用证、承兑信用证、议付信用证等类型。

4. 国际保理及其他融资付款结算

国际保理（International Factoring）及其他融资付款结算：贸易双方没有发生直接的资金转移关系，中间融资方承担了付款责任，在此不做赘述。

国内多数商业银行都能办理跨境支付，银行电汇主要通过 SWIFT 网络系统进行，信息与资金在银行间接力传递，最终将款项支付给收款人。SWIFT 网络专门为金融机构提供报文交换与接口服务，拥有完备的标准化和庞大的生态体系，也是收付美元的主要数据通道。全球大多数银行都已经加入了 SWIFT，其在加速全球范围内的货币流通和国际结算方面的作用十分重要。

> 说明：SWIFT 中文全称环球银行金融电讯协会，是最早为解决跨境支付清算而设立的跨国银行同业间的合作组织，它运营的 SWIFT 系统不是一个跨境支付系统，而是金融通信网络。该协会成员银行各有一个识别码（Bank Identifier Code，BIC），即 SWIFT Code，汇出行按照收款行的 BIC 发送付款电文。如兴业银行 BIC 是 FJIBCNBJ，后面再加 3 位数字组成分行代码，如广州分行：FJIBCNBJ500。SWIFT 报文共有十大类，一般定义为：MT XXX（三个数字组成），如 MT 1XX：客户汇款与支票，MT 2XX：银行头寸调拨等。

传统贸易的支付过程相对复杂，具体体现在：①资金到账慢，电汇手续复杂，经过代理行及中间方相互建立信用关系，中间代理层级多产生延时问题，导致资金的流动性下降；②汇费及手续费较高，由于支付网络的基础设施及流程的每个环节都要收费，缺少同业竞争，费率长期较高；③支付过程缺乏透明性，不能实时追溯，用户体验不佳。基于以上因素，尽管我国进出口贸易规模在全球首屈一指，但由于传统模式下的跨境支付绑定于既有金融资源与系统网络，所以难以孵化出新的有竞争力的支付企业。

随着跨境电商、市场采购、境外消费等新业态的崛起，小额跨境贸易发展迅速，海外小商家众多，高频直采的模式导致在线商流难以与资金流绑定；而客单价更低、更高频的跨境零售进一步提升了支付便捷性与及时性的要求，新兴跨境支付机构日渐成为主流，移动在线支付操作便捷，拥有多种通道选择且费用低。

1.2　跨境支付场景

全球支付行业每年拥有超万亿美元的收入规模，如图 1-1 所示，其中零售支付收入占比达 70%。支付领域长期由银行主导，随着网络经济的飞速发展，以需求驱动创新，让科技企业得以强势进军这一市场，尤其在消费支付领域独占鳌头，这个超级体量市场承载了丰富的行业生态，并带来了新的业务形态变化。

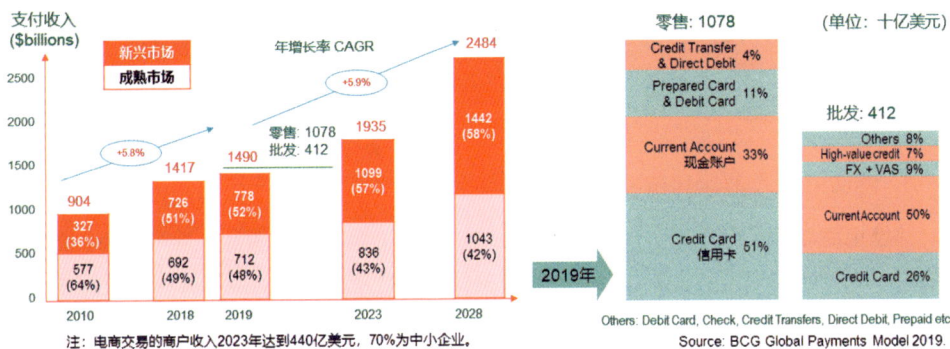

图 1-1　全球支付行业收入概览

科技公司作为金融科技市场的前沿玩家，布局金融领域占比最多的四个场景是支付、财富管理、保险、贷款，其中支付是最高频的业务，连接场景无数，也是最具创新活跃度的领域。交易越复杂，企业提供附加值和进行相应定价的机会就越多，而跨境支付就具备这种特征，人口、生产、贸易及资本的全球流动创造了庞大的跨境支付增量市场。图 1-2 所示为全球金融科技 Top250 行业分布。

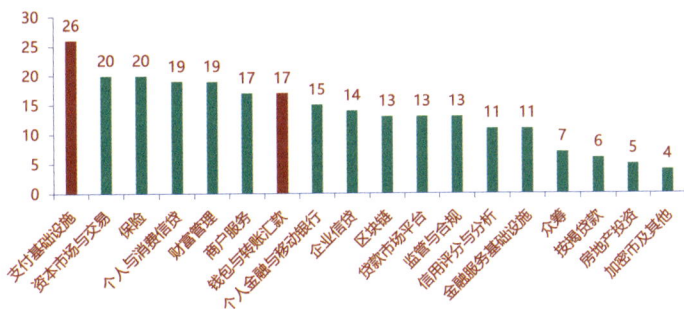

图 1-2　全球金融科技 Top250 行业分布（2019@CBinsights）

在扩大开放等方针的指导下，跨境支付市场正在享受政策红利。近五年，国内第三方支付跨境互联网交易金额保持年均 50% 的高增长速度，行业规模超过万亿元。此前，由于国内支付市场处于高速发展阶段，备付金利息收入可观，导致支付商开展跨境支付业务的动力不足。近年来，随着国内支付市场逐渐饱和，支付出海成为许多机构的重要转型方向，海外支付费率高、需求高涨且地区更广。跨境支付市场主要的业务领域如表 1-2 所示。

表 1-2　跨境支付市场主要的业务领域

货物贸易	服务贸易		
传统外贸	航空机票	国际展览	软件服务
	旅游服务	留学教育	国际运输
跨境电商	酒店住宿	国际会议	通信服务

1. 跨境电商及数字化贸易

跨境电商出口是跨境支付增长的第一动力，政策鼓励、供需两旺、景气度高。全球消费者可以直接购买中国制造的商品，会产生高频的小额支付订单。电子商务在线采购提升了交易频次，降低了资金投入和采购波动的风险，但钱如何收、怎么汇入境内？传统银行缺少针对性的服务，这为跨境支付公司创造了机会。跨境支付公司通过整合上下游资源，帮助国内商家代开外币账户，从店铺收款到高效合规的兑换入境，可以大幅缩短跨境结算周期。

2. 出境游与海淘

在消费升级背景下，我国出入境游人群规模持续高涨，2019 年我国出境游人数近 1.55 亿人次，境外旅游支出达 3000 亿美元[①]，自由行、特色游等激发了民宿、交通、票务等需求，支付场景丰富。中国消费者习惯了国内方便快捷的移动支付，在国外也希望能获得一样的支付体验。跨境进口 B2C 网络支付的市场也很大，便于国内用户海淘网购的在线支付，很多支付商致力于为境外电商及传统品牌网店、门店提供跨境支付方案，通过本地化集成服务帮助境外商户获客。

3. 留学教育

近年，我国出国留学人数稳定增长，且低龄化趋势明显，因留学而产生的跨境支付与汇款的交易量大幅增加。2019 年，国内出国留学人数达 71 万人，整个留学市场规模超过 3500 亿元，其中留学后市场的境外消费占 85%[②]。2021 年，来我国留学人数达 44 万人，留学生来自 200 多个国家和地区，其中韩国、泰国、巴基斯坦、印度、美国、俄罗斯等国的留学生最多，"一带一路"沿线国家留学生人数明显增长。新兴的第三方在线跨境支付成为更受欢迎的跨境转账汇款、外币兑换渠道。

---

① 中国旅游研究院（文化和旅游数据中心），《2019 年旅游市场基本情况》。
② 艾瑞咨询，《2020 年中国第三方跨境支付行业研究报告》。

4. 本地钱包

将国内的 C 端支付模式移植到国外，基于境外本地人的移动支付习惯，以个人支付为入口做生态，将线上与线下消费作为切入点，拓展商户、做钱包本地化和聚合支付，同时叠加国内支付的本地化渠道服务，使境内与境外、线上与线下都做到无缝使用，这将承载更多服务价值，同时需要极丰富的资源及渠道。图 1-3 所示为消费者支付方式的演化阶段，很多新兴市场直接从现金社会阶段进入移动支付阶段，甚至没有经历 PC 端的网络支付阶段，这些新兴市场更容易切入 C 端高频移动业务场景。

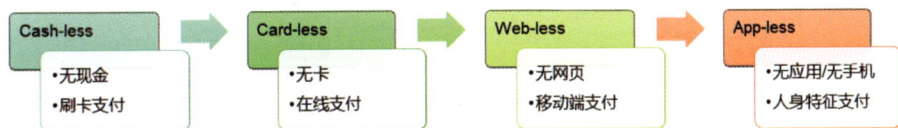

图 1-3　消费者支付方式的演化阶段

典型的跨境支付场景示例如表 1-3 所示，此外，国际会展、网络游戏、在线劳务、虚拟行业等市场对跨境支付也有很大需求。总体上，跨境市场基数大，消费者与企业数量多，服务群体机会多，市场不易被垄断，但目标群体分散，接触成本高，且不同行业的业务模式不同，客户画像也不同，使得支付需求具有多样性，很难以一种支付方案或渠道解决全部问题。

表 1-3　典型跨境支付场景示例

付款	交易币种	收款	结算币种	业务场景	流向	外汇买卖
境内	人民币	境外	外币	进口贸易/海淘/留学/旅游	出	购、付汇
境外	外币	境内	人民币	出口贸易/劳务/侨汇/公益	入	收、结汇
境外	外币	境外	外币	跨境出口/全球收单/本地生活	—	收款/收汇

1.3　国内支付行业监管

金融行业必须持牌经营。对于受监管的专业市场，如果有无持牌都能"展业"（开展业务，Doing Business），那么可能会存在规避监管、套利问题，有损市场公平竞争。跨境支付服务建立在不同地区的银行账户体系之上，与金融法规、外汇管制、征信体系、隐私安全等紧密相关。在国内，金融监管有多个部门，如中国人民银行（人行）、中国证券监督管理委员会（证监会）、中国银行保险监督管理委员会（银保监会）、国家外汇管理局、商务部及其他辅助监管（支付清算协会、银联、网联等），各部门的主要监管范围如图 1-4 所示。支付结算是国家特许经营业务，严格禁止"无证展业"。

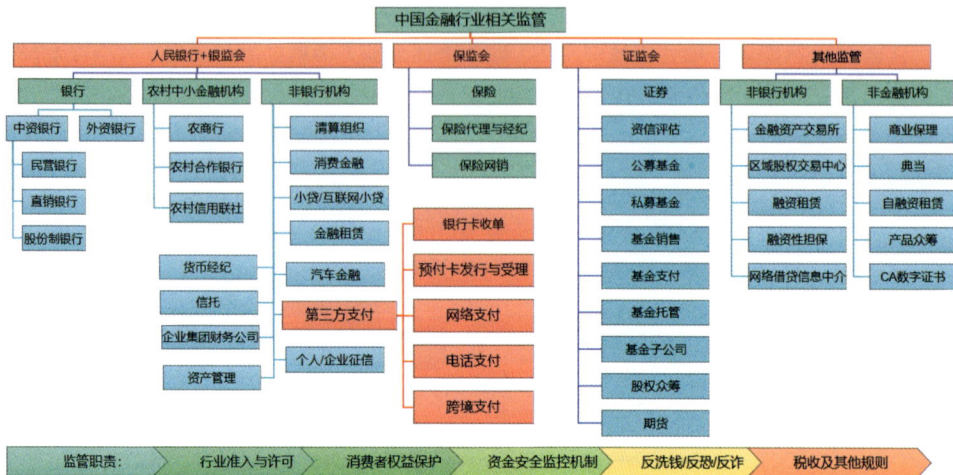

图 1-4　中国金融行业监管部门的主要监管范围[1]

　　国内非银行的第三方支付被定性为独立非金融受理机构，其通过与银行或清算机构对接促成交易双方进行网络支付、信用卡收单等。支付机构要具备采集与保留交易信息的技术条件，并能保障交易的真实性、安全性，且备付金 100% 上收监管。国内第三方支付的基础牌照是中国人民银行颁发的"支付业务许可证"，业务范围与其他国家或地区不完全一样。有些支付场景需要额外监管审批，如证监会颁发的"基金支付业务许可"，支持基金的申购、赎回、分红、定投等。

　　为维护外汇市场秩序，我国始终保持较高的外汇执法标准，遵循"宏观审慎+微观监管"的监管框架，严防外部风险冲击引发跨境资本异常流动。从事跨境支付的资格，需要在具有国内第三方支付牌照的基础上另外申请，由外汇管理局发放并进行名录登记。外汇管理局有权调整支付机构的业务范围、交易限额或者暂停其营业资格。跨境双向人民币资金结算业务是支持跨境电商发展的配套政策，如账户开立、收付汇、资金划转、人民币跨境使用等，若支付机构开展这类业务则需要另外向中国人民银行申请许可。银行金融牌照较齐全，只要它们符合监管条件就可直接提供跨境外汇支付服务。银联作为官方清算机构，在 2007 年成为国内首家开展跨境支付的机构。国内开展跨境支付业务的资质及示例如表 1-4 所示。

① 中国支付清算协会，《中国支付产业年报 2019》。

表 1-4　国内开展跨境支付业务的资质及示例

第三方支付许可证	跨境外汇支付名录登记	人民币跨境支付许可证
中国人民银行颁发	中国人民银行+国家外汇管理局	中国人民银行颁发
	国家外汇管理局上海市分局	中国人民银行广州分行办公室文件
	上海汇复〔2017〕6号	广东省银行与支付机构合作开展跨境人民币支付业务备案通知书
	国家外汇管理局上海市分局关于宝付网络科技（上海）有限公司开展跨境电子商务外汇支付业务试点的批复	受理编号：广州银跨支付备〔2019〕001号

　　金融牌照属于稀缺资源，截至 2021 年年底，全国共有 255 家持金融牌照的支付机构，支持全国范围银行卡收单的牌照共计 33 张、跨境支付牌照共计 30 张。根据支付百科统计，2021 年支付机构前 50 强名单如表 1-5 所示。持牌机构如果不具备服务相关场景的能力，或没有实质开展业务或风控能力缺失，那么也可能拿不到继续展业的资质。

表 1-5　2021 年支付机构前 50 强名单

序号	支付机构	序号	支付机构	序号	支付机构
1	支付宝	18	畅捷通支付/用友	35	联通支付/沃支付
2	腾讯支付/微信	19	网银在线/京东	36	易联支付/快手
3	银联商务	20	乐刷科技	37	宝付网络科技
4	拉卡拉	21	易宝支付	38	北京滴滴支付
5	钱袋宝/美团支付	22	开店宝/点佰趣	39	开联通/中国支付通
6	快钱支付/万达	23	易生支付	40	联动优势/海联金汇
7	通联支付	24	杉德支付	41	广州银联
8	平安付/壹钱包	25	福建国通星驿	42	网易宝/网易支付
9	瑞银信支付	26	上海电银	43	唯品会支付
10	银盛支付	27	中付支付科技	44	北京银联
11	海科融通支付	28	嘉联支付	45	度小满支付/百度
12	随行付支付	29	上海盛付通	46	重庆市钱宝科技
13	连连支付	30	苏宁易付宝	47	中移电商/和包
14	付临门支付	31	东方电子支付	48	新生支付
15	汇付天下	32	甜橙金融/翼支付	49	东方汇融/携程宝
16	易智付/首信易	33	中金支付	50	快捷通支付/海尔
17	深圳快付通金融	34	上海付费通/拼多多		

　　有些支付商虽然在境外申请了牌照，但基本没有在牌照所在地开展业务，也不开展人民币业务，其主要的客户是中国商家。出现这种情况的原因是，部分境外金融牌照相对容易申请，国内对支付牌照监管更严格。无牌跨境支付机构涉及外汇资金集中收付及相关结

售汇服务，其主要与国内持牌支付机构或商业银行合作，成为前端服务商或代理商，为跨境交易双方提供服务。很多外资机构主要靠合作并购进入国内市场，例如，PayPal 收购国付宝，PingPong 收购航天易卡等。表 1-6 列举部分近年来我国对跨境支付机构的投资、治理、运营、风控、备付金等方面的监管政策。国家外汇管理局于 2015 年将跨境外汇支付试点拓展到全国，2019 年正式出台相关办法为行业健康发展创造了基础条件。

表 1-6　部分近年来我国对跨境支付的相关监管政策

政策名称	主要实施内容
中国人民银行令〔2010〕第 2 号	《非金融机构支付服务管理办法》，对国内第三方支付行业实施正式监管，2011 年 5 月央行公布了首批获得《支付业务许可证》的机构
国家外汇管理局汇发〔2013〕5 号	《关于开展支付机构跨境电子商务外汇支付业务试点的通知》，批准 17 家第三方支付机构开展跨境电子商务外汇支付业务试点
国家外汇管理局汇发〔2015〕7 号	《关于开展支付机构跨境外汇支付业务试点的通知》附《支付机构跨境外汇支付业务试点指导意见》明确信息采集、业务范围、账户管理及申报流程等
中国人民银行银发〔2017〕281 号	《中国人民银行关于规范支付创新业务的通知》，互联网支付等有关创新业务需提前 30 天书面报告央行，跨行清算必须接入官方清算机构
中国人民银行银发〔2018〕114 号	《关于支付机构客户备付金全部集中交存有关事宜的通知》，要求支付机构客户备付金集中交存，与银联或网联进行清算业务对接
中国人民银行公告〔2018〕第 7 号	《外商投资支付机构有关事宜公告》，开放外商进入国内支付清算市场的资质，外商投资支付机构要遵守关于非银行支付机构的监管要求
国家外汇管理局汇发〔2019〕13 号	《支付机构外汇业务管理办法》，限制备付金合作银行和备付金账户数，明确可为境内个人办理跨境购物、留学、旅游等项下多种外汇需求
中国人民银行令〔2021〕第 1 号	《非银行支付机构客户备付金存管办法》，明确了对跨境人民币支付和跨境外汇支付的待结算资金专用账户，资金划转要通过官方清算机构办理
中国人民银行公告银发〔2022〕139 号	《关于支持外贸新业态跨境人民币结算的通知》公开征求意见，明确在"展业三原则"的基础上，允许银行与支付机构合作为跨境电商等外贸新业态市场交易主体及个人跨境交易提供经常项下跨境人民币结算服务

违规外汇支付会影响国内金融市场稳定，国家严厉打击非法买卖外汇行为。很多支付机构因为在开展跨境支付业务中合规性不达标，因为业务超出范围或业务子项、业务流程

等相应控制措施不到位，被开出巨额罚单①。《中华人民共和国外汇管理条例》《个人外汇管理办法》等法规里的合规重点，包括客户实名制、交易真实性、国际收支统计申报、数据采集报送、外汇备付金、业务风控及内部操作规程等内容，并严格落实"展业三原则"，做到"了解客户、了解业务、尽职调查"，具体包括以下方面。

一是尽职核验市场主体身份的真实性和合法性。用汇要有明确的主体，支付机构要履行反洗钱、反恐怖融资义务。在客户登记有效期内应持续保存其信息，在客户销户后，相关材料和数据至少保存 5 年备查；个人用汇需要实名制登记才能进行资金汇兑，跨境国际收支业务的申报原则为"收入看来源、支出看用途"；合作银行也会对支付机构外汇业务的真实性、合规性进行合理审核，抽查尽调，要求就可疑交易提供单证材料。

二是备付金（客户沉淀资金）管理。不能触碰客户资金是国际上对支付监管的普遍要求，支付机构为客户办理跨境收付，是受委托的代客交易，均要通过外汇备付金账户进行。支付机构选择具备客户备付金存管资质的银行开立外汇备付金账户，该账户有明确的支出使用范围，包括外汇划转、结汇转入、汇出境外，以及因交易失败等原因产生的原路、原币种退回。

> 注释：外汇备付金是支付机构按照外汇账户管理有关规定，在境内合作银行开立的外汇备付金账户（多币种，不得在境外开立），用于收付市场交易主体暂收待付的外汇资金，账户名尾注"PIA"（Payment Institute Account）。支付机构发起的外汇业务均通过该账户进行，该账户资金与自有外汇资金要严格区分，禁止混用，且不得提取或存入现钞，也不得在无交易情况下预收、预存，资金不得存放于境外。

三是交易信息采集及真实性验证。对于涉外的收付款项，支付机构要掌握充足、真实的交易信息，杜绝非法交易，按照完整性、可追溯性原则采集逐笔明细数据，并对采集信息源持续验证，留存审核备查。按照国际收支申报及结售汇信息报送相关规定，支付机构先对跨境交易进行间接申报，包括集中收付或轧差净额结算时的实际涉外收付款数据，并还原集中收付的原始收付款数据，再由银行报送外汇管理局。判断交易内容或背景的真实性，是国际收支申报、个人结售汇管理、反洗钱审查履行的前提和保证。

四是信息安全与隐私监管。数据是申报与监管的基础，网络安全已经成为在线贸易发展的基石，《中华人民共和国网络安全法》《中华人民共和国个人信息保护法》《中华人民共和国电子商务法》等法规要求对身份交易信息严格保密。持有关键用户数据、核心交易运营数据的网络平台及数据境外存储机构均纳入监管范围，提高平台合规及安全性责任。

---

① 国家外汇管理局官方网站关于外汇违规案例的通报。

大部分国家都不允许机构直接到其境内无证展业，我国在跨境金融及支付领域尤为严格。各国对"境外消费"持开放态度，依托网络交易的跨境支付业务仍存在大量合理的远程业务"招揽（Solicitation）"，这在一定程度上提供了市场创新空间。目前，支付机构在跨境清算方面相对灵活，没有完全按国内模式走指定清算通道。行业立法与监管的清晰化，有助于构筑行业发展新生态，保证市场健康发展。随着监管制度的不断完善，未来跨境支付或许还有新的政策变化。

1.4 境外合规要求

跨境支付的前提是合规，不合规的业务最终都会面临被取缔的风险。由于金融牌照通常是属地化管理的，支付监管具有地域性，因此开展全球性或跨区域支付业务必然涉及多国或地区的金融监管。虽然发达市场的金融业更加开放，但不等于没有监管，"无证展业"是红线。更开放的金融市场需要更加有效的监管，这种监管往往是"宽进严管"，违规代价极大。支付机构由于拥有境外牌照，而没有在本地拿到牌照，因此通常不能直接给本地机构或消费者提供相关的跨境支付结算服务。跨境支付涉及不同国家或地区的多套法律制度及监管政策，各国家或地区监管理念和具体要求差异较大，加之近年来受到金融危机、科技创新等因素的影响，监管形势普遍趋紧，造成本地化服务壁垒。如何获得境外支付牌照，维护与各级银行、本地支付清算机构的关系，实现本土化合规经营，已成为支付出海面对的一系列难题。

通常，要在本地申请支付牌照，必须在当地开展商业投资，即先入境投资，在拥有充分资金支持的前提下，还要看各国家或地区对外商直接投资支付行业的具体限制。多数国家或地区对支付机构都有一定的准入门槛和持续跟踪监管措施，审批项目包括公司治理、保证金、运营设施、风险管理、过桥保险、隐私保护、反欺诈规则及报告制度等方面。尤其对客户沉淀资金的监管上，备付金在确保支付机构稳健运营、保护消费者权益方面处于核心地位。支付平台上滞留的资金视为负债，为保障客户资金安全，第三方支付必须持有一定金额的担保债券或相应的流动资产，不得从事银行的存款和贷款业务，不得擅自留存、使用客户资金，以保持交易资金的高度流动性和安全性。

同样是 PSP 牌照，各国家或地区的许可内容却不尽相同，在本地银行卡收单、线下支付（Point Of Sale，POS）、互联网支付、转账汇款、外汇经纪、数字钱包等方面，有的需要单独的准入手续，若从事国际卡收单则还需要获得国际卡组织的资质认证。最早的第三方支付 PayPal 于 1998 年在美国创立，这既有市场先导、科技优势等因素，也有金融业监管环境的因素。为了能起步持牌，很多支付机构都是从门槛低、税率低、监管松的地区先获取牌照，持有境外支付牌照后，在合规的前提下与境内机构合作，共同服务跨境贸易主体。下面简要介绍若干国家或地区的典型支付监管条件。

1. 中国香港

中国香港是自由贸易和金融开放市场，是我国大多数行业从事跨境或出海的第一站，也是内地商家开设离岸账户的首选地。从支付功能的范畴看，在中国香港从事货币兑换及汇款服务需要取得由中国香港海关颁发的 MSO（Money Service Operator）牌照（海关金钱服务监理科），并对经营者进行合规监察和调查，中国香港 MSO 牌照经营范围简介如图 1-5 所示。如果涉及经营本地储值支付工具、实体储值卡或电子钱包等具有储值功能的支付产品，则要向金融管理局申请 SVF（Stored Value Facilities）牌照。

图 1-5 中国香港 MSO 牌照经营范围简介

如果机构想在中国香港从事多种金融业务，则需要向中国香港证监会申请不同类型的牌照，共有十类，如证券交易、期货合约交易、杠杆式外汇交易、保证金融资、资产管理、信贷评级等。表 1-7 为申请 MSO 牌照部分条件要求，常见跨境支付机构 MSO 牌照申请及转让的审批流程相对简单，资金门槛也不算太高。

表 1-7 申请 MSO 牌照部分条件要求

审查项	相关要求主要内容
治理	公司治理结构条件：股东、高管及雇员等具有本地身份，企业法人是永久居民
合规	需依照公司规模设立相应的独立合规部门与人员，接受外部定期独立审计
投资	拥有本地商业办公地址，基础资本金或投资规模没有最低要求，通常为 50 万港元
技术	提供在线金融服务，需进行全面技术测试，并针对服务设置有针对性的防御及补救机制
费用	通过海关关长面试后，缴纳担保金、牌照年费等，有效期为两年
风控	反洗钱和反资助恐怖主义的政策和程序、风险评估与计划等规范性要求

2. 欧盟

对于外汇和支付的监管，欧盟建立了全面的法规制度，主要负责机构主要有两层，一层是欧盟委员会和欧洲央行系统的法案与指令，另一层是成员国的相关监管机构（含各成员国央行）的审查与执行。欧盟为建立单一支付市场内的开放式银行业，推出了新支付服务法案（The 2nd Payment Services Directive, PSD2），规定了支付商（Payment Institution，PI）及电子货币机构（E-Money Institution，EMI）作为支付启动服务商（PISP）和账户信息服务商（AISP）的职能，强化了支付工具与交易的安全性、客户身份验证、消费者数据保护、赔偿责任制度，并禁止商家将支付成本转嫁给消费者。

> 举例：申请卢森堡 PI 或 EMI 牌照，需要在本地设立公司，建立本地运营及资本保证金，申请企业应先制定未来的目标运营模式，并向金融监管局提供可行性分析；编制一套授权文件申请，该申请文件有 17 个组成部分，涵盖商业计划和运营模式、风险管理框架、反洗钱策略和 IT 基础架构等多项核心内容，资金进出及核心系统安全性符合欧盟要求，并接受随机审计和定期内外部风控检核。

为了激发金融创新，欧洲各大银行被强制要求对非银行支付机构（Non-Bank PSP）开放用户账户信息权限，并提供全部必要的 API 接口权限。EMI 是类似"互联网银行"的新型支付方式，在欧盟央行存有资金头寸（备付金），支持电子支付，可在特定区域提供账户信息汇总、即时支付、预付卡、电子钱包等服务。在牌照落地方面，欧盟很多成员国抓住 PSD2 带来的机遇，对支付科技初创公司的监管更宽松。

欧盟实施了严苛的通用数据保护条例（General Data Protection Regulation，GDPR），规定了企业如何收集、使用和处理欧盟公民的个人数据。凡在欧盟区内开展业务或与欧盟企业有业务往来的公司，GDPR 赋予用户极大的个人数据掌控权，电商及支付平台禁止擅自收集用户行为数据。

3. 英国

英国是目前世界上相关税法及监管体系最完善的国家之一，其金融行为监管局（FCA）和审慎监管局（PRA）为行业主管部门。FCA 负责实施监管及保护消费者权益，是全球领先的监管机构。英国有多种支付牌照，其主要的支付牌照类型及功能如表 1-8 所示，基于开放银行计划（OBWG），持 EMI 牌照的机构可以拥有 SWIFT 及 IBAN 代码，并为个人与法人在线开户，开户资金虽然始终由第三方银行持有，但其功能已接近于银行，资本金及门槛比一般支付牌照 PI 更高。持有欧盟成员国牌照的机构虽然不受 FCA 监管，可以向欧盟及英国公民提供金融服务，但持牌企业无法持有客户资金，其客户也无法享有英国金融补偿保护。单纯的货币兑换及汇款服务（Money Service Business，MSB）在英国门槛很低，向海关税务署（HRMC）直接注册申请就可以。

表 1-8　英国主要的支付牌照类型及功能

非银行支付服务许可证类型	基于 PSD2 支付	发行电子货币	欧盟跨境支付	转账汇款	支付发起服务	账户信息服务	保险保障措施
货币服务商（MSB）	No	No	No	Yes	No	No	No
小型支付商（SPI）	Yes[1]	No	No	Yes	No	No	No
支付机构（API）	Yes	No	Yes	Yes[3]	Yes[3]	Yes[3]	Yes
电子货币机构（EMI）	Yes	Yes	Yes	Yes[3]	Yes[3]	Yes[3]	Yes
小型 EMI（SEMI）	Yes	Yes[2]	No	No	No	No	No
支付发起商（PISP）	No	No	Yes[3]	No	Yes[3]	No	No
账户信息服务商（AISP）	No	No	Yes	No	No	Yes[3]	No

注：[1] 平均每月付款额 ≤300 万英镑等值，[2] 平均未偿付金额 ≤50 万英镑，[3] 需要有保险赔偿金。

4. 美国

美国金融监管体系十分复杂，机构型监管和功能型监管相结合，属于"双重多头"监管体制：联邦政府和各州政府均有金融监管权力，多个部门负有监管职责。在美国从事支付及金融类业务的企业，在从事包括支票提现、虚拟币交易、外汇兑换、转账汇款及国际收支等业务时，必须注册联邦 MSB 货币服务许可，该许可为注册制，无须保证金，由隶属于美国财政部的金融犯罪执法局（FinCEN）管理和监督。支付商在申请 MSB 备案后，按相关法律制度①，还要申请各州的内控、税务及保证金等合规审查，根据公司业务范围申请相应州的货币转移服务商执照（Money Transmitters License，MTL）。

> 举例：支付商 Payoneer（P 卡）具有万事达卡商标使用权，是该卡的授权服务商，中国卖家使用 P 卡收款，资金由 P 卡公司在托管银行进行代管，每笔资金的进出都要符合美国 MSB 监管要求，如果 P 卡公司倒闭，则银行需把资金原路退回。类似的业务方案，国内支付商 PingPong 要将美国的备付金账户开设在美国一级国际清算银行，经过合作商业银行从中国总部到海外机构的多重合规检验。

美国金融市场十分发达，相关金融牌照"宽准入、严监管"，申请流程相对成熟且市场上有相关咨询机构能够借力。在美国境内开展金融业务、向美国人提供金融服务的机构必须在美国注册、持牌经营。美国对无牌展业或不合规经营的处罚都很严厉，即便已经持有其他国家或地区相关金融牌照，如果要公开开展跨境业务，也应在网站上明确提示"不为美国人提供相关金融服务"。

---

① 统一货币服务法案 *Uniform Money Services Act*、银行保密法 *The Bank Secrecy Act* 等。

5. 印度

印度国内支付受储备银行（RBI）监管，牌照分为预付费支付工具（Prepaid Payment Instrument，PPI）与支付银行牌照（Payments Bank License，PBL），PPI 主要为数字钱包、聚合支付等，PBL 可以发行借记卡并提供在线银行业务。跨境在线支付服务商（OPGSP）资质需另外申请，同时需要把国内支付和国际支付分账号管理，并与指定银行合作，进行资金跨境清算与结算。国际支付公司通常与印度本地银行合作，维护独立的进出口收款账号及退款专项基金，由银行向 RBI 的外汇部门申请，RBI 进行尽职调研，对账户进行核对和审计。通常，OPGSP 收到印度买家待结算资金后，必须在两个工作日内支付。印度的支付系统较为复杂，政府发起多家银行成立了统一支付接口（UPI），为所有支付参与者提供了开放式支付通道、集中交易清算，极大地方便了支付机构触达用户。

6. 澳大利亚

澳大利亚证券和投资委员会（ASIC）是该国金融市场的法定监管机构，独立对商业银行、证券、外汇交易、经纪商等行使监管职能。任何在澳大利亚从事金融交易的机构，均需接受 ASIC 认证，如申请电子支付资质（Non-cash Payment），要缴纳保证金，兼受金融投诉局（AFCA）管理。如果要开展外汇支付业务，则企业需要同时具备从事外汇交易和金融衍生品两个展业范围的资质，在经营中为客户办理专属账户管理，并与公司自有资金分离管理方可经营；如果要从事数字货币交易与兑换，则必须办理数字货币牌照。

7. 新加坡

新加坡金融监管局（MAS）将所有支付服务机构划分为不同规模等级和类型。所有数字货币交易所、钱包及场外交易都属于支付型代币相关服务商，必须申请相应牌照以合规运营。新加坡支付业务有关的三种牌照制度如表 1-9 所示，每个服务商只需持有其一即可。大型机构 MPI 可提供跨境汇款、收单和账户发行等服务，主流支付商可提供货币兑换、开户、商业采购、电子支付、支付通证、国内及国际汇款等服务。新加坡的数字银行牌照也在放开，蚂蚁金服、抖音、小米等已申请。

表 1-9 新加坡支付业务有关的三种牌照制度

货币兑换 （Money-Changing）	标准支付机构 （Standard Payment Institution，SPI）	大型支付机构 （Major Payment Institution，MPI）
仅限于货币兑换服务，涉及金额较小，风险较低，资质申请要求低，监管最为宽松，但局限性较大。需缴纳牌照年费、担保金等	除货币兑换服务外，可从事七项业务中任意几项组合的复合业务。涉及金额小，低于特定门槛，监管较为宽松，适用小型创业公司	超过 SPI 牌照所设额度的所有业务。涉及金额大，基础资本金高，不受特定门槛限制，审批要求严格，监管范围广

8. 日本

日本金融行业实行的是混业监管，金融厅（JFSA）负责监管整个金融体系及行业，对银行、证券、保险及支付机构等实行全面监管。日本有多种金融服务资质，审核与监管极为严格，且支付监管与我国有较大差别。在日本，外籍企业申请支付牌照要成立本地法人公司，雇佣本地籍员工，最好有本地合资方或董事，JFSA 会定期检查、随时抽查。图 1-6 所示为几种地区支付牌照，充值及预付卡和资金转账资质（FTBO）是日本两类常见的支付资质。

中国香港MSO资质   阿联酋PSP资质   新加坡SPI资质   英国API资质   日本FTBO资质   美国MSB资质

图 1-6　日本 FTBO 资质及其他地区支付牌照

全球有众多国家及地区，支付机构很难拥有全面的支付牌照，应建立综合支付能力及上下游资金通道，保持与当地合规的支付机构或银行合作。针对支付机构除了直接投资，还可以入股海外本地支付伙伴，如支付宝在 2015 年入主 Paytm 成为印度最大的电子钱包运营商，2018 年收购了英国老牌跨境支付机构万里汇 WorldFirst 等。

1.5　跨境金融风控

金融资质与合规制度是金融界的秩序，风控则是对秩序的维护。如今，在移动支付的高度普及，金融科技的广泛渗透，货币政策的复杂敏感，信息安全的严峻考验等多种因素驱动下，支付市场呈现快速发展态势，业务风险与监管挑战也随之凸显。从支付企业经营的视角来看，合规增成本、不合规增风险。一方面，支付企业在日常运营过程中要不断通过定期评估风险和施加对应控制措施来保证组织合规体系的持续运行，建立独立合规审计、金融数据安全等管理体系；另一方面，监管机构也在提升数字化监管能力，应用先进的监管技术，综合"穿透式"监管交易全过程，通过系统嵌入手段准确、实时获取业务特征数据，保证监管信息的真实性和时效性[1]。

从机制方面来讲，支付机构的参与让原本银行掌控的跨境交易过程被割裂为两个脱节

---

[1] 中国人民银行，《金融科技发展规划（2022-2025）（银发〔2021〕335 号）》。

的交易，客户的支付指令由支付机构掌握，银行按支付机构的指令处理外汇资金及目标账户，这样的模式缺乏对买卖双方因果关系的了解。支付领域的风控管理范围如图 1-7 所示。跨境支付中间环节增加了资金流动的不确定性和隐匿性，容易滋生逃避监管的跨境洗钱、网络赌博、隐瞒非法收入、网络诈骗等违法行为。与银行合作是支付机构切入市场必由之路，银行对支付机构要承担监督责任，利用自身反洗钱、外汇政策、风险防范等经验，引导支付机构合规地开展支付业务。支付机构为无证经营者提供支付通道，会面临巨大的经营风险。

图 1-7　支付领域的风控管理范围

从形式方面来讲，与传统外贸相比，由于在线渠道具有隐蔽性，所以跨境电商支付的真实性更难把握，使得识别欺诈或"地下钱庄"变得困难。跨境支付中常见的风险因素如表 1-10 所示，客户身份、资金用途、订单性质等交易背景复杂，洗钱行为难以被检测，风险在支付链条上转移。随着跨国资金转移及洗钱手段的复杂化和专业化，在满足客户跨境支付便捷性和低费率需求的同时，甄别合法资金流动需要更可靠、更高级的手段。

表 1-10　跨境支付中常见的风险因素

类型	主要风险内容
交易不真实	凭虚假物流信息办理外汇支付、系统自动分拆购付汇、违规超业务范围购付汇、国际收支数据申报错误等，构成套汇、骗汇的违法情形
交易身份不实	境内机构通过在境外设立关联公司的方式实现自己与自己交易，绕过外汇管制
资金分散转移	用不合理贸易定价、小额资金通过支付平台多次向多人汇入，让资金异常转移
违规资金挪用	无牌支付收款公司挪用客户资金，用户资金存放于在境外的公司账户中
消费端欺诈	消费信贷于分期付失信，信用卡拒付、物流拒收套取退款等恶意消费行为

从技术方面来讲，支付机构和国际汇款平台以网络交易为基础，依赖由系统组成的互联网络来管理、存储和传输交易信息，需要以可靠高效的验证机制控制访问数字渠道和支撑其运营的核心系统；有效保护消费者的隐私数据，防范网络钓鱼或恶意软件，防御服务攻击及漏洞扫描等。支付机构要体现风控能力，通常要选择专业风险管理工具，获得行业资质或认证也必不可少。例如，参与国际收单需要支付商自主开发交易系统，并获得国际

卡组织支付安全认证（PCI-DSS）、信息安全管理体系认证（ISO27001）等。

拓展海外市场存在诸多经营风险和潜在竞争，尤其要注意新兴市场风险，包括一些常规的境外经营风险。国内结算遵循同一法律，由于跨境支付的收付双方处在不同的法律制度下，受到各自所属管辖权的限制，所以只能采用国际结算惯例作为准则，协调双方间的结算关系，如根据收付双方事先协定的仲裁规则等。

1.6　跨境支付行业趋势

从国内跨境支付的发展历程来看，跨境支付市场最早由传统金融机构（银行、卡组织、汇款公司）主导，后来互联网巨头占据 2C 支付，再后来第三方跨境支付机构切入 2B 收款，以及部分支付服务商延伸至境外收单支付。跨境电商的迅猛发展加速了跨境支付产业的升级，真正让国内支付机构开始积极拓展海外市场，走通市场渠道、支付通道，逐步建立独特的国际化竞争力。跨境支付企业核心竞争力如表 1-11 所示。虽然行业已得到长足的发展，但跨境支付诸多痛点及薄弱方面依旧存在，成本、合规及风控等方面仍待改善。因此，支付行业在未来发展趋势中，要把握如下几方面要点。

表 1-11　跨境支付企业核心竞争力

竞争要素	主要涉及内容
行业准入	在各国及地区持有展业牌照、卡组织授权，满足风控、反欺诈、反恐、反洗钱等运营合规性要求，在国内有外汇支付、跨境人民币支付等资质许可
技术系统	具有金融级系统安全与稳定，具备核心支付及增值服务配套的系统开发资源、灵活性，适应多场景的持续研发创新、大数据风控、智能化运营及营销等能力
渠道资源	拥有广泛的合规中间渠道、资金流动通道，可靠的账户与外汇方案，服务触达广泛
信誉质量	对上下游客户具有良好的品牌信誉、信用和高效的线上支付服务与资金结算
金融服务	具有资金运营及衍生金融服务接入能力，满足市场对跨境金融及其他增值服务的需要

（1）拥抱监管。在不同地域合规展业，牌照或资质成为筛选合格跨境支付企业的第一步。数字技术的发展促进了金融开放，也导致跨境违法违规金融服务的增加，给各国及地区监管带来了新的挑战。国内 30 家持牌跨境外汇支付企业及所在地如表 1-12 所示，这些机构占据了资金通道优势，在行业加速合规化洗牌中处于有利位置。有实力的支付企业开始并购持牌，较弱的支付企业则转向整合，合规和风控能力将构建跨境支付未来长久的市场竞争力。少数更具远见的支付商已经踏入新监管下的数字银行方向，其随着政策的打通、资金的融通，逐渐摆脱单一的服务通道，不断完善自身跨境收付和财资管理。

表 1-12　国内 30 家持牌跨境外汇支付企业及所在地

序号	支付企业	所在地	序号	支付企业	所在地
1	银联商务	北京	16	盛付通	上海
2	易宝支付	北京	17	环迅支付	上海
3	钱袋宝	北京	18	富友支付	上海
4	银盈通	北京	19	宝付	上海
5	智惠支付	北京	20	支付宝	杭州
6	首信易	北京	21	贝付科技	杭州
7	联动优势	北京	22	连连支付	杭州
8	网银在线	北京	23	网易宝	杭州
9	拉卡拉	北京	24	钱宝科技	深圳
10	资和信	北京	25	财付通	深圳
11	汇付天下	上海	26	智付	深圳
12	通联支付	上海	27	易付宝	南京
13	银联	上海	28	易极付	重庆
14	东方支付	上海	29	新生支付	海口
15	快钱	上海	30	摩宝支付	成都

（2）科技引领。跨境支付业务的拓展会受到市场差异的影响，金融科技对跨境支付的数据、流程、效率、成本等方面的优化至关重要。跨境支付科技 100 强如图 1-8 所示，涉足跨境支付领域的机构众多，既有传统银行、卡组织，也有各种科创类企业。网络平台依托其强大的线上地位和数据资源，掌握了用户的消费习惯，以此打造高度定制化的营销方案、嵌入式服务，以此巩固自身的生态圈；非银行支付机构通过科技融合、场景融入，快速更新迭代新模式运用于业务拓展中；银行则与支付机构形成竞争与合作关系，共同开发新产品、打造新体验、构建新生态。支付市场是金融科技创新的一大分支，支付处于客户服务端的前沿，充满了创新活力，很多资本投向这里，支付行业逐渐进入到"金融资本+技术垄断"的新阶段。

（3）升级服务体系。前端需求正在推动低成本、即时或准实时支付的普及，行业竞争在所难免，除少数头部公司，多数支付机构仍待形成具有自身差异化的竞争力。探索跨境服务新模式，聚集资源、聚合服务，注重渠道建设与品牌打造，深耕细分领域，深入交易全链路，优化收付条件、清算周期；发力商户 B 端市场，帮助企业更好地融入全球资金链、价值链、产业链，形成行业支付解决方案；针对不同跨境贸易模式的资金需求，向商家提供借贷、保理等长线业务，并围绕支付核心拓展跨境商业服务线，成为"综合跨境金融服务平台"。

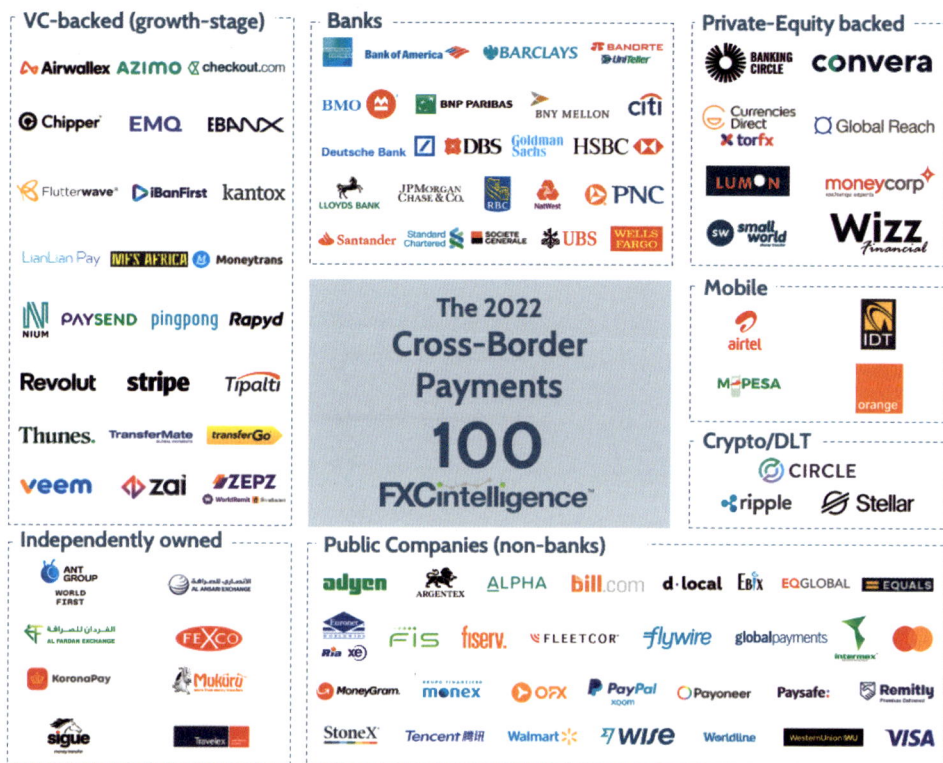

图 1-8　跨境支付科技 100 强（FXCintelligence.2022）

（4）深入消费场景。由于支付功能的附着性，电商、社交、生活等高频应用常常在 C 端占据支付优势。拥有账户功能的支付商都在朝着大而全的平台化方向发展，注重挖掘本地化特色场景应用和基于境内运营经验的海外适配。我国支付的发展程度领先世界，我国支付企业具备对外输出技术、服务和商业模式的能力。海外发展中国家的支付基础设施不完善，市场空间巨大。"一带一路"倡议推动区域基础设施的完善，使投资贸易更加便利化，支付机构将通过贸易、投资、旅游等实现线上与线下协同发展。

（5）跨境人民币支付潜力。人民币"走出去"不仅推动支付机构到海外开展业务，促进我国的外贸发展，而且以持续、稳妥的推动支付清算服务能力与渠道的国际化，将为上层更多样化的支付应用提供基础要素保障。银行和支付机构已可以为外贸新业态市场主体提供高效、便捷的跨境人民币收付服务，支持海外务工人员通过支付机构办理薪酬汇回等业务，人民币将在跨境支付领域发挥日益重要的作用。国家层面也在继续推动金融科技时代的以支付清算市场为核心的多层次金融基础设施建设，并在此基础上巩固支付核心竞争力的制度规则、信用与信心[①]。

（6）跨境支付互通。通常，支付账户之间的资金是难以互通的，例如，支付宝转账至微信，必须经过提现至银行账户的过程，手续烦琐，还需要支付手续费，而跨境支付中各国的电子钱包就更加难以互通。限于异国制度约束，支付国际化的常用方式是加大和当地相关银行、清算机构的合作力度，或接入本地"支付宝"，间接进入当地支付市场；为了快速满足监管条件，未来海外支付的并购与合作也将增多。

---

① 杨涛，我国支付清算基础设施的"双向开放".中国金融，2020 年 8 月。

第 2 章

跨境支付原理

要真正实现资金所有权从付款方向收款方转移，涉及收付款双方及其开户银行的资金账户，以及能够使双方银行账户联通的中间机构或通知机制，以"资金流+信息流"促成两边账户的同步变动。从广义上讲，跨境支付是指因国际贸易、跨境电商、跨国投资或其他跨越国家或地区之间的经济活动产生的资金转移过程，依托外汇规则、支付结算工具，履行金钱给付义务。跨境支付中跨地域、币种的交易经过支付系统转换，涉及国家或地区之间的资本流动，以及各国或地区货币兑换、票据流转、汇率及外汇管制等一系列复杂的政策问题。其中的参与方，可以是不同经济主体中的个人、公司、银行、支付机构或结算机构等，基于这些资金账户及相互之间的资金清算转移体系，产生了跨境汇款、外卡收单和外汇兑换等不同业务。

支付产品是企业对特定服务、价格、场景及资源等一系列要素的组合。跨境支付要做的是本币和外币的转换、对账、清结算，并在满足这些功能的基础上，提供账户、收单、分账、收付汇及汇率管理等服务，形成跨境支付产品方案。支付机构拥有比银行更敏捷的运营模式，以及各种新产品和新渠道。

在海外市场扩展商户资源，开发海外本地钱包，对接收单机构或者海外本地持牌机构的支付接口，做场景化的接入方案等都是以金融科技来优化支付链路的。模式创新更多的是上层服务与前端体验的流程优化，提升底层资金使用率与后端系统的工作效率，并没有完全脱离传统金融设施与核心系统，仍依赖基础清结算体系的运行。对于金融清算体系，大多数国家或地区都有类似的大额支付系统、小额支付系统，以及分门别类的官方清算系统。

2.1 跨境网络支付形态

跨境支付实现国际间的资金转移，涉及各行各业，包括贸易结算、资本和利润转移、劳务的提供和偿付，国际航运、保险费用的收支，以及侨汇、外事活动等。跨境支付涵盖了跨境外汇支付、跨境人民币支付、跨境汇款、境外收款、境外银行卡支付等功能形态，根据商户（企业）、用户（消费者）、交易币种和结算币种等要素的不同场景组合，跨境支付业务形态可分为多种类型，如表 2-1 所示。跨境电商仍处在高速发展和动态变化的过程中，商户端、消费端的选择越来越多，需求的动态性和多样性，以及支付公司的多元化和多区域战略，让跨境支付产品仍在不断进化和衍生。

表 2-1　跨境支付业务形态分类

类型	份额	典型场景
跨境 B2B 支付	65%	银行电汇，跨境商品进出口贸易、供应商付款、国际物流运费支付等
跨境 B2C 支付	8%	汇款、收汇，境外服务佣金支付、自媒体广告收入、跨境退税等
跨境 C2B 支付	17%	收单、收款，海淘、平台售卖、留学、独立站、出境旅游预订等
跨境 C2C 支付	10%	汇款，跨境电商的个人售卖、国际汇款、出国劳务汇款、个人换汇等

　　银行电汇虽然有很多交易参与方，但流程相对成熟，散户群体小。汇款业务竞争激烈，我国支付公司的市场份额正在上升，支付商通过整合通道资源和简化手续提高了效率。国际收单业务的门槛较高，境外主流市场主要被国际支付公司占据，我国支付机构正逐步通过部分场景切入，如深入跨境旅游的线下聚合支付市场，但国际收单综合能力都还有待进一步提升。

　　从外汇资金流动的角度看，购付汇主要涉及人民币跨境支付领域，当境内消费者通过电商平台购买货品时，支付机构为消费者提供购汇及付汇业务；收结汇主要是支付机构帮助境内商家收取外汇并兑换、结算人民币，结售汇和外贸收款是跨境支付市场中的热门业务。资金存在于外币账户属于现汇，通常可以直接进行外汇支付，将外币取出可兑换成具体币种的现钞。当进行不同币种兑换时，由于业务环节不同，因此兑换价格不同，外汇兑换价格机制示例如表 2-2 所示，跨境支付中的资金转移经常涉及汇损。

表 2-2　外汇兑换价格机制示例（2021-8-31）

币种	现汇买入价	现汇卖出价	现钞买入价	现钞卖出价	基准价
港币—美元	766.16	768.57	760.02	769.24	768.35
港币—英镑	1511.37	1520.02	1479.52	1523.51	1520.87
港币—人民币	97.96	98.28	97.18	98.33	98.22

　　服务跨境电商的支付服务，面对的是一个相对长尾和多样化需求的市场，需要更快捷、更高效，以及配套的创新金融服务。在国际复杂的商业环境及多变的电商平台政策影响下，支付产品需要及时更新换代来响应商户及消费者的诉求，跨境交易资金流转的核心环节是海外收款和外币兑换。跨境支付机构仍在探索新服务模式，将低手续费作为引流的方式，以求从流量中寻求盈利点，或者专注于某一区域、细分场景及群体，通过提供贴身服务，解决客户需求痛点，获得更多同类型客户，形成核心竞争力。跨境电商支付需求与支付企

业服务优势如表 2-3 所示。

表 2-3　跨境电商支付需求与支付企业服务优势

跨境电商支付需求	专业跨境支付企业服务优势
1. 电商平台放款慢，回款周期长 2. 中外金融监管差异，资金安全难保障 3. 多国货币难收取，造成汇率损失 4. 网络欺诈，支付收款受到安全挑战 5. 对国内外报税退税规则不了解 6. 财务管理效率低、缺少资金归集管理 7. 资金需求频繁、融资难、成本高	1. 资质，拥有多国金融支付牌照，资金安全有保障 2. 资源，合作机构多，与众多电商、银行及本地支付等金融机构有广泛合作关系，通道完善，全球开户，跨平台、跨币种收款，降低支付费率 3. 专业能力，熟悉各国贸易、支付、风控及反洗钱等政策，具有丰富的行业经验，提供针对性支付产品 4. 增值服务，包括融资、报税退税、财务管理等，帮助商户提高收款效率、运营效率

　　支付机构处于跨境交易的中间位置，既能接触买卖双方，又能在一定的时间持有沉淀的资金，积累了一定的用户群和交易信息，依托海内外众多合作资源，拥有先天的优势，从而为用户提供创新的服务。例如，国内用户在网上交易时使用的花呗、白条、借呗等，属于消费金融及小额贷款范畴，境外同样有大量类似的需求场景。

　　在国内，银联具有官方清算身份，也是首家开展跨境支付业务的第三方支付机构，曾经聚焦境外线下消费，目前正在扩大线上银联卡跨境支付交易业务领域。聚合支付和融合支付是一类支付服务商，为商户提供集合对账、技术对接、差错处理及运行维护等服务，满足商户的定制化支付需求。此外，银行作为支付机构也在寻求变化，全球已进入低利率时代，支付服务能实现快速创新并带来大量客户触点，从而建立客户关系，同时，支付已成为银行业的主要生态圈战场。对标第三方支付、手机钱包等，网银开始注重客户体验，并尝试嵌入更多的生活场景及贸易过程。

2.2　跨境支付环节解析

　　国际清算银行（BIS）与国际支付结算体系委员会（CPSS）对支付的定义较宽泛，所有涉及资金转移的行为都可视作支付。在市场中，支付和结算是交易的"一体两面"，买方支付（Payment），卖方结算（Settlement）；当涉及多种异构的支付工具时，增加了中间方清算（Clearing）。清算和结算在狭义上分属支付过程中的特定环节，清算发生在结算前的预处理环节，等同于"清分+汇算"，是对交易数据依据机构和交易类型进行分类汇总、记账，并计算应结算金额的过程[1]，不涉及债权/债务的转移，是对数据流的处理；结算是资金所有权、债权/债务关系的转移，根据清分结果对交易数据进行净额轧差和提交并完成资金划拨的全过程，分账、扣费、转账等是资金流的动作。清结算属于后台系统，消费者和商户通常不会直接接触，银行与银行之间构成清算关系，银行、商户、支付机构之间构成结算关系。在某些情况下，支付已包含清结算过程。支付流程中的三个主要环节如图 2-1 所示。

图 2-1　支付流程中的三个主要环节

支付或付款（Payin）主要体现在转移资金操作的形式和途径方面，是直观上的用户动作，通过支付机构或银行账户进行操作。消费者通过前端支付工具，实现操作银行卡关联的银行账户，如线上网银、信用卡、电子钱包等。当交易产生时，付款动作触发支付指令，背后的信息流与资金流开始运转，系统传递交易报文，完成一系列授权、验证并如实记录。移动支付是使用手机的支付操作，含 NFC 近场支付和 App 远程支付（主扫固定码或被扫动态码）。以购物过程为例，消费者以刷卡付款为起点，以收到信用卡账单为终点；商户以收款为起点，以收到收单行的结算货款为终点。消费者在付款后并不会感知到后续过程。

金融体系的清算包括两个层次：一是金融机构间的清算，二是金融机构对客户的清算。当收付资金的账户分属不同银行时，清算就涉及央行体系下各银行之间的资金关系，这也是清算最常见的定义：清算是结算数据的准备阶段，将当日的全部交易数据按照约定的贷借、笔数、金额、轧差净额等进行汇总、整理、分类、结算，收集待转移的债权并进行完整性检验、保证资金具有可用性，结清金融机构之间的债权/债务并记录和通知各方。跨国银行账户之间的通知机制要借助 SWIFT 传送清算处理的报文指令，实现信息流支撑资金流处理。

在银行或支付机构内部，清算首先对成功付款的交易逐笔计算交易本金、费用及分润等，然后按分账户汇总轧差形成应收或应付的分账明细，是结算完成的必要过程。支付机构从商户一方得到交易单和支付数据，扣除按费率计算出的费用后打款给商户，并从中扣取一定比例的手续费，这就是收单服务。银行卡收单包括持卡人、发卡行、收单行、特约商户、收单机构、清结算系统等主体。

---

[1] 中国银联银行卡联网联合技术规范 V2.1 第 0 部分术语与定义。

结算或付款（Payout）指完成交易账户间资金划拨的过程，钱从一个账户实际转移到另一个账户，完成债权/债务关系清偿。例如，当买家确认收货后，第三方支付机构根据清算结果将款项结转至卖家账户。跨行的资金结算需要先借助清算机构对支付指令核对确认，并建立最终结算头寸（Position），再将待结头寸分别在发起行、接收行进行相应的会计处理，完成资金转移。买卖双方持有相同的币种账户进行资金转移相对容易理解，如果是不同的币种账户，账户间不能直接相通，就会产生"换汇"过程，即汇兑或跨境结算。跨境出口电商支付的主要环节如表 2-4 所示，在出口电商的支付环节中，支付、清算及结算涉及同币种不同账户的处理，而收款与收汇通常涉及换汇，按商户所需币种将交易款转汇至商户指定的账户，可以使用主流的外币结款，也可以使用本币或人民币进行结款。

表 2-4　跨境出口电商支付的主要环节

下单/交易	支付/付款	清算	结算	收款	收汇
建立交易订单信息	认证授权与支付款指令	支付机构内部、银行间清分结算	货款转入卖家交易账户	提款转入卖家银行账户	外币款项兑换成人民币

银行基于 SWIFT 的跨境电汇（Account-to-Account，A2A），往往涉及两家或更多的银行，主要环节如图 2-2 所示，付款行（Ordering Bank）、收款行（Beneficiary Bank）、中转行（Intermediary Bank）等角色，每一笔交易都需要过手银行进行登记、审核和记账处理，还要通过代理行将 SWIFT 报文转换到本地支付清算系统。SWIFT 只是国际收付体系中的"信息通道"，它只有与各国的资金账户清算体系连接，建立与所有会员单位及其所在国清算中心相互连接的通信网络，才能真正将资金从付款方账户转到收款方账户，完成国际收付清算。

图 2-2　基于 SWIFT 国际汇款的主要环节

跨境汇款机构通常基于合作银行的底层能力，提供外汇项目下的小额便利支付，包括代理结售汇及相关资金收付服务，在一定程度上充当了中间人或中介角色。为了支付方便和安全，跨境交易一般采用国际通用的结算货币，通过结算货币兑换当地货币。这些通用币种具有商品属性，在银行内与本地的法定货币（法币）是相对独立的账户体系，银行要维持相应币种的可用额度。当外币买卖引起总额度变化时，结算大多先通过外币的代理行进行，最终会到币种所属国进行清算。

海淘购物、外贸收汇、留学汇款、涉外投资 QDII 等不同场景的跨境支付，在流程上会有部分环节的差异，支撑这些跨境业务的底层是支付清结算体系，如银行卡清算体系、外汇结算系统、证券跨境清算系统等。

2.3 跨境支付清结算体系

同一银行内的两个账户间的付款和收款，直接在同一个大账簿上完成借贷即可，银行对外没有发生资金出入，不形成同业转移记录，仍在属地监管范围内。当两个账户分属不同银行及不同国家时，如果没有中间协同机制，那么每家银行都要维护一套和其他各家银行之间进行授权、清算、结算的系统，成千上万家银行各自维护一套自己的体系是不可能做到的。因此，清算机构起到了在不同金融机构之间资金划转的中介作用。清算机构也分为不同的类型，有政府或者货币发行机构设立的公共服务机构，也有商业公司或银行、金融业协会等设立的私营机构，分为国内清算、国际清算。大部分国家的主要清算机构集中在央行旗下，商业清算也要接受央行监管，个人和企业在商业银行开账户，银行在央行开设账户。从银行内清算系统到行间的大额支付、小额支付、卡支付、票据支付、证券交易结算等，都是解决资金账户间的流动管道问题，实现对前端支付工具的支撑，并构成了支付基础设施"金融基建"。

> 说明：根据中国人民银行《2021 年支付体系运行总体情况》介绍，我国金融体系的支付系统（清算系统）包括：中国人民银行清算总中心系统（大额实时支付系统、小额批量支付系统、网上支付跨行清算系统、境内外币支付系统）、商业银行行内业务系统、城银清算支付清算系统、农信银支付清算系统、人民币跨境支付系统、银联跨行支付系统、网联清算平台。

最基础的金融清算主要用于银行间清结算，将储备金账户余额在不同机构户头间调拨，实现银行间的隔夜拆借、票据处理、行间清算等大额交易功能。例如，我国现代化支付系统（CNAPS）是为商业银行之间及其与中国人民银行之间的支付提供最终资金清算的综合系统，其中大额支付子系统（HVPS）通过机构之间账户资金往来计算相互待结算的债权，先清算再结算，对交易数据进行净额轧差；小额（零售）支付子系统（BEPS）支撑小额、高频的支付交易，服务的群体不限于金融机构，企业也能接入和使用，网上支付跨行清算子系统（超级网银 IBPS）则是小额系统的网银专设版。境内外币支付系统（CFXPS）由中国人民银行指定或授权的商业银行作为结算银行，为直接参与机构开立外币结算账户，直接参与机构之间的外币资金结算业务，目前支持 8 种主流外币支付业务。

在金融市场中，由于清算功能范围的交叉，清算机构之间也会存在竞争，尤其是在小额支付清算服务领域，不同国家可能存在多个机构或多种形式。金融双边清算与中心化清算模式对比如图 2-3 所示，清算既存在于大型金融机构主导的多双边清算网络中，也存在于金融监管部门构建的集中式中心化清算网络中；跨境支付通常采用记账清算，涉及跨国银行之间清算账户的开立和管理，以此进行资金转移与余额管理，实现资金流处理，与清算网络模式相对应，有"对开账户"与"集中开户"两种账户设立模式。诸如国外的各类清算所就是一种交换结算凭证的中间机构，具有清分、交割、对冲和结算等多重含义。在国内的清算机构中，银联和网联只能处理有交易背景的支付业务，非消费类银行间支付业务由中国人民银行清算总中心处理。

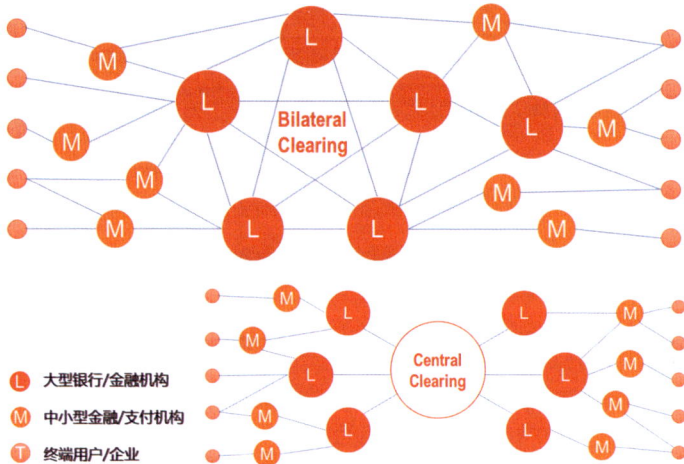

图 2-3　金融双边清算与中心化清算模式对比

外汇清算涉及"跨行+跨币种"，跨境银行间往来，支付指令主要用 SWIFT 网络连接传输，支付和清算按币种最终进入各国的清算系统。国际贸易中主要结算币种及外汇储备币种构成如图 2-4 所示，从图中可以看出，美元占全世界贸易结算与金融交易货币量 40% 以上，占国际储备货币 60% 份额，在国际支付结算中一直处于主导地位。美国作为全球美元的供应与管理者，是美元最终的清算中心，其他地方金融中心仅算是美元的离岸清算中心，而这些离岸清算行的美元代理行仍在美国，因此美国的银行清算系统在全球处于关键地位。虽然 SWIFT 也重视中立性与合规性的平衡，属地比利时央行（NBB）对其负主要监管责任，但美国对这个中心化网络具有直接的影响力。美国所有银行的系统都会接入含有美国制裁清单的数据库，一旦受制裁实体的清算信息出现，就会被拦截而无法进行美元清算，而 SWIFT 也可能被要求切断某些地区的通信接入，从而使其彻底无法进行跨境支付。

图 2-4　国际贸易中主要结算币种及外汇储备币种构成

在美国，清算所银行同业支付系统（CHIPS）和联邦资金转账系统（Fedwire）是支持美元全球清算的两个主要大额支付清算系统，除完成银行间资金转账和清算外，还共同维系着美元的国际货币地位。Fedwire 主要是满足美国境内银行间大额支付清算，参与机构可以发起或接收资金转账指令；CHIPS 则处理了 95%全球跨境美元交易的大额实时清算。SWIFT 及美国成员银行的国际收支账户与 CHIPS 连接，以实现美元资金接受美联储的监管。美元跨境支付清算体系如图 2-5 所示，美元在美国境内清算，信息流通过 CHIPS 清算，资金最终通过 Fedwire 向银行划拨，美元经过美国代理行中转划出到其他地区使用。

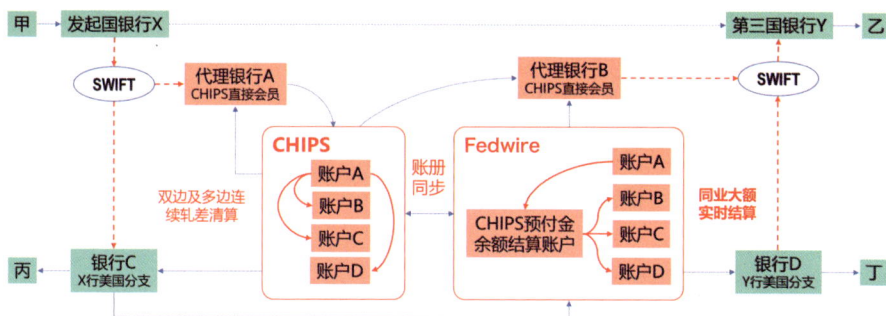

图 2-5　美元跨境支付清算体系

说明：CHIPS 由纽约清算所协会（NYCHA）经营，系统成员有两类：①清算用户 A/B/C/D，在美联储设有储备账户，能直接使用该系统转移资金；②间接清算 X/Y，必须通过某个清算用户 A/B 作为代理行，在该行建立账户进行预算。CHIPS 账户不能透支，日终时余额必须为零，参与行在每天清算运行前建立头寸，只有当前的头寸足以完成借记，系统才释放支付指令。Fedwire 账户有透支额，可转入缺少的头寸到 CHIPS 账户中；若结账头寸为正数，CHIPS 会通过 Fedwire 账户将其转回给参与者。

美国的小额清算业务市场化程度高，自动清算所（Automatic Clearing House，ACH）

是美国境内主要处理小额清算的机构，由国家自动清算所协会（NACHA）管理。ACH 只允许银行直接发起交易，适合批量中小型交易和固定收付的双边美元交易，类似电子支票，采用批处理而非实时清算，成本较低且相对固定。ACH 打款时不需要人工审核，很少涉及合规问题，交易分为两类：代收（Direct Deposits）账户金额增加，如银行间定期转账、企业工资款等；代付（Direct Payments）账户金额减少，如支付信用卡账单、保险费等。美国 ACH 代扣、代收流程如图 2-6 所示。目前，ACH 主要由美联储的 FedACH 服务和清算所电子支付网络（EPN）共同运营。另外，近年纽约清算所上线了实时小额支付清算系统（RTP），已接入大部分美国储蓄账户，收费方式、价格与 ACH 类似，且可以做到实时结算[1]。

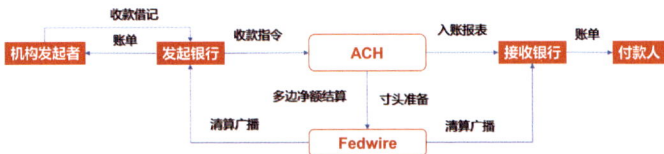

图 2-6　美国 ACH 代扣、代收流程

说明：留学生的学费汇款，需要全额到账，国内银行在处理留学生汇款时，会要求汇款方提供对应收款银行的 ACH 号码，类似国内的大小额行号，款项发往 ACH 系统，之后会全额到达学校的账户银行。ACH Transfer 汇款手续费每笔最低只要几美分，电汇（Wire Transfer）则高达 30 美元/笔。在处理美国国内汇款时，通信报文加上 ABA 路由号码定位收款行，支付后通常是 T+2 到账，且有 60 天内追回的权利。

为了满足即时消费支付需求，由 BoA、Chase、Wells Fargo 等美国大银行合作开发了 Zelle 小额实时清算平台，允许用户的各银行账户之间即使跨行支付也能即时到账且无手续费，一般每天有付款限额，收款没有额度限制。各参与银行都推出了 in-app 转账的 Zelle 选项，当输入收款人的电子邮件或电话号码时，如果收款行是 Zelle 的合作伙伴，收款人可以直接收到付款；如果收款行不支持 Zelle，仍然可以根据 Zelle 发送的提示链接注册并关联借记卡号来转账。

欧洲常用的支付清算系统有很多，泛欧实时全额自动清算系统（TARGET）是由欧洲央行建立并监管的大额支付系统。欧元区的零售支付系统既有各成员国内的小额支付系统，也有近年来主推的单一欧元支付区（Single Euro Payments Area，SEPA）系统，为欧元零售支付引入通用的工具、标准和基础设施，覆盖了贷记转账、直接借记和支付卡清算等支付工具，如实时支付结算系统（TIPS），全天候可用，费用低，每笔即时交易的价格

---

[1] KPMG/微众银行，《逐力金融新基建：全球金融市场基础设施发展报告》。

固定为 0.2 欧分。

说明：欧洲国际银行账户号码（IBAN）是欧元区为了满足 SEPA 系统的自动转账处理开发的一套账户体系，由国别代码+银行代码+地区+账号+识别码组成。当国内银行向欧洲进行跨境支付时，一般需要提供 IBAN，国内银行的境外代理行收款后转入 SEPA 系统，节省中间费用。如果不填写 IBAN，欧洲的银行可能会收取不低于 15 欧元的报文修改费用。

在日本的金融清算系统框架中，日本银行金融网络系统（BOJ-NET）是一个大额系统，主要服务银行、证券公司及其他金融机构，包括银行间大额转账（FTS）、政府债券清算（JGBs）、外汇清算（FXYCS）、票据清算（BCCS）等子系统。小额支付清算系统（Zengin）主要对接日本的中小金融机构和区域性小型清算操作，如账单、借记卡、ATM、银行账户间转账等。零售大额支付请求是先到达 Zengin 再转发至 BOJ-NET，统一以净额清算方式完成。日本的中资银行主要通过对接日资银行作为代理行间接接入 Zengin。

印度的零售支付即时转账 IMPS 官方平台，可实现不同银行账户之间直接交易。印度储备银行（RBI）和国家支付公司（NPCI）又联合推出了统一支付接口（Unified Payments Interface，UPI），支持信用卡和借记卡即时交易，UPI 把 IMPS 转账时所需填写的烦琐信息简化成一个字符串 ID，不用输入银行卡号等信息。非金融机构基于 UPI 这一便利化支付通道，可以构建和实现丰富的支付功能，包括 P2P 和 C2B 电子钱包等收付款业务。

说明：UPI 的 ID 可以是一个人的名字、身份证号、手机号、邮箱或任意字符串等。消费者选择 UPI 作为付款方式，输入虚拟支付地址 VPA、金额和备注等信息进行验证，输入 PIN 码即完成交易，这在本质上是网银实时转账。该接口允许客户通过单一标识符进行支付，比如 Aadhar 身份识别或虚拟地址。

全球外汇市场的交易不分昼夜地运转，还不时地牵扯到不同国家或地区的司法制度。由于外汇交易跨境、跨时区，因此产生了其特有的"赫斯塔特（Herstatt）"清算风险，即采用净额清算（Delayed Netting Settlement，DNS）时，轧差批处理具有延迟性，如日终结算，一方因故无法交割从而给其他参与方带来损失，延迟越久风险可能越高。为此，出现了外汇同步交收机制（Payment vs. Payment，PvP），确保一种货币必须与另一种或多种货币同步转拨才算成交，并且有终局性和不可撤回性；若一个交易方倒闭，则会把原来的资金返还给幸存的交易方。实时全额清算（Real-Time Gross Settlement，RTGS）属于支付指令处理和资金结算同步，在营业日的系统运行期间连续处理。全额与净额清结算模式对比如表 2-5 所示，虽然 RTGS 可以降低交易风险，但对银行资金占用过大，当某银行交易日流动性枯竭或遇到支出峰值时，也会影响金融市场的整体通畅性。由于外汇交易的最终结算必须经过当地的中央银行，而且一般只会在当地的日终时才进行，因此清算风险很难绝对避免。

表 2-5 全额与净额清结算模式对比

结算模式	结算流程与主要场景
双边全额结算 RTGS	对所有达成的交易实行逐笔清算,全额予以交割,适用于交易量小、参与方少的市场。银行间常采取这种结算方式,债权/债务对应关系清楚,易于控制流程,风险小,但效率较低,对交易双方的资金量、结算系统处理能力和自动化要求较高
双边净额结算 DNS	对交易双方之间达成的全部交易的余额进行轧差,对各方买入和卖出交易的余额进行轧差,以轧差后得到的最终余额进行最终结算,结算效率高、额度少
多边净额结算 DNS	每个结算参与方在一定的时间内,合计转入额减去合计转出额所得的差额,债权/债务进行冲销,若差额为正,则参与者处于多边轧差贷记状态;若差额为负,则参与者处于多边轧差借记状态。轧差结算余额,降低交易量,从而降低交易费用

越是开放的金融市场,对实时清算的要求越高。为了尽可能降低延迟交割带来的风险,中国香港的金融市场采用 RTGS 系统,同台交易、同时交钱,在港的持牌银行(Licenced Bank)都必须在金融管理局开设结算账户,营业日内存够钱才能参与交易,并指定汇丰银行负责美元清算,渣打银行负责欧元清算,中银香港负责人民币清算。中国香港多币种清算体系与即时支付实现方式如图 2-7 所示。新加坡的 MEPS 大额清算系统是实时机制,GIRO 小额批处理支付系统是多边净额清算机制,FAST 小额即时电子转账系统则采用收款行先垫资给收款人入账,收款与付款银行再结算(Deferred Settlement),PayNow 是基于 FAST 之上的适用于银行移动端应用的清算系统。

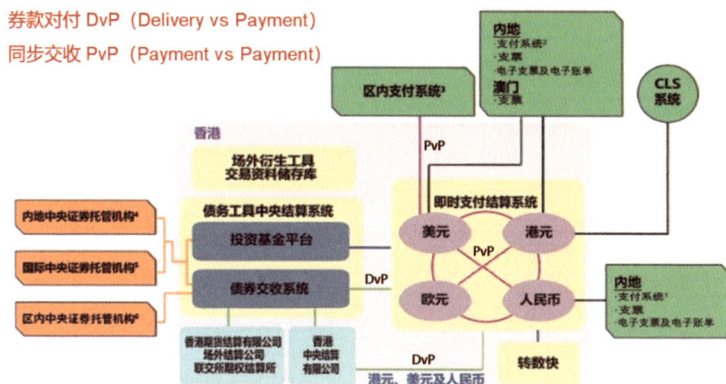

图 2-7 中国香港多币种清算体系与即时支付实现方式

说明:在中国香港本地的即时支付"转数快"(Faster Payment System,FPS),由香港银行同业结算有限公司负责运作,由金融管理局设立账册,供港元 FPS 支付交易;由中银香港 BoC

设立账册，供人民币 FPS 支付交易。系统打通了银行账户及非银机构钱包账户等各种资金账户，客户通过网上银行或电子钱包选择账户，绑定手机号码或邮箱地址，支持绑定多家，并设定其中一家为预设收款账户。

在一些专业外汇金融市场，中央对手方（Central Counterparty，CCP）视为场外市场系统性风险的解决方案，即清算与交易分离。在 2008 年金融危机之后，G20 国家一致同意所有标准化衍生品合约都应该在交易所或电子交易平台上交易，并通过 CCP 进行清算。持续连接结算银行（CLS）由 G20 国家超过 70 家股东所拥有的位于英国的金融结算服务公司负责实时全额结算 RTGS 系统的建设和运行。CLS 类似一个可信的第三方机构，通过 PvP 来移除风险，但不是中央结算方，外汇买卖仍然在银行之间进行。CLS 在其结算货币的每个中央银行都拥有账户，并有信用限额。每个结算成员都在 CLS 拥有多货币账户，直接向 CLS 提交自己的或其客户的外汇交易指令，日终账户余额均为零。

通常，支付机构通过连接境外的本地清算网络打造自己的跨境下发网络，但各国的支付清算系统壁垒较高，维持成本高，需要大量的时间和成本进行对接。

2.4　人民币跨境支付结算

由于很多经济体自身法定货币的脆弱性和波动性，不得不依赖第三方货币进行清算跨境支付，这就导致这些经济体对强势货币具有依赖，而且出现增加交易成本、交易时间长等问题。随着地缘政治与贸易格局的变化，区域内"金融基建"在不断创新，欧洲通过 INSTEX 系统与伊朗进行商业交易，俄罗斯上线卡清算系统（MIR）、跨境清算系统（SPFS），非洲一些国家正在推广泛非支付结算系统（PAPSS），以此来减少对第三方货币的依赖。另外，在需求侧的驱动下，为适应跨境电商的支付便利化，B2B 即时支付也将成为常态。

外贸中的跨境外汇支付通常以外币结算，但人民币逐渐从计价货币（Invoicing Currency）成长为主流国际结算币种（Settlement Currency），全球已经存在多个人民币离岸交易中心，经营人民币的存放款业务。人民币跨境支付是以人民币结算的，如果贸易双方约定以人民币作为双方清算的货币，则省去了币种兑换，缩短清算路径，避免了货币汇兑的汇差损失，有利于跨境商户的拓展及简化支付结算流程。境内买家通过支付机构接入境外商户购物，无须再为个人结售汇等手续困扰，可直接使用人民币购买境外商家的商品或服务。跨境外汇支付牌照只适用于政策规定的几大领域，而按中国人民银行要求，跨境人民币支付许可尚未对业务有明确限制，也不需要外汇管理局审批。目前，联动优势、连连支付、首信易、中国银联等支付机构均获得跨境人民币支付许可。

若跨境支付的参与各方不在一个经济主体，则会受到交易时间、政策等因素的影响，既有的国内大额支付系统（CNAPS）并不能很好地处理一些异常情况。为了提高清算效率，人民币跨境支付系统（Cross-border Interbank Payment System，CIPS）应运而生，其整体架构可以理解为中国版的CHIPS，为境内外金融机构人民币跨境和离岸业务提供集中清结算服务。CIPS只负责提供人民币跨境结算通道，在境内与CNAPS相互联通，不承担国际金融市场相关业务风险。类比其他主流币种在跨境支付中的清算流程，人民币跨境支付结算有几种模式。

简介：2012年，中国人民银行决定组织建立CIPS；2014年，人民币跨境支付业务在上海自贸区内进行试点，支付机构在自贸区设立的分公司均可从事人民币跨境支付业务；2015年，CIPS全面上线，采用国际金融业通用报文标准，支持中英文传输；2016年，人民币纳入国际货币基金组织特别提款权（SDR）货币篮子；2018年，CIPS二期投产运行。据中国人民银行数据显示，2021年，人民币成为全球第四大支付货币，仅次于美元、欧元和英镑；2021年，CIPS处理334万笔业务，比上年增长52%，总金额达79.6万亿元。

（1）代理行模式。代理行模式在过去比较常见（如图 2-8 所示），需要境内具备国际结算业务能力的银行与境外银行签订人民币代理结算协议，为其开立人民币同业往来账户，才可以代理境外银行进行跨境人民币收付及结算等服务。很多国家或地区指定代理银行作为人民币清算行，如新加坡指定中国工商银行新加坡分行担任人民币业务清算行，摩根大通则被指定为美国境内的人民币业务清算行。

图 2-8　代理行模式

说明：花旗银行与中国银行（简称为中行）签署人民币代理结算协议，中国银行为花旗银行开设人民币同业往来账户，花旗银行和中国银行使用 SWIFT 连接，中国银行和农业银行通过 CNAPS 连接。具体流程为：①甲从花旗银行支付扣款；②花旗银行通过 SWIFT 发送指令给中国银行；③中国银行判断甲人民币同业往来账户余额后扣款；④中国银行通过 CNAPS 转账给农业银行；⑤农业银行结算给商户乙。

（2）清算行模式。清算行模式需要央行指定境外某银行（中行境外分行）作为该地区的人民币清算行（如图 2-9 所示），代理境外商业银行进行跨境人民币结算服务，并为境外金融机构开立人民币同业往来账户。资金在中行内完成清算（境外分行和境内总行之间），与代理行模式在体验上区别不大，主要区别在于资金的结算地不同。

图 2-9　清算行模式

> 说明：花旗银行在中国银行境外分行开设人民币同业往来账户，外汇资金存入中行境外分行；花旗银行和中国银行境外分行使用 SWIFT 或者当地的结算系统连接；中国银行境外分行与国内中国银行进行行内连接，中国银行总行再与境内农业银行通过 CNAPS 连接。

（3）人民币 NRA 账户模式。NRA（Non-Resident Account）账户是境外企业直接在境内银行开设的结算账户，付款流程和境内企业 B2B 收付流程一样，只是境外机构在境内银行开设 NRA 账户的手续比较复杂。人民币 NRA 账户和 OSA（Offshore Account）账户性质不一样，NRA 账户属于境内账户，有外汇管制，受外汇管理局监管；OSA 账户属于境外离岸账户，无外汇管制，监管责任一般属于银保监会。NRA 账户监管较为严格，用途也比较单一，基于该模式的跨境结算业务量不多。

（4）境内外机构接入 CIPS 模式。人民币跨境清算 CIPS 接入模式如图 2-10 所示。CIPS 有直接参与者和间接参与者两种成员：直接参与者在 CIPS 开立账户、具有 CIPS 行号，直接通过 CIPS 办理人民币跨境支付结算业务；间接参与者未在 CIPS 开立账户，但具有 CIPS 行号，可委托直接参与者通过 CIPS 间接办理相关业务。CIPS 在线运行时间长，可覆盖全球主要业务时间。参与者通过 CIPS 收付人民币，支持货物贸易、服务贸易、资本项下、个人汇款、证券交易、头寸调拨等支付种类。

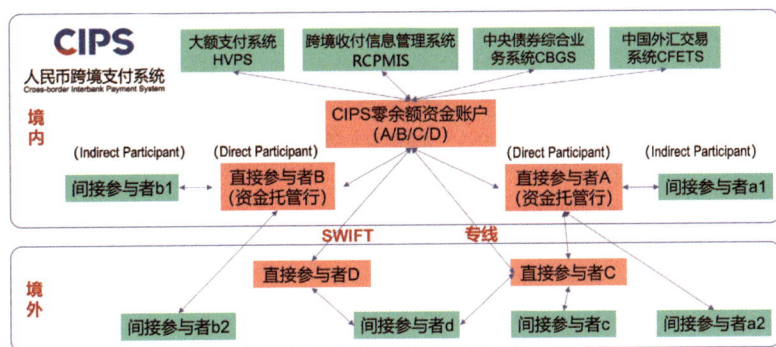

图 2-10　人民币跨境清算 CIPS 接入模式

CIPS 从业务流程、服务协议、技术规范等多方面构建起了人民币跨境支付业务的金融基础设施，但并不完全脱离 SWIFT 的国际收付通道，在部分跨境电文传送与处理方面，仍要控制两者的路由转化及报文转换，保障汇路效率，降低汇划成本。CIPS 减少了人民币跨境和离岸业务清算的中间流程，也为支付机构参与跨境人民币支付业务创造了有利条件。在 CIPS 规则和技术标准的基础上，支付机构可为企业提供全新的行业支付解决方案，有利于竞争差异化发展，拓宽跨境资金结算通道，拓展自身的业务链条，加快人民币全球化进程。支付环节的改善，也会促进跨境贸易的繁荣增长。在实际运营中，境内银行、支付机构要按照人民币跨境收付信息管理系统（RCPMIS）数据报送相关要求，及时、准确、完整地报送跨境人民币收付信息。

2.5 银行卡支付清算

在没有银行卡组织之前，各银行自己可以独立完成发卡、收单、清算、结算的全流程，但仅限于在本行内运转，不同银行之间是不通的。银行卡支付清算组织是最早形态的 Fintech，其连接发卡行、收单行、商户、持卡人，具有独立清算的特征。卡组织的国际网络与其成员的自有网络进行联网，共同构成遍布全球的支付交易网络。卡组织支持多种卡类型：即时支付的借记卡、预付费卡、事后还欠的信用卡等。如店铺门上贴了 VISA 或 JCB 等标志，则代表该店铺可以接受对应的国际信用卡付款，即该店铺使用的支付系统支持这类卡的收单。

卡组织与传统银行间的大小额转账支付的流程及系统不同，卡组织的清算专注于零售消费领域，不仅提供后台的资金划转，还建立了完整的服务体系，能更好地满足消费者和商户的需求。卡组织拥有一套运营机制和规则体系，统一技术标准，通过对交易数据的积累，实现风险控制，并对争议交易具有仲裁权。加入卡组织的成员有义务遵守相关规定要求，对于非会员也具有间接的约束力。卡组织非常重视自身品牌的宣传和推广，通过吸纳更多的发卡机构及特约商户来扩大支付网络、强化自身的市场地位。目前，国际上六大卡组织是 VISA、MasterCard（万事达卡）、AmEx（美国运通）、Discover（含 DinersClub）、UnionPay（银联）及日本 JCB。

对于信用卡的授权发行，AmEx 和 Discover 相对封闭，以自发卡为主，以消费信贷及利息等为主要收入。而开放的"四方模式"（卡组织、发卡行、收单行、商户）卡组织，不直接向消费者发卡，也不向消费者提供贷款和设定持卡人的卡费及利率，主要靠收取中间手续费来盈利。还存在一些区域性的卡组织，如新加坡 Nets、加拿大 Interac、德国 GiroCard、越南 Banknetvn、韩国 BC 卡、巴西 Elo 等。印度银行卡清算业务之前主要由国际卡组织提供服务，近年，印度成立国内的卡组织 RuPay，维持极低的商户收费；俄罗斯建立卡支付清算 MIR 系统；中东的沙特 Mada、科威特 Knet、卡塔尔 Naps、巴林 Benefit、阿曼 Omannet 等都是相应的本国卡清算系统。

银行卡清算资质的准入门槛很高，随着国内金融市场的开放，AmEx、VISA 等卡组织已来我国进行投资，申请了境内银行卡清算牌照。国内银行卡清算政策按"谁的卡品牌谁转接"原则，未经商业授权，卡清算机构不得提供非本品牌银行卡的机构间交易处理服务。银联是我国银行卡产业的核心枢纽，使国内银行卡得以跨银行、跨地区和跨境使用；同时，银联是国际银行卡组织中的重要成员，国内的银行可以看作银联的分支成员，能够以此身份参加跨境卡交易的清算。

境外的银行卡在我国境内使用，境内收单行与境外发卡行形成委托关系，委托该收单行参与卡组织之间的清算，这里有两种通道可行：（1）通过国际卡组织的清算通道，交易先由为境外卡提供服务的境内银行将数据传送给国际银行卡组织，再由境外卡组织将数据转发给发卡行，发卡行进行审核确认及卡账户余扣减；（2）通过中国银联的清算渠道，资金在中国银联和境外发卡银行之间进行跨境清结算，或者通过卡组织间的双方交换市场，银联转发到境外卡组织进行清算[1]。

收单（Acquiring）或银行卡收单，通常指收单机构通过银行卡受理终端（能生成银行卡交易指令，包括 POS 机刷卡、扫码付、移动支付、在线网站等），为签订银行卡受理协议的特约商户代收本外币资金，然后向商户承诺付款结算服务。银行卡支付清算主要流程如图 2-11 所示，收单机构可以是银行或第三方支付。发卡行与收单行及与银联之间的实际资金交割，若涉及跨行清算则通过人民银行的大小额清算系统处理；收单行与商户之间的实际资金交割，可以通过小额支付系统或行内系统结算。持卡人（Card Holder）的客户关系属于发卡行，商户（Merchant）的客户关系属于收单行或收单服务机构，发卡行、卡组织、收单行分别得到它们为该笔支付提供服务而应得的服务费。

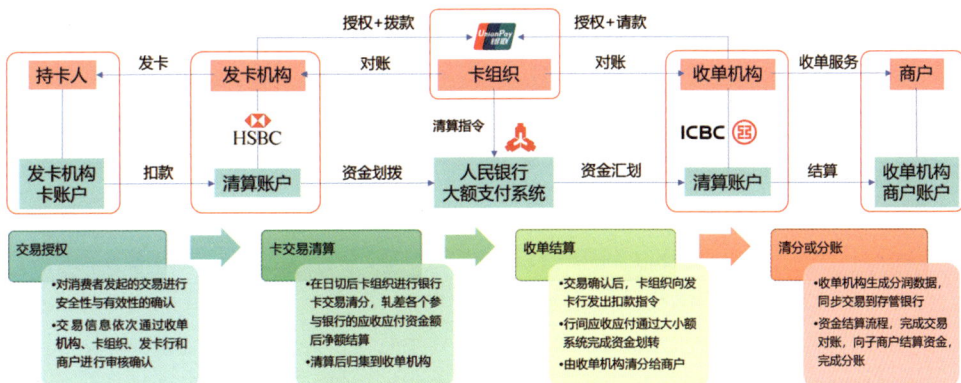

图 2-11　银行卡支付清算主要流程

---

[1] 梁建华，银行卡跨境支付国际收支统计研究.中国金融电脑，2013.2。

国内外的卡支付市场定价差异较大，国内主要采用官方指导定价模式，费率水平较低，其支付中相关方的受益规则如图 2-12 所示。通常由商户承担总费用，持卡人不额外付费，但若信用卡费率高也可能会被商户要求加价支付。收单费率是基于刷卡交易量、商户行业分类、交易单价、卡种类及其他相关服务项的综合费用，商户的结算账户通常放在收单行，收单行可以获得商户的资金沉淀，加之部分发卡行和收单行是同一银行，因此收单方收费可有优惠或议价空间。

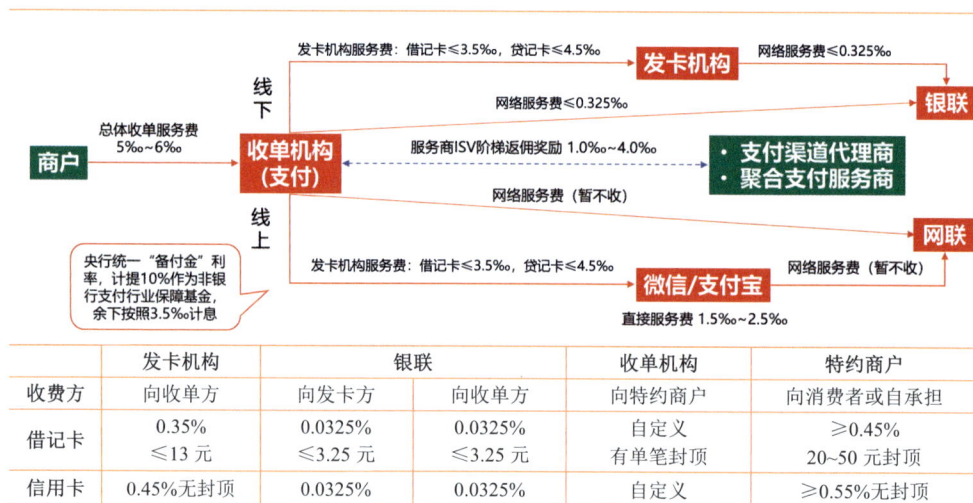

	发卡机构	银联		收单机构	特约商户
收费方	向收单方	向发卡方	向收单方	向特约商户	向消费者或自承担
借记卡	0.35% ≤13 元	0.0325% ≤3.25 元	0.0325% ≤3.25 元	自定义 有笔笔封顶	≥0.45% 20~50 元封顶
信用卡	0.45%无封顶	0.0325%	0.0325%	自定义	≥0.55%无封顶

来源:《国家发展改革委、中国人民银行关于完善银行卡刷卡手续费定价机制的通知》(发改价格〔2016〕557 号)

图 2-12　国内银行卡支付中相关方的受益规则

海外市场的国际卡组织或收单机构有相对灵活的定价权，例如，美国银行卡支付中相关方的受益规则如表 2-6 所示。信用卡的费率较高，部分借记卡有限价约束。银行卡跨境支付要具备卡组织收单资质，有合规的资金存管与结算银行授权。收单服务商（Payment Processor）的核心工作是在商户和收单行、卡组织之间建立联系，本身不需要建立账户体系，通过网关进行账户信息和支付指令传输，相当于银行的代理服务。收单服务要解决商户的支付通道集成、用户体验、交易指令、合单支付、订单分账、清分划账等技术服务。收单机构可以是银行、第三方支付、卡组织或其他金融科技公司，对于 PayPal 和 Square 等，收单服务是重要的业务板块。新型支付工具的创新清算，试图将银行卡排除在自身交易模式之外，这对银行及卡组织是潜在挑战。

表 2-6　美国银行卡支付中相关方的受益规则

单位:美分	发卡机构 Issuer	卡组织 Card Brand	收单机构 Acquirer	商户 Merchant
收费项目	Interchange Fee	Assessments	Markups	Discount Fee
费用性质	否/Non-negotiable	否/Non-negotiable	可/Negotiable	总费用/Total
借记卡	0.80% + 15¢	0.13% + 2¢	0.20% + 10¢	1.13% + 27¢
预付卡	1.15% + 15¢	0.13% + 2¢	0.20% + 10¢	1.48% + 27¢
信用卡	2.20% + 10¢	0.14% + 2¢	0.25% + 12¢	2.65% + 50¢

2.6　第三方支付模式

国内的第三方支付（Third Party Payment，TPP）模式与 PSP 模式接近，指非金融机构在收款人与付款人之间作为中介机构提供货币资金转移服务。根据《非金融机构支付服务管理办法》中的定义，TPP 是指非金融机构作为收款人与付款人的支付中介所提供的网络支付、预付卡、银行卡收单，以及中国人民银行确定的其他支付服务。TPP 作为信用中介以最初的互联网支付为代表，通过系统打通账户、资金与交易，实现线上与线下全面覆盖，支付手段灵活多样、应用场景丰富，减少了网络交易中的欺诈行为，可以对交易双方进行约束和监督，促使第三方支付更加繁荣。

除了电商，第三方支付出现的另一个原生需求是打破银行业的垂直账户体系，在用户与银行支付结算系统间建立连接，提升交易效率。银行业账户是相互独立的垂直体系，跨行支付、通存通兑在过去并不顺畅，央行的支付清结算通过备付金账户和银行的结算账户实现跨行清算，从根部横向打通。第三方支付通过横向关联多家银行账户（直连银行），从顶部横向打通，实现账户在用户侧的跨行支付。从系统的角度来看，支付媒介的底层是各类金融属性账户，支付过程是对账户数据库的借记、贷记操作，以此延伸出账户的基本功能接口，如取款、消费、转账、退款等，上层的场景化应用则是对基础接口的二次封装。

各国对第三方支付的监管尺度不尽相同。TPP 只要在每个银行开设伞形账户，就能够实现跨行汇款清算，绕开卡组织或官方银行间的小额清算，成为类似的清算组织。这可能增加央行及各大银行对反洗钱、掌握交易事实等的监管难度。国内第三方支付只能通过中间清算机构间接互连，不能直连银行，其交易流程如图 2-13 所示。其中，银联与网联的区别是：银联占据线下市场，覆盖境内、境外、线上、线下的银行卡网络；网联主要处理支付机构发起的、涉及银行账户的网络支付业务与各家银行之间的资金清算，替代此前支付机构与银行多头直连。

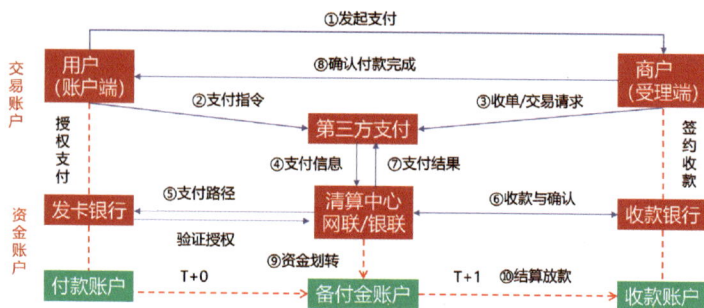

图 2-13　国内第三方支付交易流程

　　支付机构办理客户委托的支付业务，实际收到的预收代付货币资金为客户备付金。为了保证客户资金的安全管理，支付机构需要与银行签订合作协议开立备付金专用账户，即备付金存管，其模式如图 2-14 所示。备付金银行为支付机构办理客户备付金的跨行收付，进行备付金信息的归集、核对与监督，根据指令调整备付金账户头寸。对于外汇备付金纳入银行外汇账户管理，合作银行要及时按照规定将数据报送外汇管理局。为了保证每家银行的收款专户资金得到统一调度，同时满足每家银行付款专户的资金需求，支付机构会指定合作银行开设统一归集账户，每日将各家银行收款专户内的资金汇总到唯一的归集账户内，并根据各家银行付款专户提现及支付需要，从归集账户向各家银行付款专户划转调拨资金。

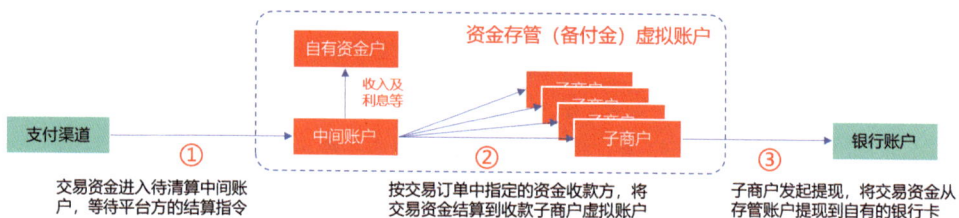

图 2-14　第三方支付业务"断直连"备付金模式

　　无备付金管理会引发"资金二清+大商户"问题。"一清"指的是商业银行和持牌支付机构的直接清算；"二清"即在未取得支付牌照的前提下进行资金划转和清分清算，典型的大商户二次清结算是将其他商户的交易资金先结算到本商户账户后，再二次清结算给所属商户。首先通过支付工具把顾客支付的货款收到自有账户中，然后结算给下游子商户，中间没有受到官方监管，这样容易使得本该属于商户的钱被截留、挪用。鉴别资金是否被"二清"，关键要看资金归属，核实商户的结算款记录的划款方。合规做法是，平台应引入具有资质的机构进行全程资金托管和结算，不在任何场景下触碰交易资金。因此，出于留存和保护交易数据的目的，电商平台一般都拥有支付牌照。有些第三方支付的"钱包服务"

提供接口给其他平台使用，进行资金存管及搭建账户体系，本质是一样的，只是场景不同。

第三方支付不仅为商户提供银行支付网关的集成服务，还为客户提供了一个可与客户的银行实体账户进行绑定的虚拟账户，这是所有支付业务流程的基本载体。因此，资金除了被存在银行账户上，形式上也被存在支付虚拟账户上（但最终还是被存在银行），支付机构借助虚拟账户（电子钱包）扮演了部分银行账户的角色。用户通过绑定银行卡，可以对虚实两种账户（俗称"卡基"和"账基"）自由调拨资金。支付可在虚拟账户之间完成，也可在虚拟账户与银行账户之间完成。但是，如果没有真实交易作为基础，通常无法使用信用卡对第三方支付余额进行充值。灵活的支付方式加快了资金结算过程，减少使用银行支付服务的成本，并屏蔽了商户和消费者的银行账号、密码等敏感信息，提升了交易安全性。

> 举例：2021 年，我国银行处理电子支付业务 2749.69 亿笔，含客户通过网上银行、电话银行、手机银行、ATM、POS 和其他电子渠道从结算类账户发起的账务变动类业务。非银行支付机构处理的网络支付业务量高达 10283.22 亿笔，包括涉及银行账户（卡基）的支付业务和支付账户（账基）的支付业务。

第三方支付解决了网络交易中的信息不对称及信用缺失问题，为网上消费者提供了信用保障，常见的结算模式有两种：①直付型，支付机构先将资金从买家银行账户转移到买家虚拟账户，再从买家虚拟账户转移到卖家虚拟账户，并最终划入卖家的银行账户；②信用中介型，当交易发生时，先由第三方支付暂替买方保存货款，待买家确认交易完成后，再委托第三方支付将货款支付给卖家。

第三方支付的发展趋势之一就是支付机构更像银行，支付机构进一步向金融账户介入，典型如印度 Paytm、法国 Lydia、阿根廷 Uala 等，都在打造一个"All in App"综合性移动数字金融应用，除了电子钱包、聚合支付及收单，还提供共享账户、消费信贷、保险、虚拟卡、财务管理等金融服务。TPP 较少依靠资金沉淀的利息作为收入，主要靠收取手续费、代理费、服务费等中间价值。TPP 具有获客渠道广、资金通道丰富、结算到账快速、费率及汇率合理、分账比例灵活等优势，对推动普惠金融也有重要意义。在日常运营中，TPP 要注意主体资质与经营金融业务范围的风险，并注意业务创新与传统监管的边界。

支付机构之间的合作（如共同支持聚合付款码），可以提升消费者及商户的便利性。同时，也有 WalletsNet 等金融科技创新服务，对标银行卡清算组织，通过搭建中间清算网络连接各国电子钱包，助推跨境支付机构间的互联互通。

2.7 外汇兑换通道

外汇兑换是跨境支付的重要环节，当支付币种与结算货币不一样时，就需要换汇。若没有外汇管制的市场，换汇可能就是银行不同币种账套的贷记，并不复杂。外汇管制是指国家对外汇的收支、买卖、借贷、转移，以及国际间结算、外汇汇率和外汇市场所实施的一种限制性的政策措施。在浮动汇率制度下，中央银行在外汇市场上经常被迫买进或卖出外汇来干预外汇市场，以维持市场秩序。银行间外汇市场是一种批发性外汇市场，目标是为其他的市场参与者提供流动性；市场主体的本币与外币之间的兑换业务，包括投资、贸易、消费等需求，我国目前国际收支中的资本项目尚未完全放开，经常项目基本可自由兑换。在国内换汇这个细分领域，牌照是最重要的门槛，持牌后的第三方跨境外汇支付的重点业务之一是帮助跨境商家及消费者换汇。

说明：个人项下结售汇，银行应根据支付机构的数据，从办理结售汇之日起在T+5个工作日内对单笔金额等值≤500美元的区分币种和交易性质汇总后以支付机构名义逐笔录入个人结售汇业务的管理系统，500美元以上的如实逐笔录入。当消费者向支付机构划转外汇时，要向外汇划出银行提供交易真实性材料。支付机构外汇业务的单笔金额原则上不得超过等值5万美元。

外汇管理部门核准给予用汇主体使用外汇的额度指标，当本年度额度用完，还需要办理外汇结算时，就要提交证明才能进行。个人账户非经营性的用汇，境内居民每人每年有5万美元便利化的换汇额度（因私不做严格审查），但购汇与结汇的额度是合并计算的，若实际需求超过该额度，就要提交相关证明材料用以核实审查，金额通常不能与所提供的有关证明材料上注明的标准、用途有出入。外汇管理局对贸易新业态涉外收支实施监测与核查，在满足客户身份识别、交易电子信息采集、真实性审核等条件下，在数字外管平台网上办理涉外收支申报，银行和支付机构按实际收付数据还原申报[①]。

注释：国际收支还原申报，支付机构集中为客户办理收付汇和结售汇，客户单笔交易额低于国际收支免申报限额的，支付机构将交易性质相同（即同一交易编码）的交易归类合并，再以支付机构名义还原原始收支明细，银行逐笔申报至监管单位。如10个境内买家跨境网购10罐奶粉，只需要集中在银行换汇1次即可，但需要对整个交易进行"逐笔还原"至对应的境内买家，即向银行提供10条购买明细信息。因轧差净额结算造成实际收付款为零的，支付机构应虚拟1笔结算为零的申报数据。

[①] 国家外汇管理局，《通过银行进行国际收支统计申报业务指引2019年版（汇发〔2019〕25号）》。

获得跨境外汇支付许可的第三方支付，可通过合作银行为小额电子商务交易双方提供跨境互联网支付所涉及的外汇资金集中收付及相关结售汇服务，直接对接用户和商户，成为跨境支付交易的主体。例如，国内消费者通过第三方支付跨境汇款，由第三方支付向银行集中购汇，银行再按照指令将资金划入目标账户，属于银行对机构或个人的代客涉外收支。支付机构能获取交易双方详细的交易信息，银行获取个人信息，执行相关结售汇管理政策。通过跨境支付购付汇方式，境内买家可自行购汇，买家购汇先付给平台（如 PayPal）再付给卖家；或者，支付平台（如支付宝）代买家购汇，平台收本币统一购汇付给卖家。

很多未获许可的支付机构通过与境内外银行或持牌机构合作，以代理身份购汇或结汇，将货币兑换和付款流程由其托管银行完成，从而实现"曲线展业"，聚焦于前端客户服务，走通在境内结汇和人民币分发之路；而有跨境支付资质的机构，在交易链下游充当资金通道。外汇兑换渠道增多，外汇支付持牌公司与银行并驾齐驱，促进了更阳光化、规范化的汇兑操作。

境外刷卡消费的购付汇，实际是依托银行发起的购付汇，在信用卡达成交易那个时刻即完成外汇兑换，兑换的量与购买的商品或服务完全一致。跨境电商交易中的外汇兑换分类如表 2-7 所示，从消费者的角度看，购汇是将人民币兑换成外汇，结汇是将外汇兑换成人民币；而从银行角度看，售汇是指银行将外汇卖给外汇使用者。对于跨境资金结算，由于货币不同，买卖双方借助中间货币支付，交易要承担一定的汇兑损失。

表 2-7　跨境电商交易中的外汇兑换分类

外汇出境（购付汇）		外汇入境（收结汇）	
购汇	付汇	收汇	结汇
发生需用外币结算的交易后，用人民币去购换成外币	已购汇的外币结算至海外账户	境外资金汇入境内后，通过银行收取并存入外币账户	外汇所有者将外汇卖给银行，将已存入国内的外币兑换成人民币
场景：境内买家使用人民币付款给支付公司，支付公司向合作的银行进行兑换买汇，合作银行将外币给支付公司，支付公司跟境外商户进行结算		场景：境外买家支付外币给电商，电商合作银行向卖家进行结算，收款机构将该款项提取，并通过境内合作银行或持牌机构完成外币兑换人民币	

支付机构要建立有效的风控制度和系统，健全主体管理机制，加强交易真实性、合规性审核；国内对违规套汇惩罚十分严格，禁止出借本人便利化额度协助他人购汇，防范以虚假消费或贸易的名义套汇；银行应对合作支付机构的相关外汇业务加强审核监督，要求配备熟悉外汇业务的工作人员[1]；在规定时间内形成可疑交易报告上报监管机构，以确保出入境资金的合法性。

---

[1] 国家外汇管理局，《支付机构外汇业务管理办法（汇发〔2019〕13 号）》。

2.8 产业链及盈利模式

近年来，支付市场逐渐分层，跨境支付的巨大市场吸引了众多的海内外参与者，形成了复杂的合作生态。不同环节的支付商各具活力，处于供需及金融资源的中间，伴随其他业务出海，能力优势源自支付通道、客户资源、覆盖区域，以及合作渠道等。从行业格局来看，支付牌照的壁垒正在被强化，不同支付企业的服务模式在被分化，只要能提升行业效率，满足跨境卖家、消费者需求，支付商都能找到合适的切入场景。垂直细分领域的服务价值高低不同，不同业务环节需要各自的分润比例，每个环节都可能引入专业机构参与。跨境支付行业主要机构与合作生态如图 2-15 所示，机构分类说明及业务形态如表 2-8 所示。

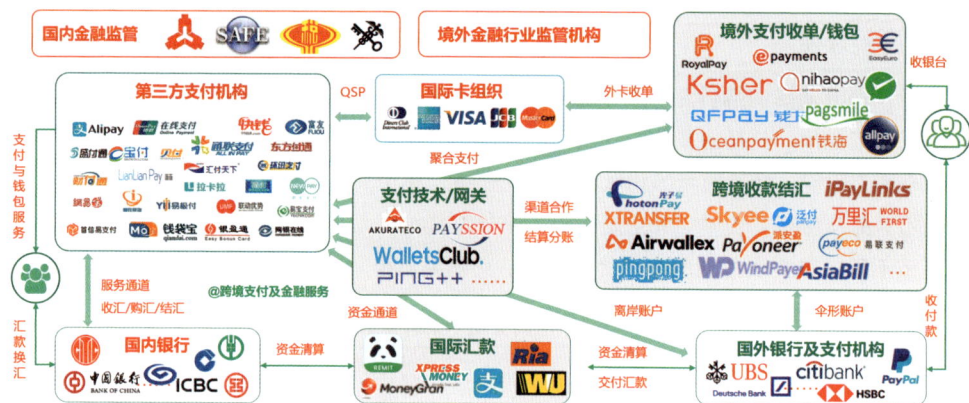

图 2-15 跨境支付行业主要机构与合作生态

表 2-8 跨境支付行业机构分类说明及业务形态

分类说明	业务形态	资金	上下游关系
账户侧	国际汇款	双向	面向 C 端为主，依托银行渠道，进出双向货币兑换及收付款
	跨境付款	出境	境外消费、跨境进口等购汇支付、聚合本地支付或电子钱包
收单侧	外卡收单	入境	品牌出海、跨境出口，卡组织授权收单、收款服务
	境外收单	本地	为境外商户提供外币收单、对接本地支付通道及增值服务
收款侧	跨境收款	入境	境内外的银行合作，收取跨境电商平台结算款、收汇及结汇
	外贸收款	入境	提供国际银行离岸账户管理，通过银行收结汇，跨境金融服务
技术侧	支付网关集成/白标系统	—	支付解决方案、服务体验改善，品牌企业、中小型支付机构出海服务，金融科技服务商，大型机构的个性化渠道服务等

在账户侧，支付巨头牢牢掌控消费群体，该领域的细分市场受到用户使用习惯的影响而被渗透；传统电汇不适应线上交易，但跨境汇款进入高度线上化阶段，部分银行也在切入。在收单侧，当跨境电商进入某个新市场时，首先需要解决的就是收单问题，支付机构要帮助商户从境外的客户收钱（Pay-in），并依据交易单据和分账规则，扣除手续费后打款给商户（Pay-out）。外卡收单的手续费仍保持较高水平，且有本地化资质门槛；境外收单需要提供本地化支付体验与结算方案，只有进一步延伸合作链条，与本地支付互通合作，才能为消费者带来便利。跨境支付机构分类及典型企业如表 2-9 所示，其中大部分国内跨境支付都涉足收款。在技术侧，支付公司也在为电商平台搭建支付系统或提供完整的支付解决方案，收取项目开发及服务费用，实现业务场景的支付嵌入。

表 2-9　跨境支付机构分类及典型企业

主体类型	典型企业与机构代表
传统金融机构	卡组织及 SWIFT 网络，花旗、汇丰、渣打等跨国银行，国内各银行
国际支付机构	PayPal、Payoneer、WorldFirst、Ingenico、WorldPay、Stripe、Gpay、Adyen 等
国内持牌机构	联动优势、连连支付、汇付天下、首信易、快钱、拉卡拉等
国内收款机构	PingPong、iPayLinks、Skyee、Asiabill、Panpay、Coralglobal、XTransfer 等
支付巨头出海	微信支付海外、支付宝 Alipay HK 及海外本地钱包、银联国际、通联 Allinpay 等
跨境汇款	熊猫速汇、易思汇（留学付费）、寻汇、EMQ（海外华人汇款）、XTransfer、XFO、Beepay、Airwallex、Oceanpay、万唯 OnerWay、支付宝等
外卡收单	Citcoin、钱海、EasyEuro、ePayments、GlobePay、ScanForPay、2PayNow、RoyalPay、乾汇 MasaPay、鼎付、CyberSource、HiTrust、PayEase 等
聚合支付	Allpay、Qfpay、BlueOceanPay、NihaoPay、Ping++、BluePay 等网关
金融科技	纵腾跨呗、卓志供应链、华甫达保险、易汇金跨境云、深晖融信等金融服务

支付行业有明显的规模效应，交易量越大，成本优势越明显。支付机构主要业务环节及盈利点如表 2-10 所示，通道手续费是支付机构稳定的收入来源，可以按照交易规模流水收费或按照支付笔数收费，或将两种方式混合收费，规定比例与上限。跨境汇款的收费差异较大，分挡付费、有最低收费；跨境收款、收汇整体费率处于下行状态，赚取汇差收益风险较高，合规性不足。现阶段，跨境支付行业的集中度还不高，很难获得费率溢价，快速抢占市场是生存关键，要能尽快获得更多商户，拓展跨境金融等增值收益；作为商户，可能会选择两家以上支付企业进行合作，如此可便于比较。

表 2-10　支付机构主要业务环节及盈利点

服务	基础收益	用户端收益	商户端收益	
账户	·备付金利息	·联名卡/礼品卡	·收单软硬件收费	·离岸开户服务
收单	·收单服务费	·代理投资理财	·外贸收款服务费	·汇差
收款	·支付通道费	·消费金融	·聚合支付集成	·白标 OEM
汇款	·汇款手续费	·代理保险	·供应链金融	·资信报告
系统	·账户管理费	·货币兑换费 ·征信	·钱包账户托管 ·广告营销/大数据分析	·财务资金管理

　　实力强大的跨境支付企业的业务日趋综合化，支持多渠道接入、多产品处理、客户支持、合规管理等，行业支付解决方案及一体化服务趋于成熟。在功能上，银行可以替代支付机构的角色，提供资金流服务，但银行需要解决信息采集方面的难题，而支付机构往往与跨境电商平台和服务商具有更密切的联系。因此，传统银行针对跨境业务场景，主要提供反洗钱、结售汇、申报跨境汇款和清算等后端服务，作为通道从中获益。持牌的第三方支付的优势在于自身的合规通道，表 2-11 中很多支付机构都是借助银行及持牌机构的通道走通了跨境业务链。

表 2-11　支付百科 2021 年跨境支付机构 Top20

序号	支付机构	序号	支付机构	序号	支付机构
1	支付宝/WorldFirst	8	汇付天下	15	空中云汇
2	腾讯支付/微信	9	易智付/首信易	16	快钱
3	连连支付	10	贝宝 PayPal	17	苏宁易付宝
4	银联 ChinaPay	11	通联支付	18	钱宝科技
5	PingPong	12	拉卡拉	19	网易宝
6	派安盈 Payoneer	13	京东支付	20	盛付通
7	富友支付	14	易宝 YeePay		

　　由于支付商在一个国家直接获得支付牌照的周期较长，不具备当地的业务经验，而且就算获得了自持资格还要在新市场中投入系统、运营、客服和财务等大量资源，因此除了通过收购、合资、自建等方式推进境外本地数字钱包的服务接入，还有一些跨境合作的"过桥方案"。例如，Earthport 拥有在 80 多个国家的独立清算网络，当支付商 Xoom 进入越南市场时，借助 Earthport 铺设好的支付通道，节省了大量时间和初始资金投入；支付服务商 PPRO 致力于提供无国界支付的技术方案，拥有 170 多个国家和地区的支付通道网关，帮助其他支付机构快速接入本土支付。

2.9 金融科技

金融科技（Fintech）是技术驱动的金融创新，旨在运用现代科技手段优化或创新金融产品、经营模式和业务流程，推动金融发展提质增效[1]。近年来，在新一轮科技革命和产业变革的背景下，我国先后出台《促进大数据发展行动纲要（国发〔2015〕50 号）》《新一代人工智能发展规划（国发〔2017〕35 号）》等政策文件。新技术与金融业务深度融合，技术供给与行业需求的结合形成了金融创新应用。随着金融科技的异军突起，全球 Top500银行/支付/金融科技的市场份额发生了巨大变化，如图 2-16 所示。通过简化供需交易环节，降低资金融通边际成本，开辟触达客户全新途径，推动金融机构在盈利模式、业务形态、资产负债、信贷关系、渠道拓展等方面的数字化升级，使得金融数据价值更加凸显，金融产品向着智能化、精细化、场景化方向进化。我国支付出海模式的发展，也是业务合规、系统技术和数据安全等全方位金融科技能力的体现。

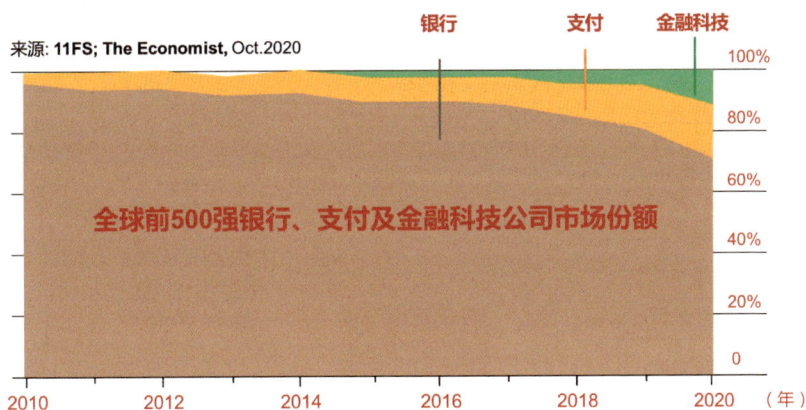

图 2-16 全球 Top500 银行/支付/金融科技的市场份额变化

不同于初创型金融科技公司寻求颠覆性的商业模式，传统金融机构聚焦业务价值领域，将非核心工作外包给 IT 服务商，伴生了富达 FIS、费哲 Fiserv、TCS 及 CTS 等传统金融科技巨头。这些传统金融 IT 厂商在转型过程中看中了支付市场。FIS 完成对 WorldPay支付的收购，后者提供多种货币的数百种支付处理业务；Fiserv 并购的 FirstData 是全球最大的商户收单及发卡处理机构，后者拥有数百万商户，是全球最大的独立支付网络服务商，在美国卡交易市场占主导地位。

---

[1] 中国人民银行，《金融科技（Fintech）发展规划（2019~2021 年）》。

　　大型科技公司（Bigtech）进入金融服务领域，成为拥有大量数据的"数字帝国"，拥有传统金融机构无法触及的客户行为数据，如购物、搜索、库存、定价等数据[①]。生态圈所有者把许多前端金融产品整合起来，合并为单一的客户体验，成为客户唯一的接触点，进而有能力挑选金融产品提供方（银行、保险、贷方等），再优化服务条款，以流量换取低费率，压缩金融中介的价格。大型支付平台主导的端到端生态圈也嵌入了零售银行众多元素，争相切入传统的消费金融、保险代理、财富管理等业务市场，以更低的服务价格、更便捷友好的服务感知、更丰富和标准化的服务选择，赢得全量客户。

　　金融科技的企业属性到底是金融还是科技存在争议，很多使用科技进行自我包装但内核仍是信贷类的金融服务，其模式创新大于技术创新，或侧重于技术输出，而非业务创新，为企业及其他金融机构提供前沿技术应用，为监管部门或金融机构的风控部门提供技术服务。以提升监管效率、防范金融风险为目标的监管科技（Regtech）正在成为金融科技的重要组成部分，包括对传统金融及 Fintech 本身的监管。全球 Top250 金融科技企业如图 2-17 所示，从金融服务的业务视角看，金融科技广义上涉及了所有金融业务，有新一代数字化金融业务，也有对传统金融业务的数字化升级。

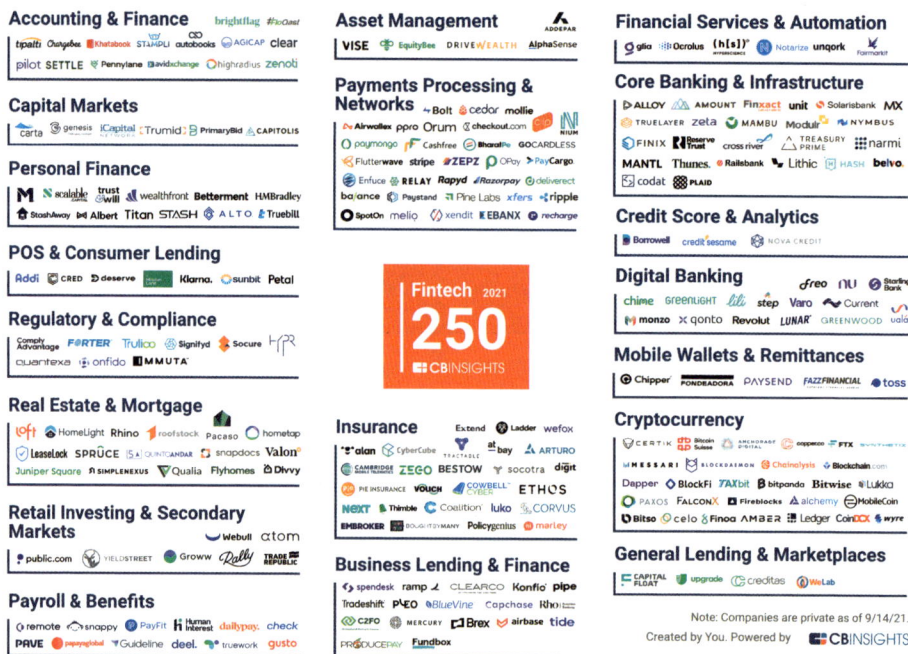

图 2-17　全球 Top250 金融科技企业（CBinsights.2021）

[①] 中国信息通信研究院，《中国金融科技生态白皮书》。

从技术视角来看，技术的优劣一定要从不同业务场景特征来研判。Fintech 尝试构建数据驱动、人机协同、跨界融合、共创分享的数字金融形态，以前沿技术，如应用程序接口（API）、软件开发包（SDK）等深化跨界合作，将金融服务解构，支持合作方在不同应用场景中自行组合与应用，打造新型商业范式[①]。当前金融行业应用较为广泛的热点技术（ABCDEGS）介绍如下。

A 代表 AI 人工智能技术，利用机器学习和高级分析技术缔造全新高效的风险管理和检查工具，在资产管理、授信融资、客户服务、精准营销、身份识别和验证等领域应用，构建全流程智能金融服务。如支付渠道的智能路由和智能清分，以算法模型减少人工干预、增加清算效率，降低运营成本。

B 代表区块链，是集分布式数据存储、智能合约、非对称加密、点对点传输、共识机制等特性的新型软件技术。通过去中心化的分布式账本，保证交易透明、不可篡改，实现了信用创造机制的重构，适合交易多方需要高度互信的业务情形，无须借助第三方担保，可降低交易成本，是理想的跨境支付模型。

C 代表云计算，具有高扩展性、高连续性，能够迅速提高运算能力、系统承载力，动态支持海量支付交易，适应电商波动性，多地、多活、多云部署更好地向外输出标准技术服务。金融网络的安全性促进了私有云、混合云及云桌面等技术应用。

D 代表大数据，通过支付数据积累对用户进行画像分析，并做精准化分类和营销，且通过用户行为分析，完成实时风控、反欺诈交易和反洗钱等方面的工作。

E 代表边缘计算、物联网，随着移动互联与智能终端技术的成熟与普及，用户入口发生转变，触达客户的主要渠道已从线下的物理网点转向多终端与生活场景。

G 代表通信互连，很多金融应用程序并不是真正为数字时代而设计的，而 5G 时代的移动应用，将实现更直观、个性化和现场感的客户数字体验。

S 代表安全技术，金融风险技防能力、信息安全保护、现代密码学、生物识别等技术让零接触付款逐渐普及，多方安全计算、联邦学习、差分隐私、联盟链等技术支持跨主体数据安全共享隐私计算，让支付成为商务过程中的隐形环节。

透过科技创新表象分析业务本质，Fintech 表象上是业务嵌入、技术应用，深层次是组织管理的变革，因为科技团队嵌在产品部门里。在金融科技企业中，除了 IT 部门的纯科技岗人员，还有许多员工是科技背景出身，分布在业务部门，例如，在风控部门做模型的人多具有工科背景，运营审计里有精通数据分析的人，业务部门有大数据和 AI 团队，数

[①] 麦肯锡，《全球银行业年度报告（2019）》。

据人员从后台走向前台。为了实现"业技融合"与敏捷迭代，甚至把测试和运维都放在产品部门里，产品部门内部则逐渐实现"阿米巴"项目化。在这种架构下，科技部门可以高效地与业务部门合作，把设计出来的金融产品放在在线系统上运行。

高盛银行曾指出，未来金融竞争将从科技中爆发。传统金融机构面临挑战，银行亟待转型变革，如果不能成为数字平台的所有者或合作伙伴，一旦金融科技插手后端"账户"，那么传统银行的格局就将变得严峻[1]。现金虽然仍会存放在银行账户中，但金融服务动作已无缝嵌入客户的数字生活，在客户旅程中愈发无感，如消费中的贷款，有更高的贷款转化率。近年来，全球多个国家和地区陆续推出新型的数字银行或虚拟银行牌照，这类银行只在网络上开展业务，直销、开放、普惠，不受传统业务模型或发行机制约束。

全新的行业生态为传统金融机构释放了新渠道机会，加深了与 Fintech 的竞合关系。当然，传统业务追求的数字化升级与新业态基于数字运营的实体化落地，会达成一致的价值点，从进化形态来看，电商化更像是数字化的高级阶段。

---

① 微众银行，《2019 全球数字银行报告：决战数字之巅》。

第 3 章

全球汇款及购付汇

国内主体购买境外商品或服务，对跨境支付的需求主要包括国际汇款和跨境消费。汇款也可能是无贸易背景的纯资金流转。外汇资金出境，跨境支付公司要与境内银行或持牌机构、海外银行及支付机构建立合作，利用国际清算网络实现境外资金分发。在出境游、留学及进口电商等外汇支出需求中，国内第三方支付主要为用户提供购汇、付汇，购物流程与国内电商购物流程基本一致，主要是在资金流方面增加了换汇的步骤。

国内电子支付渗透率趋于饱和，伴随监管趋严，在断直连、备付金集中交付、C端流量见顶、账户侧巨头垄断、同业竞争加剧等因素影响下，很难再有像当初移动支付崛起时的现象级市场红利。在全球范围内，我国互联网技术应用成熟，支付效率很高且成本较低。根据中国支付清算协会统计，2020年第三方跨境支付行业规模达万亿元人民币，我国平均每笔支付的价格成本约0.4%，结算效率可以做到实时到账。很多发达国家支付成本在2%左右，有些发展中国家甚至达到 6%，结算周期也长达数天，这使得出海延展跨境业务成为很多支付机构的转型增长点。

为迎合中国人在境外的支付习惯，境外市场成为各支付巨头新的争夺焦点，纷纷申请境外本地支付牌照。同时，涌现出许多针对中国人在境外支付习惯的创新机构，这类公司与银联、支付宝、微信合作，负责拓展当地商户资源及支付收单服务。还有一些新兴市场的监管政策和市场仍留有空白，人民币跨境支付为想进军境外市场的国内支付商提供了机遇。

3.1　国际汇款

跨境转移资金有多种支付渠道，各种方式有不同的特点、费用、时间和风险。国际汇款按业务性质可分为对公和对私两类。对私汇款从狭义上是指自然人之间资金跨境转移的一种特殊形式。对公业务主要用于贸易、非贸易和资本项下外汇收支，如预付货款、货到付款、服务贸易、劳务佣金等。小额外贸常用西联、速汇金等老牌汇款方式，依托遍布全球的线下网点和各地支付牌照，汇款到账快，无须选择复杂的汇款路径，手续费由汇款人承担，若有未被领取的钱款，则汇款方可以将资金撤销回去。对私业务主要用于个人经常项目项下的外汇收支，如个人出境旅游、出国留学、会员费、报名费、注册费等。现汇可以作为国际结算的支付手段，如果想把可以使用的外汇指标换成现汇，则要按照官方的汇率牌价，在指标限额内使用人民币从银行买进现汇，即购汇。

跨境汇款在大部分国家都有牌照门槛，汇款渠道包括银行、汇款公司、邮局、第三方支付等。以2021年从部分 G20 国家汇出 500 美元为例，其平均费率如图 3-1 所示，根据图中数据显示，G20 国家的平均汇出费率为 4.5%左右。降低汇款成本的核心是削弱中介作用，优化流程，减少汇款人（Payer）或收款人（Payee）支付的手续费。传统商业银行和老牌汇款机构等市场份额正受到抢占，用户体验感较差、依托线下渠道的模式受到冲击，PayPal、TransferWise 等支付机构日渐成为跨境汇款的主流。

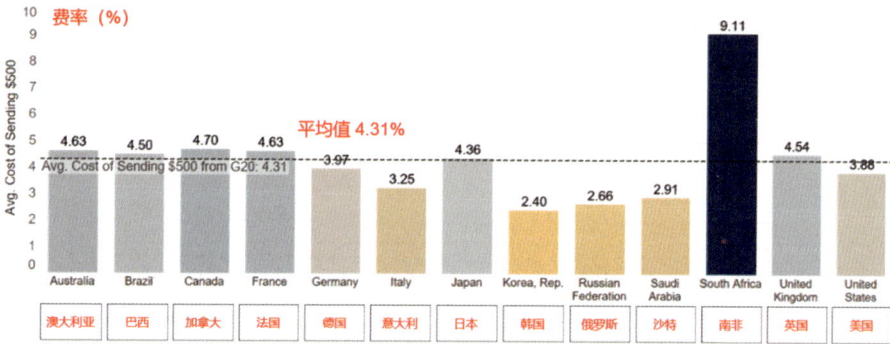

图 3-1　从部分 G20 国家汇出 500 美元平均费率 2021 年（Worldbank 官网）

3.1.1　跨境汇款流程

跨境电汇（Crossborder Wire Transfer）通常是指汇款行和收款行位于不同国家或地区的电子汇款，是第三方支付体系内发生的虚拟账户间的转账，没有发生实体账户资金转移，不是传统意义上的汇款。跨境汇款转移资金的方式可以是现金到现金（收款人提取资金），也可以是现金到账户、账户到现金、账户到账户等。银行电汇是企业及个人汇款的重要渠道，当汇出行和汇入行之间互开往来账户以后，通过识别汇款银行的代码，款项一般可全额汇交收款人账户；如果双方无直接账户往来，则必须通过 SWIFT 与另一家或几家银行（即中转行）转汇至汇入行。由于每家中转行的转汇处理都会扣收一笔转汇费，加上电报费、汇兑费、入账费、更正费等，所以电汇的费率整体较高。全球汇款的费用因地而异，随着产业数字化升级及金融科技的竞争日趋激烈，汇款费率长期趋于缓慢下降趋势。资金转入方（Transfer-in）或转出方（Transfer-out）各自承担所在地银行的汇入、汇出费用，根据银行的实际费率计算。以汇入 G20 国家及全球汇款 200 美元为例，其平均费率走势如图 3-2 所示。

汇款费用高的原因在于基础设施及通道传输交易规则，汇款机构提供跨境转移资金的中间服务，要承担金融伙伴费用、外汇保证金、审核制度及 IT 系统等支出。银行跨境汇款的资金路径复杂，清算链条长，体验缺乏友好性，汇款服务订单的流程如图 3-3 所示。例如，在向日本跨境汇款时，需要将收款人的地址和联系电话都写在报文里面，否则日本的银行可能会收取额外的费用。一笔款项如果经过多个中间行、遇到反洗钱抽查、语言不同等情况，很容易出现时效延长、汇损或汇款失败等问题。

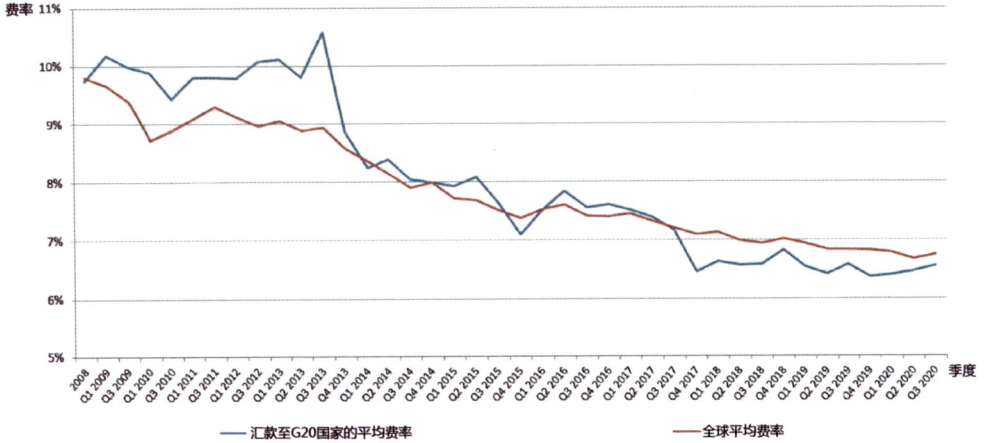

图 3-2 汇入 G20 国家及全球汇款 200 美元平均费率走势（Worldbank 官网）

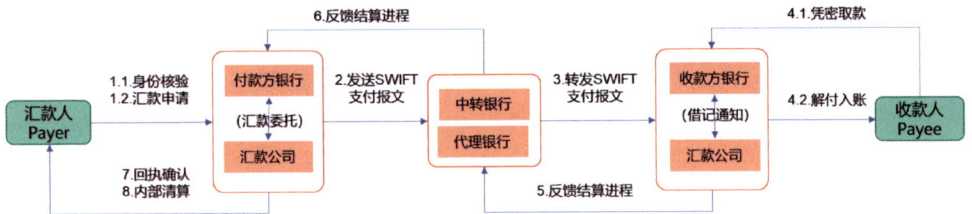

图 3-3 汇款服务订单的流程

商业银行通常都有办理跨境汇款的业务资质，银行电汇适合大额交易，收取电报费、手续费和中转费。主流跨境汇款有四种方式，如图 3-4 所示，银行与邮局的费用较高，移动支付是新型的资金通道，专业汇款机构（Money Transfer Operator，MTO）适合小额汇款，依托遍布全球的线下网点和在线渠道，收费较低，汇款速度快。除了与银行直接合作，有的国家或地区会要求 MTO 只有在本地成立公司，取得相关牌照才能开展业务，如汇款代理人和货币兑换商资质等。MTO 也受控于外汇监管、银行风控及客户尽职调查等监管。对账户的汇款，支付机构、邮局等需要与银行合作，可以线下渠道或嵌入网银等方式直接利用银行的清算指令。

渠道	主要应用场景及手续费
银行电汇	银行通过 SWIFT 往来，费用按百分比+固定费用，如交易金额的 1‰+150 元电报费左右
汇款机构	西联、速汇金、瑞亚等，与银行、邮局和支付公司合作，按额度分级计费，手续费+代理费
邮局	通常为专业汇款机构的线下代理，收操作手续费
移动支付	拥有支付牌照，可做全链条交易，实现业务化零为整，费率：1%~1.5%，留学、侨汇等

来源：JP.Morgan,平均汇款费率/%

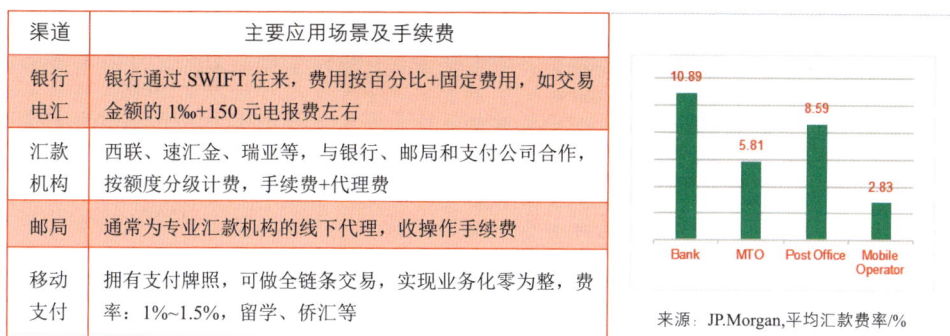

图 3-4 跨境汇款四种方式比较

汇款公司在全球各地设立资金池进行即时支付，通过银行电汇进行轧差结算，缩短了资金链路及到账时间。无须开设汇款账户的汇款，通过网络传输汇款信息至收款人所在地的代理网点，邮局或商业银行作为代理机构，网点众多，收款人根据到款通知，到当地代理网点凭身份证件和汇款密码取款。如果客户持现钞汇款，那么还需缴纳一定钞变汇的手续费。汇款移动支付日趋流行，除了借助银行通道，基于很多区域性的小额实时清算系统，有实力的支付机构也能快速串联起高效支付及汇款网络。

说明：欧盟的跨境支付必须遵守第 924/2009 号法规（EC），使银行对跨境交易收取的费用与以欧元支付的国内（或国家）交易收取的费用相同。欧洲 SEPA 覆盖范围广，转账时间不超过一个工作日，在此支付区域内，任何人都可以基于与在本国内部进行转账操作的相同的费用、效率，实现和接收以欧元或非欧元区欧盟成员国、欧洲经济区国家的官方货币形式的付款。

进行跨境汇款，无论使用什么汇款工具，都必须符合国家相关用汇规定。在支付机构处理汇款时，要保证完整的交易痕迹及有效的 KYC，履行对资金的监控与风控的责任。各国监管机构一直致力于汇款信息的透明化，当支付信息穿越跨境网络时，需要经过多个中间机构，跨境汇款服务流程状态如图 3-5 所示。当汇款行或支付机构在发出电汇报文时，应将收付款人信息如实、完整地传递给下一手银行或机构，如果在处理过程中故意删除、修改、替换相关信息或使用不透明的头寸报文，以规避审查或其他目的，就会被各国监管重罚。

为客户提供全球范围的汇款服务，国际汇款公司具有先天优势，我国的跨境支付机构正在争夺本土及全球部分华人市场。但由于境外金融渠道的匮乏、资金端的薄弱，相对于效率、成本、支持广度，境外拓展的现状还不足以支撑和对标西联汇款的商业模式，我国的跨境支付机构需要进一步通过获得汇款牌照，与境外银行、金融市场中的外汇服务商、本地支付机构合作，逐步从为贸易项下的客户提供外汇管理与全球支付服务开始。

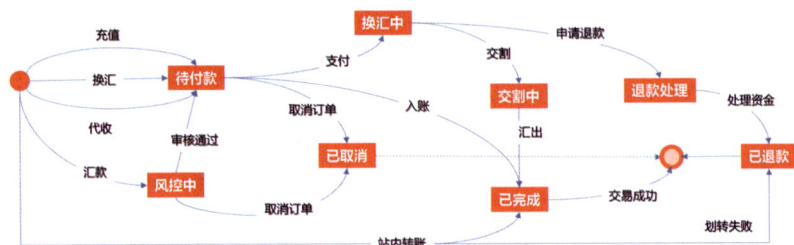

图 3-5　跨境汇款服务流程状态示例

3.1.2　创新汇款模式

在传统汇款流程中需要填报很多表单信息，还有高费用、到账延迟和不确定性等问题，金融创新公司抓住这些客户痛点，提升端对端查询的透明度，缩短路径，大幅降低费用，提供更好的银行间牌价，为客户降低换汇与汇款成本，适应更多的小额即时交易。同时，金融创新公司顺应消费者移动支付的便捷性需要，创新出很多针对场景化汇款需求的应用，国内如汇元通、熊猫速汇、EPay 等，聚焦留学缴费、侨汇、跨境劳务薪酬等，国外如 OFX、RIA 等机构支持大额汇款。另外，即时低价的小额汇款逐渐在全球流行起来，2020年即时转账金额已达到所有转账交易金额的 25%。在美国，除了银行系的 Zelle，如 Xe Money、Venmo、Remitly 及 Splitwise 等小额第三方转账汇款机构均支持 A2A 或 P2P 汇款，通过收款人邮件、手机或其他个人方式付款，手续费较低或限额内免费。

> 说明：SWIFT 建立了新型通道 gpi（全球支付创新计划）为提供更加快速、透明、可追溯的跨境支付服务，目前 40% 的 SWIFT gpi 支付在 5 分钟内就会到达终端账户，小额跨境支付 SWIFT Go 服务在 gpi 基础上做了进一步提升。在国内，很多银行都已参与，如中国银行的"中银智汇"服务。虽然 gpi 优化了部分功能和流程，使得跨境支付的效率得以提升，体验得以改善，但通过 SWIFT 进行跨境支付的基本环节并没有太大变化。

与传统的银行电汇不同，银联全球速汇（Money Express）提供便捷的跨境汇款服务，在汇款时预先锁定汇率，已在几十个国家和地区开通，汇款款项以人民币直接计入银联卡账户，收款方不用解付结汇便可直接使用，也无须向银行支付手续费，降低了转账汇款费用，且到账时间在 T+1 以内。银联全球速汇的合作机构包括新加坡 DBS、加拿大 CIBC、菲律宾 PNB、韩国 KB 等银行，MoneyGram、Xoom、PaySend 等专业汇款机构，英国 Mifinity、澳大利亚 OmiPay、马来西亚 Tranglo、柬埔寨 WING 等支付机构。通过这些机构提供的网站、手机 App、线下网点等服务渠道，境外汇款人可以方便地向中国境内银联卡进行跨境汇款。

> 简介：西联汇款成立于 1851 年，其合作银行遍布全球，客户凭借身份证就可以进行付款和收款，无须额外开立银行账户，汇款即时到达；与国内的邮储银行、农业银行、光大银行等都有合作，结合其旗下的 Vigo、Orlandi Valuta、PagoFacil 为企业提供支付解决方案。国内的工商银行、交通银行、中信银行等代理了速汇金汇款服务。

在外汇报价方面，由于汇率波动，要建立实时的风险控制及报价策略，针对不同币种设定差异化策略及风险值。汇款机构通过接入市场上不同报价源的货币汇率，对导入的所有原始牌价进行有效性、波动性校验，并对风控过滤后的报价进行计算，如最高价、算数平均价、加权平均价、交叉盘计算价等，加上价差后再报给客户，选择最优价的渠道作为交易伙伴进行交割。例如，Thunes、Flywire 等以提供非即时转账为服务卖点，手续费较低，客户如果需要即时付款或者使用信用卡汇款会有 1%~2%的手续费，高于同行跨境转账，兑换汇率也往往高于银行汇率。

汇款机构与各国银行及支付公司展开合作，先在本地设立外汇资金池进行及时支付，再通过电汇结算。理论上，在更多国家开立账户，利用智能系统的连接与计算，可以使不同币种汇兑的多方供需匹配，实现范围更广的本地化收款与分发，有不少创新汇款机构采用了类似模式。然而，有些国家或地区有严格外汇管制政策，使得资金宽进严出，可能导致进出不平衡的情况。因此，当汇款业务规模扩大后，会有一部分需求不能及时匹配，造成单向汇款线路的出现，这就需要解决在各国银行账户间的资金储备、运营、调拨等问题。另外，在有些国家或地区的外汇监管及反洗钱政策下，该模式可能被定义为资金互换或线上版"地下钱庄"，尤其对于无证外汇平台的体内循环，资金先是打入境内账户，然后平台按照汇率从境外转汇至目的账户，境外资金留存缺失第三方存管，存在不合规、不安全因素。以德国与波兰之间跨境汇款为例，如图 3-6 所示，某些路径并没有发生真正意义上的"国际汇款"，而是以短时间的本地转账完成跨境汇款需求。

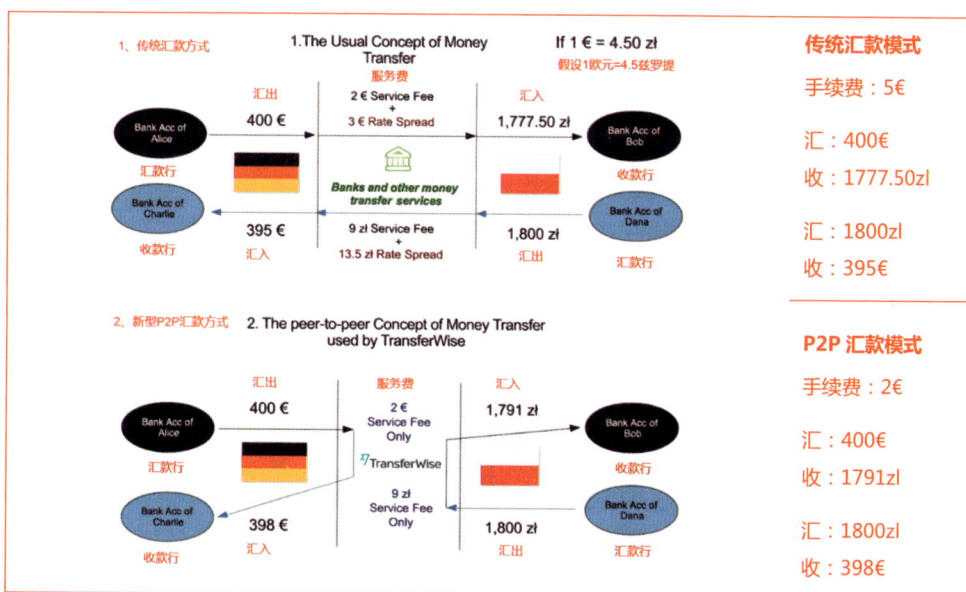

图 3-6　德国与波兰之间跨境汇款（欧元 ←→兹罗提）

　　线上汇款形式越来越丰富多样，如汇款至电子钱包、网络银行账户、转换虚拟币或时下流行的加密货币等。引入加密货币在理论上消除了汇款价格差，如图 3-7 所示，但额外的货币兑换成本和更高的波动性，让这类汇款风险更大。由于区块链汇款（Blockchain Money Transfer）具有隐匿性，其难以通过常规渠道签约来实现法币（Fiat Currency）兑现。这类创新使得机构很容易误入非正式渠道，成为不受监管的跨境资金转移工具经营者或非法中介。

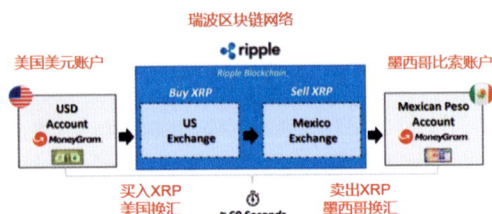

图 3-7　区块链 Ripple 与 MoneyGram 合作基于实时结算的跨境外汇交易

3.2　境外消费支付与结算

　　境内消费者在境外商家网站、线下实体店使用人民币消费付款，从支付机构购汇后，用外币给境外商户结算。例如，款项由微信钱包账户中划出，微信支付通过合作银行完成购汇，并最终将外币款项结算到境外商户的本地银行账户。这类跨境支付不仅要符合我国相关部门监管要求，还要符合当地市场的政策及相应法规。当境外当地经营的商家在收款时，使用我国受理设备和收款码，致使消费行为虽然发生在境外，但是支付实际发生在境内，令当地商人可以在不缴税的情况下获得营收（在中国账户的人民币），这存在跨境洗钱风险，属于违规支付，因此很多国家都封杀过国内付款码。

　　得益于跨境人员往来密切，旅游、会展、留学及在线教育等国际交流活动增多，如图 3-8 所示（图中是四舍五入后的百分数），在跨境支付企业的业务分布中，除了货物贸易之外的国际服务贸易的比重在不断提升，支撑这些业务的核心能力方面集中在支付申报、购付汇等领域。参与跨境商业往来经营的中小企业日益增多，它们在产品、服务或用户营销等方面享有一定优惠条件，但在支付、物流等方面依赖于专业公司，各类跨境收付、资金转移需求突出。

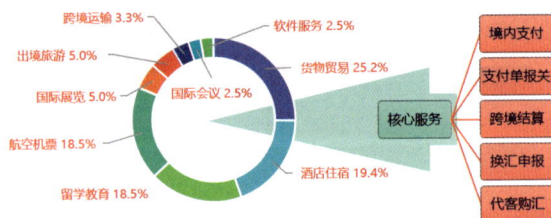

图 3-8　国内持牌跨境支付企业的业务分布及核心服务

3.2.1 境外聚合收单

境外收单常见于出境游购物及海淘代购等，商家在境外，消费者的身份属于国内。我国旅客出境游购物，买家通常在线下进行扫码付，或通过绑定信用卡的电子钱包支付；从境外电商网站海淘，则通过跨境网络联机交易支付。通常，商家在微信或支付宝直接申请"收款码"服务，这种商家属于直接商户；而如果商家用的是"聚合码"收款，提供这种多渠道聚合收款的机构是微信或支付宝的服务商、代理机构，那么这种商家就属于这个渠道的"特约商户"。由于我国消费者的支付习惯，使得国内"客户端"的支付工具基本被支付宝、微信、云闪付（银联卡）三家主导。若商户的开户行及为商户提供入账服务的机构在境外，"服务端"为海外商家提供扫码硬件、系统集成、多货币及电子钱包等支付结算方案，则主要由聚合收单"第四方支付"提供，此时作为国内支付巨头的全球合作伙伴，就会帮助境外品牌商或零售商接受我国的支付方式，小微商户则不必有多个"收款码牌"。

> 举例：众多境内支付机构正在抢占境外市场，布局澳大利亚及美国的 NihaoPay、RoyalPay、ePayments，加拿大 MotionPay、Citcon，日韩 Sanforpay、Allpay、百汇通，欧洲 2Paynow、EasyEuro、GlobePay，南美洲 Pagsmile，东南亚地区 Nova2pay、钱方、BlueoceanPay 等；拉卡拉在日本将众多本地钱包聚合，提供收款、外卡收单服务；Ksher 从跨境收单发展到为本地商户服务，为餐饮店提供点餐、预订、参观等服务，帮助收银员日结账目管理、结算报告和定制数据分析等辅助功能，接入了 PromptPay、LinePay、AirPay、GrabPay 等多个海外热门钱包。

从覆盖面来看，微信、支付宝为 50 多个国家和地区提供境外线下支付服务，银联则基于与卡组织合作的优势，几乎覆盖全球。支付巨头在境外的推广策略更倾向于与有当地持牌机构合作，合作方负责境外收单支付服务，保证境外特约商户的真实性、合法性，贴身服务商超、电商、票务等商户。由于很多境外机构对接机制不灵活，但国内支付企业机制更灵活，更具有成本优势及技术优势，因此出海成为支付巨头的境外服务商，从而在跨境支付市场上获得面向终端用户的有利机会。

随着逐渐在部分热门海外消费市场站稳脚跟，一些支付机构依托自身了解当地金融政策与市场环境、掌握海外商户和渠道资源的优势，继续与本地领先的支付渠道合作，掌握场景和入口，延展到海外市场分析、整合营销、消费退税等本地价值链中。如图 3-9 所示的日本华人聚合支付平台 Netstars 解决方案为例，通过发挥支付系统的技术优势，聚合国内及海外当地的多种支付渠道，部分优秀的国内支付商发展成为海外一站式的支付聚合及商家收单服务平台，线上/线下产品包含多种形态，收款时可以在数种支付通道中自由切换。

图 3-9　日本华人聚合支付平台 Netstars 解决方案

以往商户需要借助自己或外部的 IT 团队部署支付产品，聚合收银台是端到端的集成，协助商户完成收单申请、对接、运维、结算及统计等工作。如果没有拿到本地相关牌照资质，仅提供技术服务，那么壁垒不算高，但这类服务往往聚合了其他本地支付，间接支持各种海外银行卡、国际信用卡，具备外卡收单能力，借助流量优势和数据资源可有效拓其他盈利模式，抢占和培养 C 端用户群，锁定线下商户。该领域的竞争手段主要靠压低费率、提高返点，不同国家或地区的国内支付代理发展参考如表 3-1 所示，很多地区运营和地推成本较高。

表 3-1　不同国家或地区的国内支付代理发展参考（截至 2021 年）

国家	服务商数量	商户量	参考费率	商户审核	风控
美国	较多，竞争小	多	1.2%~1.5%	很严	较严，经常调单防虚假交易
加拿大	较多，竞争大	较少	1.2%~1.5%	易	较宽松，申请与审核容易
澳大利亚	很多，竞争大	较少	1%~1.5%	易	较严，基本饱和
日本	很多，竞争大	多	1.2%~1.5%	易	较宽松，交易量大
韩国	很少，竞争小	较多	1.5%~2%	易	较严，旅游和电商
德国	较少，竞争小	少	1.5%~2%	很严	较严，用户偏少
英国	很多，竞争大	多	1.2%~1.5%	严	严格，整体交易量稳定
菲律宾	较少，竞争小	较少	1.5%~2%	严	较宽松，多与旅游相关
阿联酋	较少，竞争小	少	1.5%~2%	严	严格，潜力大的新兴市场
柬埔寨	较少，竞争小	较少	1.5%~2%	严	很宽松，违规商户多

由于费率、审核等原因，少数中小商户跨境收单还存在"异国用码"，这种将境内二维码在境外使用行为，使得当地金融监管部门对商家的收款资金流向无法掌控，无法为当地带来收入，可能存在洗钱、走私、偷税漏税等违规行为。为了合规，在获得尼泊尔支付

牌照后，微信与当地 NMB 银行合作进行资金清结算，支付宝则与当地喜马拉雅银行合作；在印度尼西亚央行许可下，印度尼西亚银行（CIMB）境内运营微信支付，印度尼西亚人民银行（BRI）与支付宝合作收单清算。

举例：新加坡 SGQR 在全球率先统一全国支付二维码，通过码制统一，打通金融机构及电子钱包；印度尼西亚央行于 2020 年正式实施国家标准 QRIS 二维码，颁布法规要求境内所有支付服务商全部应用该标准，由印度尼西亚本地金融科技 Arash 及跨境支付服务商 Wallyt 提供技术支持。印度尼西亚移动支付市场竞争激烈，当地主流电子钱包 LinkAja、GoPay、OVO、DANA、Doku 等拥有印度尼西亚央行颁发的"电子货币经营许可证"，监管机构严管持牌收单，只有印度尼西亚几家头部银行才能进行境内交易结算。

3.2.2　银行卡及银联国际

银联国际是中国银联负责运营国际业务的部门，提供跨境线上/线下支付，并收取货币转换费用。我国境内的银行卡在境外消费，结算通道有两种：一是为持卡人提供服务的收单行可通过国际卡组织，如 VISA，与国内发卡总行取得联系、进行清算。卡组织作为中间桥梁，直接扣划国内发卡行总行在国际银行卡组织中的清算账户，以此完成境内卡在境外的结算；海外成员行也可以通过银联国际的体系和国内发卡行进行清结算，交易过程大致为：境外收单方将支付请求转给银联，境外产生交易数据，银联做汇率转换，并将交易转给国内发卡总行进行授权交易。很多境外银行 ATM 和 POS 终端可直连银联，或通过其他代理进行间接连接。银联国际过去比较聚焦线下，对商户收费率为 1.5%~2.5%，其他支付企业若要取得客户竞争的优势，费率通常需要低于该水平。银联国际曾为银联卡的境外消费提供手续费 95 折优惠的推广措施，并为持卡人及相关商户提供双重补贴。

近年来，全球范围内 POS 刷卡支付受到了扫码付的冲击，银联致力于让移动支付能迅速嫁接全球各地各种消费场景，为商户提供优惠汇率，由当地货币直接结算为人民币，没有中间差价。把银联卡服务从跨境支付延展到签证申请、行前预订及回程退税等多样化支付场景。银联国际开发者平台将银联跨境移动支付产品和服务 API 开放给全球开发者，便于合作机构将银联的技术服务高效整合进自身产品，提高银联移动支付服务跨境、跨 App 联网通用进程。银联代理机构可实时获取优惠券，通过客户端的主动推送、广告曝光等形式，将优惠信息通知客户，助力商户跨境营销。如图 3-10 所示，在境外商户的收单业务中，银联国际提供了完整的银行卡支付验证流程。

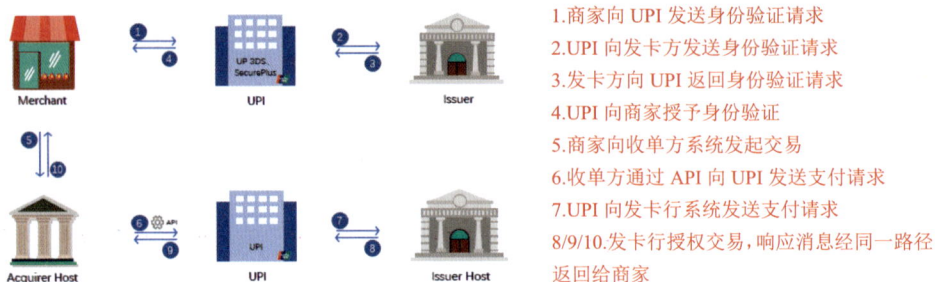

1.商家向 UPI 发送身份验证请求
2.UPI 向发卡方发送身份验证请求
3.发卡方向 UPI 返回身份验证请求
4.UPI 向商家授予身份验证
5.商家向收单方系统发起交易
6.收单方通过 API 向 UPI 发送支付请求
7.UPI 向发卡行系统发送支付请求
8/9/10.发卡行授权交易，响应消息经同一路径
返回给商家

图 3-10　银联国际（UPI）支付验证流程

信用卡是境外线下消费支付主流方式，也能通过第三方支付集成到境外电商平台，便于国内消费者在线付款。受覆盖面所限，为防止实体信用卡在担保业务中乱扣费、跨境盗卡等风险，很多国家银行发行的信用卡无法到该国以外的电商网站上支付使用。随着消费拉动和人民币国际化，银联卡得到全面普及，很多境外钱包都支持银联卡绑定及无卡支付（Card Not Present Pay）业务。

说明：境外有超过 2000 所学校可用银联卡缴纳学费，众多名校线下 POS 机可用银联卡支付学费和住宿费等。银联还与全球退税机构环球蓝联 GB Tax Free、Premier Tax Free 及 Tax Free Worldwide 等合作，推出银联卡（卡号以 62 开头）海外退税服务，覆盖 38 个国家和地区。持卡人在欧盟国家的退税定点商店购物并在所持有的退税单据获海关盖章后，可回国后申请退税，避免在机场排队申请。

国际虚拟信用卡是一种卡支付代替方案，支付机构可以通过与国际发卡机构合作，开发用户直接线上申请虚拟卡并绑定多币种钱包。如 VISA、Master 等品牌虚拟信用卡不具备透支功能，实际是一类先充值后付款的预付卡。该业务旨在服务那些没有国际信用卡或担心信用卡付款安全性的用户，适用于海外网购、服务订阅、账户注册、会员储值、广告平台、应用商店等，可购买国外域名主机、VPS 服务器、游戏点卡、营销广告等虚拟商品，也可用于 Booking、Airbnb、Netflix 等应用。这类服务需要与银行账户托管合作发卡，靠发卡返点、佣金作为收入，如开卡费、年费、提现费、交易处理费等，在卡层面上设置了一个存取额度，发卡行会返出手续费利润给到服务商。

3.2.3　国际微信支付

对于跨境支付市场，微信支付一直侧重于在热门的境外目的地服务国内出境游客，给旅游消费带来便利，并不是为了向境外顾客提供本地支付钱包。微信支付自 2015 年出海以来，已经在全球几十个国家或地区开通了跨境支付通道。不同国家或地区商户可选择以本币或人民币进行标价，向微信用户发起收款。消费者以人民币或港币（HK 钱包用户）成功付款后，商户将收到以本币计价的结算款项，支持提取本币到银行账户、付款给其他供应商、查看收付往来、下载结算报告、处理退款等。微信支付适合海外小额、高频的消费支付，用户黏性强，为商户增加销量，提高收银效率。微信跨境支付机构服务商结算模式流程如图 3-11 所示。

图 3-11　微信跨境支付机构服务商结算模式流程

微信支付国际收单支持网页端、移动端 In-App、小程序、公众号 4 种支付途径。微信官方提供 3 种商户接入模式，如表 3-2 所示，与在国内类似，各模式的核心区别就在于信息流和资金流的不同。目前，微信支付支持 9 种外币的结算，在资金流的处理上收单机构（微信）需要和境外银行合作，有购汇操作流程，买家用微信支付人民币，微信结算给境外商家外币。整个结算周期为 1~7 日，同时要符合我国外汇管制政策及目的国法律法规。

表 3-2　微信支付收单的 3 种商户接入模式

模式	结算方	交易费率	服务	API
直连模式	腾讯官方结算	2%~3%	无技术支持服务	官方 API 接口
普通服务商	腾讯官方结算	2%~3%	服务商技术支持服务	官方 API 接口
机构服务商模式	机构结算	1.2%左右	服务商技术支持服务	机构 API 接口

微信支付在境外较多的服务模式是机构服务商。机构服务商模式是商户直接与当地微信支付代理机构签署接入协议，收款款项由当地机构结算到商户银行账户，代理渠道赚取佣金。该模式的优点是可以实现境外分账，适合一般电商系统都涉及的分账需求。这类机构服务商一般都持有境外指定地区的支付牌照和资金清分资质，如微信和巴黎银行合作推出法国本地微信收单。

举例：普通阿联酋企业开通微信跨境支付流程与条件如下。

1. 填写申请表、商户协议，交易费率为 1.5%，结算周期为定期 3 天结算一次（T+3）。

2. 商户申请资质需要提供阿联酋 ID 卡或护照、商业登记证、贸易许可证、营业执照或其他证明材料的复印件。

3. 近期银行流水单、对账单（3~6 个月）等证明材料的复印件。

> 4. 线上提供网站地址，线下提供门店/办公室照片 2 张（门牌照 Logo 及经营场景等）。
> 5. 可以注册境外主体的微信公众号，用境外阿联首企业主体认证，可以使用小程序支付。

作为代理商，要注意境外收单行业限制，可参考官方禁止接入的商户类型。在反向入境支付方面，微信支付已支持主流国际信用卡及外币卡在境内交易，在线下消费时出示二维码即可完成支付。

3.2.4 支付宝国际

支付宝凭借强大的"阿里系"电商支持，在全球拓展伙伴渠道、商户及消费者，具有多种投资与合作措施，是支付出海的代表，全面输出业务、资金和技术。支付宝国际业务战略地图如图 3-12 所示。支付宝用户基数庞大，"全球付、付全球"业务种类丰富，与国内账户互通，提供外贸担保支付、C 端消费付款、B 端商户收单结算、跨境收付汇、海关支付报送、电商融资等综合跨境金融服务，以下简要介绍几种特色业务。

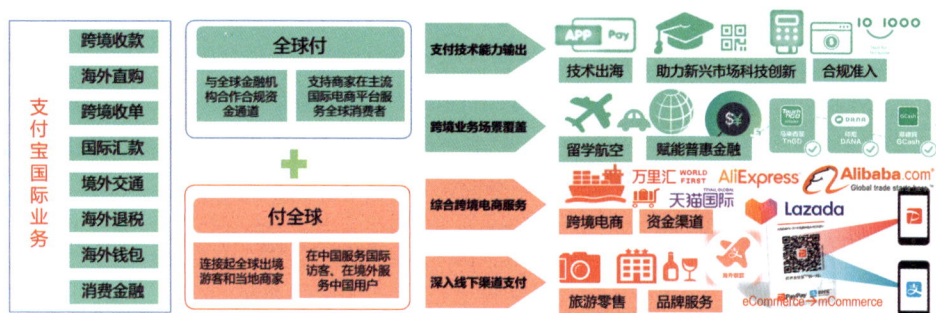

图 3-12 支付宝国际业务战略地图

（1）外贸支付担保。支付宝国际是最早为保护阿里巴巴国际在线交易中买卖双方的交易安全设立的第三方担保服务（Escrow Service），其与第三方支付模式类似，当商家在阿里巴巴上进行外贸采购时，跨境汇款或电汇的款项将由 Alipay Singapore ECommerce 代卖家收取，而不是直接转给供应商公司。

（2）提供跨境进口解决方案。买家在境外网站使用人民币购物付款后，款项由支付宝即时从买家账户中划出，完成购汇并最终将款项清算到境外商户的账户，即时到账。支付宝在一些亚洲城市推出海外版，充当中国游客在当地的消费向导，基于地理位置搜索附近商户的优惠信息并完成支付交易；为出境游消费者提供跨境付款与数字清关一站式特色服务。支付宝国际海外门店直购进口及退税模式如图 3-13 所示。菜鸟开通境外旅游的邮寄商品回国物流服务，与当地支付机构和退税部门合作海外线下支付。

图 3-13　支付宝国际海外门店直购进口及退税模式

> 说明：支付宝与环球蓝联合作海外退税，消费者使用支付宝海外退税服务，只需在退税单上填好绑定支付宝的手机号、护照号和中文名拼音等必要信息即可，在离境前把退税单交给海关检查盖章，并投递到机场指定的信箱，最快 10 个工作日后，退税金会自动兑换成人民币打入消费者的支付宝账户。

（3）支持外国人在境内移动支付。外国人在支付宝 App 国际版中的"Tour Pass"小程序中，绑定海外银行卡进行充值消费，一次充值就可以在长达 90 天时间里使用支付宝在中国境内扫码支付。满足外币卡持卡人在境内消费支付要求，开发入境游的支付市场。AlipayHK 向菲律宾钱包 Gcash 跨境汇款，可以做到实时到账，不支持拒付但是支持退款。

（4）构建海外金融平台。除了依托跨境电商推广支付业务，支付宝还通过技术输出提供底层架构的技术标准，在所在国发展本土化的支付宝电子钱包，优化用户体验，已与日本 Paypay、印度 Paytm、泰国 TrueMoney、印度尼西亚 Emtek、泰国 AscendMoney、新加坡 Hellopay、马来西亚 TNG、巴基斯坦 TMB、孟加拉 Bkash、韩国 Kakaopay 等海外支付机构，从多种渠道走通跨境支付业务，方便中国游客扫码支付[1]。

3.3　进口通关支付申报

当国内消费者从跨境电商网站购物或从海外购物后，以包裹的形式清关入境直接配送上门，跨境电商的交易系统及对接的支付通道、物流渠道，将生成的商品订单、跨境支付单、国际物流单及进境申报清单等，推送海关完成比对清关。支付企业只负责推送支付单信息即可，由电商平台推送订单信息。海关跨境电商清关服务平台联通了电商、支付、物流，只有进口电商才会有支付单，出口电商暂不涉及。从 2019 年开始，我国对跨境电商零售进口商品暂按个人自用进境物品监管，在规定的数额内实行零关税，但不得进入国内市场再次销售。单次交易限额为 5000 元，年度交易总额 2.6 万元以内都可以享受零关税。超限额后按照一般贸易管理，货物税率缴纳全额关税和进口环节增值税、消费税。

---

① 蚂蚁金服，《支付宝 2019-2020 可持续发展报告》。

便利化跨境通关的前提是数据化管理跨境订单的商品详情、物流信息、价格和进口税等，跨境电商进口的主要业务模式如表 3-3 所示，其中涉及跨境支付申报的有两类：（1）B2C 直购进口 9610 模式，国内消费者在海外电商平台支付人民币，由支付机构完成货币汇兑和外汇申报，商品由海外直接发送消费者；（2）B2B2C 保税进口 1210 模式，不涉及跨境外汇支付，需要对进口的支付单进行通关申报。

表 3-3　跨境电商进口的主要业务模式

进口模式	主要流程及场景说明
一般贸易	传统进口贸易模式，大宗货柜进口，采取一般贸易方式清关，支付为银行渠道的大额单笔票汇、电汇或信用证等，支持实时牌价、套期保值、多币种收款等
个人海淘	通常直接在境外电商网站用信用卡支付、即时购付汇，包裹转运至境内清关配送
直购进口	通过海外直采，邮递进口，在线支付人民币或外币实时牌价、三单合一集中清关
保税进口	先从贸易公司或代理商采购，通过保税仓备货，然后销售、报关及发货，其支付服务涉及大额外汇支付、批量集中汇兑、在线支付、四单申报、供应链金融等增值服务

对跨境进口电商从业者来说，支付"推单"即海关总署实施的"原始支付数据"申报，是跨境电子商务零售进口业务合规化的关键，海关可以实时查核跨境电商企业的支付数据，以确保跨境订单的真实性[1]。此前政策允许由电商或分销商代推单，现在，需要支付商去开展业务的属地海关备案对接，自己推单，提供支付资质、系统对接，供海关验核包括订单号、商品名称、交易金额、币种、收款人等相关原始支付信息。支付单的支付交易编码（流水号）不能重复，前端合单支付、拆单推送，金额需与订单保持一致。海关管控的支付人为商品收件人，对收件人的姓名和身份证号码进行个人购买额度的识别管控、验证。

在满足交易信息真实性等条件下，银行也可参照支付机构直接为个人提供"海淘"电子支付结算业务，凭交易电子信息为跨境电子商务经营者、购买商品或服务的消费者提供结售汇及相关资金收付服务。该业务场景有别于传统的对外经常项目收付汇管理，通过与电商平台合作"交易信息采集"提供交易背景，本服务项下的业务不计入个人年度便利化额度。有时，可能有些电商业务在现行国际收支申报编码及附言中无法找到对应关系，或者对应关系模棱两可，此时就需要及时与监管部门沟通，做到如实申报，不可瞒报[2]。

说明：跨境支付的款项应如何申报？个人直购（在境外网购直邮）或个人直销（向境外消费者网销直发）的网络购物，申报在"122030 货物贸易-未纳入海关统计的货物贸易-未纳入海

---

[1] 海关总署，《关于实时获取跨境电子商务平台企业支付相关原始数据有关事宜的公告》。

[2] 马莎，跨境电子商务收支申报攻略.中国外汇，2015 年第 15 期。

关统计的网络购物（网络购物无须报关）"，并备注交易附言；纳入海关统计的网络购物（电商在海关报关或备案的货物贸易），在结售汇业务中，应由支付机构申报在"110/310 货物贸易统计"项目名称及代码项下；对于"223010-公务及商务旅行、223021-就医及健康相关旅行"等个人在境外的货物和服务消费，应申报在"122/322 旅游统计"项目名称及代码项下。

举例：某位境内居民在美国网站购物，其在国外第三方支付 PayPal 上的账户进行美元充值，金额为 4000 美元，而后他不打算购物了，于是进行了提款交易，然后"PAYPAL.INC"将款项通过电汇退回。该境内居民向国外第三方支付平台账户进行美元充值，其目的是购物，应进行国际收支统计间接申报，报在"122030-网络购物"项下，无须区分是否纳入海关统计。由于该交易撤销，应做退款处理，交易性质应与原涉外付款相对应，并在"涉外收入申报单"中选择"退款"，交易附言应同时标注原申报号码。

支付企业在正式对接之前，前往所在关区"单一窗口"完成海关企业注册登记，根据海关企业管理处（或园区管委会）具体要求提交所需材料，申请分配 10 位海关注册编码，办理电子口岸 IC 卡（法人卡和操作员卡）和加密 UKey（操作员卡可进行小批量数据申报），完成支付企业备案，属地海关备案一次可全国通用。通过后，还需要向地方海关电子口岸（数据分中心）提交 DXPID（报文传输编号或数据交换业务登记）申请表，完成数据传输通道 ID 的申请。该 ID 是区分对接海关口岸的唯一标识，取得之后支付企业就可以根据口岸提供的 API 接口文档完成后续的对接上线工作。

地方政府为了口岸招商经营，通常会自建"跨境电子商务公共服务平台"或"国际贸易单一窗口"，如图 3-14 所示，在进口支付申报流程中，跨境公服平台属于三级节点，负责收集三单或四单数据；各海关的电子口岸属于二级节点，负责传输数据；海关总署，即中国电子口岸数据中心属于一级节点，负责完成三单数据校验并向二级节点返回数据审核及通关结果。支付机构在任一关区电子口岸或地方跨境电商公共服务平台接入海关总署数据中心，均可视同与"跨境电子商务统一版信息系统"对接。

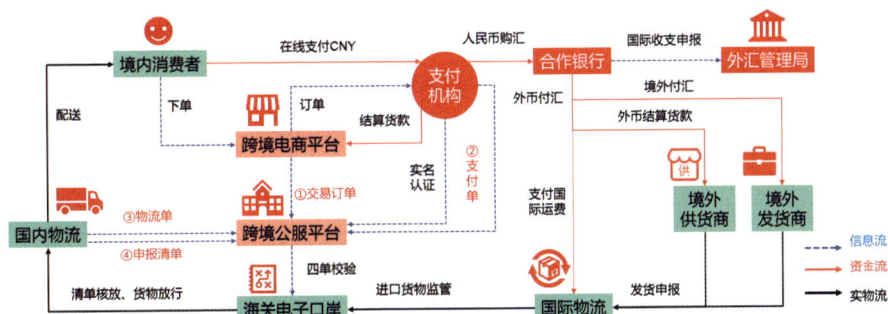

图 3-14　跨境电商进口支付流程与主体责任说明

> 说明:
>
> (1)境内消费者:通过跨境电商平台进行在线购物;支付货款到支付机构。
>
> (2)跨境电商:在跨境公服平台完成电商报关备案;完成交易全过程管理。
>
> (3)支付机构:通过合作银行完成购汇;向境外供货商支付货款;向境内电商结算货款;向海关备案。
>
> (4)合作银行:为支付机构完成换汇,向外汇管理局进行国际收支申报。
>
> (5)境外供货商:向境内消费者发货。
>
> (6)海关公服平台:通过中国电子口岸完成三单校验(订单、支付单和物流单)及清单比对。
>
> (7)物流公司:向海关公服平台进行报关备案,通关之后向消费者发货。

3.4　全球购的市场机会

付汇集中在电商、旅游、留学、会展、劳务等市场,跨境网购与出境游相互促进,形成了线下终端支付、线上聚合收银台等服务生态。借助全球购的发展机会,消费关系和合作伙伴将支付服务扩展到新地区、新客户群体。全球购市场中的跨境支付能力如表 3-4 所示,当深入到境外市场,支付机构要不断通过积淀的产品技术能力和服务运营能力建立本地化竞争优势。在新兴市场,由于支付基础设施不完善,支付方案引进的需求广泛,一旦打下基础,就会有巨大的市场发展空间。在境外成熟市场中,主要围绕消费者的支付便利展开,除了服务中国游客群体,本地消费者也可以通过他们熟悉的支付方式在商户进行消费,从而面向合作商户提供多元化增值服务,形成对零售、餐饮、旅游等业务场景针对性的营销方案。

表 3-4　全球购市场中的跨境支付能力

产品技术能力	服务运营能力
· 多渠道、多通道、多账户统一监控	· 营销补贴、活动奖励、返佣机制
· 多门店管理、多级财务管理、多场景应用	· 免费设备,主扫、被扫、音响、刷脸等
· 多设备绑定、多类型收款机具支持	· 勤于现场维护,异常响应及时
· 特色功能、定制营销、插件 ERP 集成	· 客服支持、技术支持、培训支持

留学教育涉及学费支付、生活汇款等业务。留学交费季相对固定和集中,支付机构需要承担短期内大量集中收付工作,要求支付便捷、资金结算快速。传统银行汇款经常出现到账不及时,学校无法及时收到学费的情况,以及西联汇款等费用较高的问题。银行票汇费率相对便宜,可在各大银行柜台购买,只要把人民币换成外币现汇存入银行,写清楚学校名称、账户、地址、金额等信息,直接把这张票汇交给学校,校方再拿它到银行兑付就可以了,但兑付时间比较久,需要 2~4 周时间。

留学教育的支付业务模式与主要流程如图 3-15 所示。留学汇款服务机构支持人民币或外币标价的 B2C 支付，以及 B2B 外币结算。通过与境外相关机构合作等，简化中间流程，建立易思汇、汇元通、学费宝等专属交学费的工具，一次交费就绑定申报信息，续交简单，购付汇实时牌价，保证学费及时到账。部分工具还提供学费分期、留学贷款等服务，参考银行年利率，约为 4%~5%。随着留学生的出国目的地趋于多元化，非英语国家的潜力较大，但整体仍相对集中，约九成集中在美国、英国、澳大利亚等国家。

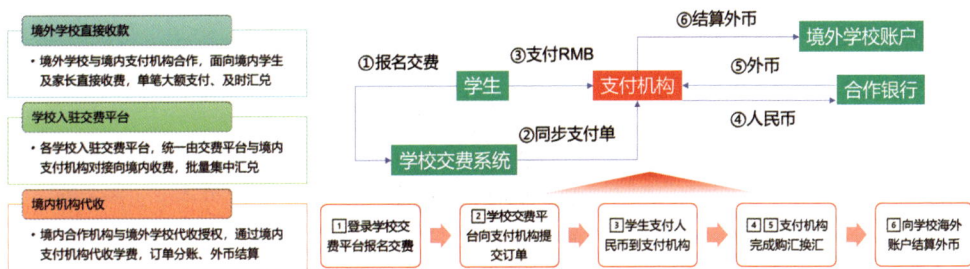

图 3-15　留学教育的支付业务模式与主要流程

消费者出境旅游市场具有庞大的跨境支付需求。跨境旅游业产业链较长，包含航空、酒店、租车、旅行社、导游等众多细分行业，客户类型和支付场景丰富，涉及国家和币种众多，针对不同场景，可打造数量众多的支付服务。传统"见票即付"的旅行支票已较少使用，OTA（Online Travel Agent）平台和共享经济平台 C2B 跨境在线支付，呈低频、高额特征。收单特点表现为，多币种标价，在 B2B、B2C、Web 端、移动端都涉及，需要单笔大额、实时牌价、外币结算。旅游服务的支付模式与流程如图 3-16 所示，境内旅行者在 OTA 网站下单订购旅游产品，用汇主体 OTA 向支付机构提交订单，支付机构通过合作银行购汇，向 OTA 海外账户结算外币。

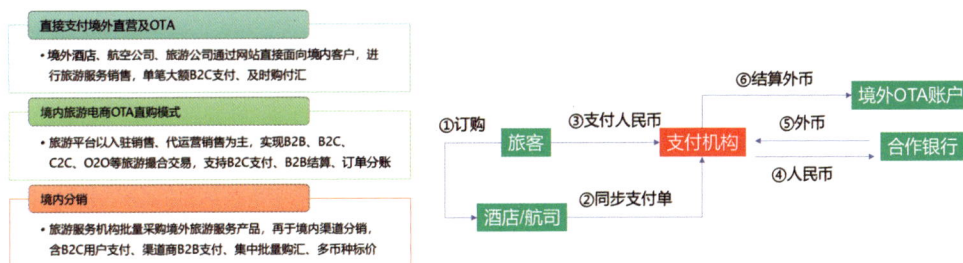

图 3-16　旅游服务的支付模式与流程

目前，全球有 50 多个国家和地区推行购物退税政策，现金退税要到指定退税点排队等待，手续烦琐，加收货币兑换和现金提取手续费，信用卡退税则需要等待 1~3 个月才能到账，基于此，很多支付机构提供海外退税的线上服务。

第 4 章

跨境收款与结汇

国内坐拥电商场景及用户优势的网络支付巨头使其他第三方支付企业的生存空间大大压缩。由于跨境商业市场的复杂性和多样性，跨境支付尚未显现国内网络支付市场的格局。跨境电商 B2C 贸易有海外电商平台的交易数据和支付对账，可以按流程向银行和外汇管理局申请结汇，但多批次、小额资金的境外收取、结转、申报等流程难以复用传统渠道。由此产生了支付机构或专业第三方收款服务商，专门为境内外贸企业、跨境电商卖家提供跨境结算收汇服务，帮助商家在收到外币时，将外币提现为人民币。由于市场规模大、区域广，创业支付公司多入局收款这一领域，收汇渠道、结汇手续及数据验证等领域都已很成熟。

通常，收款公司在这种跨境支付代理关系中居于主导地位，对上游，拥有出色的跨平台、跨币种收款的资源整合能力，通过和国外金融机构、电商平台合作，解决连接付款方或电商平台与收款方的支付通道；对下游，与境内的持牌第三方外汇支付商、商业银行合作建立分发渠道，完成结售汇流程、人民币结算，最终到达商家境内银行账户。因此，支付机构除了帮助出口电商及贸易的资金入境，也有为电商平台提供境外账户、支付通道、收单等业务。跨境收款结汇分类如图 4-1 所示。

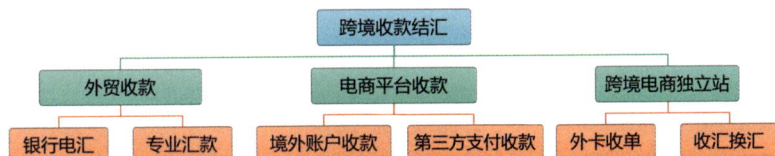

图 4-1 跨境收款结汇分类

跨境收款公司利用自己的行业经验和资源，减少了跨境汇款的中间流程，降低了手续费，提高了收汇效率及到账速度。对于商家而言，选择第三方支付收款，首先要考虑的是品牌信誉与资金安全问题，第三方支付费率低、汇损少、平台多、提现快、币种多、客服回应及时，并提供提前放款及信贷等增值服务，熟悉各国跨境贸易、支付、反洗钱等业务的不同政策。同时，要注意收款机构的境外合作机构的账户管理能力，及其自身的经营风险，如违规处罚、挪用资金、资金链断裂及经营不善等。

4.1 收付款账户

收款首先要有银行账户（Current Account）或银行卡，才可以往账户里面存钱，然后通过该账户进行消费或储蓄。传统外贸 B2B 模式下的支付与结算过程的资金链路相对直接，外贸企业可以在境内银行开立外汇账户用于收汇，国内银行一般都有双币业务，可以收取外币，此类账户中的外汇余额不能直接提取或转账汇款，超出账户限额必须结汇，各币种账户外汇之间不能进行买卖，要以人民币进行交易。在没有办理结汇前，外汇资金一般先暂存在境内收汇银行的"待核查账户"（限于贸易出口收汇），办理出口收汇核销手续后，根据企业说明及相关合同、发票等单证，银行再从待核查账户结汇至企业的人民币账户，或转入外币经常项账户。对于有零星外汇收支的客户，银行会以自身名义开立"银行零星代客结售汇账户"为其办理外汇收支业务，"服务贸易"项下的收汇通常可以直接办理结汇。

为了便于境外采购、外汇交易、境外投资或规避汇损，企业可以通过在境外开设离岸账户来从事外贸收款并留存外汇。拥有境外跨国银行账户，交易入账快，资金管理更灵活。个人可注册境外银行账户（国际卡），满足跨境旅游、劳务、教育等支付需求，但身份审查条件限制较多。跨境电商的小额、零散、持续交易，大大增加了资金管理的复杂性，中间账户和收款工具应运而生，帮助卖家周期性归集资金后再集中收汇。

4.1.1　离岸账户

离岸账户（Offshore Account，OSA）主要是指境外账户，内地人持股的公司（不论是否为当地企业）在境外（含港澳台地区）开设的银行账户，其性质均属离岸账户，通常需要注册离岸公司。银行账户按照所有人的司法管辖区是否为本地，分为居民账户和非居民账户（Non-Resident Account，NRA），居民账户就是本地自然人或本地法人开立的账户，非居民账户为外国人或外国机构的境内银行外币账户。境内的交通银行、招商银行等个别银行也可以为非居民开立离岸账户，资金进出相对自由，不受外汇政策影响。四类外贸收款账户对比如表 4-1 所示，不同于 OSA，NRA 要接受外汇管理局的监管，境外机构自贸账户（Free Trade Non-Resident Account，FTN）与之类似，不能直接取现，对于资金的进入，银行需要先申请外汇指标。NRA 支持电汇、信用证付款、付款交单等收款结算。

表 4-1　四类外贸收款账户对比

账户类型	境外当地账户	离岸账户	境外机构境内账户	境外机构自贸账户
账户性质	境外账户（通常无人民币）		境内账户（含境内外币/人民币）	
开户行	当地银行	境内部分银行	国内多数银行	
开户对象	全球机构	境外机构		
利息税	否（不在境内申报收入和税收）		境外账户利息税	
监管机构	境外金融监管部门	银监会	外汇管理局	
可提现	是		否	
外汇管制	否		是，不可直接结汇	

大型跨国外资银行全球网点多，如汇丰、星展、恒生、渣打等，在这些银行开通 OSA 账户，转账汇款会相对方便。在一些知名的国际金融城或自由贸易中心开设离岸账户进行外汇相关业务有非常大的优势，尽职调查简单、不受外汇管制、存取灵活、资金调拨自由，与其他币种直接兑换，直连银行间外汇市场。近年来，很多合规审查的政策收紧，开设香港离岸账户的门槛越来越高，导致出现大量账户关停。境内卖家在香港设立无实体的壳公司，由于电商业务每月波动，公司资金流水极不稳定，很容易被审查确定为"收入确认不合理"账务问题，需要缴纳企业税，导致开户门槛和运营成本提高。如今，去香港开户不仅需准备很多资料，有的银行还要求买理财，以及缴纳开户费、入账费等附加条件。同是亚洲金融中心的新加坡与香港有很多相似之处，二者税制、税率相似，都是区域征税，对于入到境外公司账户的收入不征税，公司注册开户费和后期维护费用相当，成为不少代理推荐的开户地。

NRA 政策方面，重庆、义乌个体商户 NRA 账户是国家为了鼓励跨境电商、市场采购等外贸新业态发展，于 2014 年推出的利好政策，特点是账户结汇、收汇管控少，结汇便捷，做账报税简单，但无法退税。NRA 账户在收汇后不可转出，结汇后人民币可自由转出，可用于外贸收汇、境外虚拟交易收入及 PayPal 提现等，无须提供物流和 PI 信息，通过 SWIFT 中转，入账时间为一周左右。在岸外币账户方面，中国人民银行在浙江省试点本外币合一的银行结算账户体系，单位和个人可向试点银行申请开立多币种银行结算账户，使用一个账户管理本外币资金。

跨境电商平台根据店铺销售地限制商家的收款账户，例如，亚马逊美国站要用美国的银行账户收美元。如图 4-2 所示，中国商家开设境外账户，与其业务密切相关，欧美是跨境电商的主流市场。很多跨境电商中小卖家并没有境外实体，即没有本地公司税号，无法获得真正的本土银行企业账户，而个人账户也常限于本地的身份、地址、电话等，私人代办或代持有一定的风险。很多支付机构在代理各类离岸账户业务，包括开户管理、账户绑定、账户激活、变动通知、锁汇等服务。

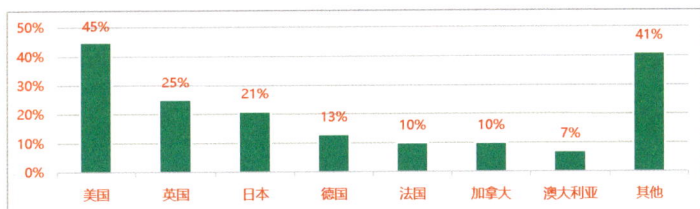

图 4-2　中国商家开设境外账户情况分布占比

有些境外银行也看中了境外个人账户市场，个人卖家为了在异国电商站点收款，如华美银行 Velo、国际标准银行 SIB 等，无须护照或签证也无须美国地址和电话，以中国身份证即可使用手机在线开户，但作为境外人员，被风控封户的风险很高。由于手续烦琐，注册境外个人或公司账户常借助代理来操作，本地银行企业账户开户流程并不简单，跨境收付成本也很高。美国本地公司在 BoA 银行开户如表 4-2 所示。

表 4-2　美国本地公司在 BoA 银行开户

银行开户流程	转账汇款手续费
1. 提供开户资料 2. 公司注册证书、联邦税号(EIN) 3. 公司组织章程 4. 公司董事股东的护照、身份证、个人名片等 5. 企业账户 KYC 尽职调查表 6. 资料提交银行初审 7. 安排视频，预约签字，开通账户，存款激活 8. 发放密码，登录网银，完成开户	电汇汇出手续费。 • 向美国国内账户汇出：30 美元/笔 • 向美国境外账户汇出（外币）：35 美元/笔 • 向美国境外账户汇出（美元）：45 美元/笔 电汇汇入手续费。 • 美国国内汇入：12 美元/笔 • 境外汇入（美元）：15 美元/笔 • 境外汇入（外币）：35 美元/笔

健康的离岸账户管理要避免一些不当操作。①资金快进快出，当天进账避免当天出或次日出；②零余额：账户要存留一定资金，保证可以扣取账户管理费；③高危交易：规避敏感地区客户群，外贸中的特殊客户要确认条件了才能收款，若涉及相关交易，应主动提前报备；④僵尸户：建议保持每个月至少一次收款和付款频率，如果长时间没有足够流水或流量小，就会面临被关停的风险；⑤避免不同行业之间进行跨行业收付款；⑥大额资金流动：账户资金流动应该与开户时候客户提交的问卷调查大致匹配，如果超出几倍资金流动，应提前告知银行客服，做好解释工作；⑦公私混转：尽量规避公司账户与个人账户资金互转，确有需求要提前准备好相关交易的单据背景材料。

> 说明：香港外贸收款账户，在汇丰、恒生、中银、渣打等银行开户，通常要数周时间才能下户，支持内地公司或香港公司申请，暂不支持内地个人申请。该账户收取海外付款，一般在 2~5 个工作日到账，取决于汇出行路由时效。提现汇款在 3 个工作日内完成，即可进行外汇收款。提现到境外人民币银行账户，提现银行收费 25~70 元/笔。相比银行渠道，泛付 PanPay 和 Xtransfer 等支付机构提供收汇虚拟户方案，门槛低、下户速度快。

收款到海外银行账户还涉及财税管理问题，跨境电商企业要了解当地是否有相关涉外收入申报要求。各国的税种、税率差异，账户资金流申报不当，可能触发财税审计，导致账户异常。全球联合反避税政策共同申报准则（Common Reporting Standard，CRS）促使税务及账户信息透明化，香港银行账户和内地公司账户的绑定已经成为趋势，公司无实体的、长期无运营的、属地外离岸的、营业额波动大的，是各地税务部门抽查的高风险对象，一旦发现审计资料不全，账户会直接受到严查。国内在实施的 CRS、新个税法及金税四期中有相应的反避税细则，明确境外离岸公司账户余额视同个人收入，如果境外账户信息被报送给国家税务局，那么居民在境外收入需纳税。

4.1.2　支付虚拟账户

海外消费者实际的支付路径是银行账户间的流转，区别在于和前端对接的支付方式。出于资金监控审慎的原则，许多国家不允许境外个人及机构直接开通本地银行账户，这成为国内卖家跨境收单和收款的直接障碍。支付机构没有银行牌照，做资金业务通常只能依托虚拟账户。离岸电子账户是银行与收款公司或支付机构合作推出的一种外贸收款方式，通过"母实子虚"的伞形账户体系，为境内卖家提供境外虚拟子账户，用于收取跨境电商平台资金。无论委托哪种收款工具，资金都会由一个底层银行进行托管，类似国内备付金账户。收款机构在境外银行的账户类型为专户（Segregated Account）或信托账户（Trust Account），资金由收款机构"代管"，不计入收款机构的资产，只有在客户要求下才能动用。

大账户下的虚拟账户或子账户，账户的功能受到了严格的限制，资金管理也不具有完全独立性，仅支持收汇和提现，不支持转账付汇、汇兑等操作，因此跨境收款账户不等同于离岸账户。通常，从虚拟账户汇出款项，汇款人抬头不是款项的直接权益人，例如，不同的卖家收款账户所签发的日元账户持有人的开户名通常都是支付公司。该模式中，银行负责提供账户体系和资金通道，支付机构负责用户的资质合规审核，可以加快审核流程并保障账户安全，优化收款时间成本。

> 简介：派安盈 Payoneer 持有美国 MSB、欧洲 EMI 和中国香港 MSO 等牌照，具有万事达卡商标使用权，如果需要在 ATM 机取款、网购及 POS 机刷卡消费，可以订购相应币种的万事达预付实体卡（P 卡）。虚拟银行卡不产生利息，年费 29.95 美元，该卡只能用于收款转入、提现和消费（不能收款），16 位卡号和后台的收款账号不同，收款账号则只能用于收款。P 卡提现到美元银行账户有手续费，入账时间要一周左右，在美国以外刷 P 卡属于跨国消费，比网上提现费用高。

通常，离岸账户掌控相对自由，由银行提供的独立实体账户，收款相对不严格，证明真实贸易背景，无须提供全套贸易单据，熟悉的买家也可以直接打款到对应币种的收款账户，或尝试请求付款。表 4-3 对比了传统离岸账户和电子离岸账户的区别，电子离岸账户（虚拟账户）由收款机构掌管，特点是费用低、操作便捷，到账时效一样，但审核十分严格，资料要求齐全，因子账户的违规可能导致主账户被处罚，或殃及其他子账户。基于对合规审查和资金监管的要求，账户信息是电商平台非常敏感的审查项，如果收款账户和绑定店铺之间发生了变更，会触发平台风控审核，影响店铺经营，因此卖家十分重视收款账户的稳定性。除了外贸收款，还有收取在 Upwork、Toptal 等网络平台上从事跨境自由劳务费，网站广告佣金、游戏币等需求。

表 4-3 虚实两种账户的区别

项目	电子离岸账户	传统离岸账户
开户费	低或免费（50 美元/户）	人民币 10000~20000 元/户
开户周期	1~3 天	3~6 个月
账户管理费	人民币 999 元/年	3600 港元/年，办理大额存单或购买理财产品
手续费	收款免费，提现/转账费率为 0.4%	电汇入账约 10 美元/笔，转账约 15 美元/笔
结汇	低费率、多币种实时汇率	不支持结汇
操作方式	线上申请及操作	网银或银行柜面操作
资质	内地公司或香港公司均可	限定一定资质或规模的香港公司

虚拟账户开通流程简单，支持本地实时收款路径，包括通过 ACH 收电商平台货款及本地线下 B2B 贸易电汇款项，受限地区及部分个人汇款等则收不了，也无法电汇给其他公司或个人。对于多站点、多店铺的商家，多币种就要申请开通多个虚拟账户，其背后是收款机构在不同银行获得的账户体系。Payoneer 的美元收款账户与多个美国银行合作，如 BoA、FirstCentury 等，用于非美国公民接收美国公司的资金；万里汇美元账户是由花旗银行签发的虚拟账户；德国由德意志银行签发（欧元账户）；英国由巴克莱银行签发（英镑账户）；Skyee、Xtransfer 等由星展银行签发，在德国是 Wirecard 的账户服务。通常，收款虚拟账户里的资金在境外消费，本地没有货币转换费，有卡的提现会收取 0.5%~1.5% 的手续费。

收款机构如果无法直接在境外银行开立托管账户，而与境外机构合作，使用该机构的账户进行收款，可能会造成多商户共用一个实体账户的连带风险。除了专业收款机构，境内银行也能为外贸收款提供境外虚拟账户方案，以境内银行的名义在境外当地银行开通伞形账户，境内商户作为银行主账户下的收款子账户。中国银行就推出了亚马逊跨境收款业务，含境外开户、跨境收结汇、国际收支申报等。资金的汇出只能由主账户发起汇向指定的收款账户，子账户只能收取指定电商平台的贸易订单项下的结算款，其他非贸易相关的外汇资金将会拒收，以确保资金安全。银行直接下场做收款服务，还需要提升一些前端服务能力。

在全球范围内，互联网银行或虚拟银行陆续开业，在线开户，无号银行卡或虚拟卡（实际存于银行 App 中）业务日趋成熟。英国 OaNorth、Monzo、Revolute、Starling、Monese、Atom、Ziglu 及德国 N26、Perfect Money，巴西 Nubank 等数字银行，直连 SWIFT 及部分央行清算系统，用户的资金存放于监管头寸账户中，无被挪用风险。这类电子账户有的是 EMI 牌照，有的属于储蓄账户（Savings Account），商家有真实贸易即可申请，无存款及理财要求，不验证居住证明，多币种资金自由停留、划拨、兑换，无强制货币转换。已有一些银行或支付机构利用坐标定位、人脸识别等先进技术与金融产品，为客户提供便利的远程见证开户服务。

4.2　外贸收款

　　国内银行可以开设外贸收款账户，用来接收具有真实贸易背景的资金，或者与国际性银行合作开设的离岸收款专用账户，无实体卡，可在后台进行账户和资金管理。票据兼有支付和融资功能，但来回跨国邮寄费并不低，整个收款周期要按月计算，外贸商家已较少使用。支票费用低廉，出票人签发、见票付款，通常只收取较低的托收费，选择海外网点多的银行进行托收。国内支票托收有一定限制，有时银行会要求提供相关凭证，或出现中间行扣费的情况。线上外贸平台的支付与收款方式日趋多样化且更高效，以适应不同国家或地区的外汇交易条件，表 4-4 以阿里巴巴国际站为例对其支付方式及费率进行介绍，支持信用卡、电汇、网银转账及其他本地化支付方式。

表 4-4　阿里巴巴国际站支付方式及费率简介

支付方式	币种/限额	交易费率	处理时效
Credit/Debit Card（借记卡与信用卡）VISA/MC/JCB/DC etc.	Multi-Currency（多币种）Limit $ 12,000（限额）	2.95% of Order Amount（订单额）AmEx 3.5%（运通卡）	1~2 小时
Wire Transfer – T/T Domestic Wire Transfer（境内电汇）	Local Currency Only（限本币）Limit depends on country（限额取决于不同国家银行）	Around 5 unit of local currency（约5%具体取决于所选银行）	1~2 工作日
Wire Transfer – T/T International Wire Transfer（国际电汇）	USD（美元）No limitation（无限额）	$20~80（每单交易费，具体取决于所选银行）	3~7 工作日
Online Transfer（在线转账）	EUR only（限欧元）Limit $10,000（限额）	$15+（每单交易费，具体取决于交易金额）	1~2 工作日
Online Bank Payment U.S. Account（美元账户在线转账）	USD Only（限美元）Limit $ 50,000（限额）	Transaction fee $15（每单交易费，促销期间免费）	4~5 工作日
Online Bank Payment Europe Account（欧洲银行账户）	EUR Only（限欧元）Limit $ 10,000（限额）	Transaction fee €15（每单交易费，促销期间免费）	9~10 工作日
WesternUnion（西联汇款）	USD Only（限美元）Limit $ 2,500（限额）	$4.90~45.00（具体取决于交易金额）	1 工作日
Pay Later（后付费）	USD Only（限美元）Limit $ 150,000（限额）	Free（免费）	1~3 工作日
Boleto	USD Only（限美元）Limit $3000 & $12000/m.额度	1.3% of Order Amount（订单额）	3~4 工作日

来源：阿里巴巴 Payment Fee Schedule, 2020.9

有时，某些产品进出口需要有特殊的资质，外贸商可以委托有进出口资质的公司代理操作。这种收款方式对代理公司的依赖度较高，以代理的名义出货，代理收结汇，货物与资金都会经过代理公司。国外买家打款至代理公司的账户上，再转到卖方账户，代理公司会收取 1%~3% 的手续费或 50 美元/笔，且结算周期较长。

为解决跨境交易双方的信任问题而产生的第三方托管交易（Escrow）是一种独立的支付中介模式。初次与国外客户合作，可应双方需求采取 Escrow 账户支付方式，普通服务费率为 2%~3%（有最低收费），除了贸易、电商、域名等，还支持车辆、珠宝等贵重商品交易，适合对安全要求较高的高价值交易。此外，海关推出了在特殊监管区域进行货权和资金交割的保税出口模式，在海关设立的特殊监管区内，交易双方完成货物交付后，支付机构利用海关信息完成交割和资金转移。海关允许贸易企业通过在海外成立渠道公司或经销商来解决跨境交易对手问题，从而加快收款退税。

外贸 B2B 网站在线交易使用汇款，买方先汇款给平台方，主要流程如表 4-5 所示，由平台负责对货款担保，或收取保证金以提升双方互信。例如，平台确认货物妥投后放款，敦煌网是通过香港汇丰银行的公司账号给客户转款，过程中发生的手续费，具体标准需要看客户银行；或者以电子发票付款方式，出口商先在 B2B 网站上生成电子发票，然后通过电子邮件将付款链接发送给买家，买家通过付款链接进行付款，这种方式适用于离线出口商。

表 4-5 外贸 B2B 网站交易与收款主要流程

交易步骤	主要流程内容
发起订单/确认议价/直接下单	▪ 买家在前台下单后，系统即时发送通知邮件到供应商邮箱进行订单提醒； ▪ 供应商发起议价单，若买卖双方在线下已完成议价，议价单发送给买家
买家付款	▪ 在线支付，支付卡要有美元或欧元等主流币种支付功能，单笔交易金额有上限； ▪ 银行转账到贸易网站提供的账户中，无金额上限，但会审核打款银行是否存在风险
物流收货	▪ 供应商在收到买家付款通知后，上传物流凭证，买家收货后，系统确认收货
供应商收款	▪ 贸易平台将货款按照分账规则定时送达供应商的资金账户； ▪ 应放款金额=订单总金额-交易服务费（如订单总金额 3% 封顶为 300 美元）

在传统外贸大额资金收款领域，新型支付机构也在涉足，外贸收款与跨境电商收款的融合方案如图 4-3 所示，在提供离岸账户收款管理的同时，申请国外的网络银行或数字银行的虚拟账户来收款，多币种收款、多平台统一管理。由于交易记录不一定在线上平台发生，当入账或提现时，外贸商通常要提供全套贸易单据，包括 PI、网上订单、物流单据、客户资料、聊天截图等证明文件，如果缺少相关文件，收款机构审核失败，则这笔资金就不能处理。如果客户刚好在收款工具的限制地区，可以换其他收款工具搭配使用，但尽量

避免与受制裁地区做生意。很多新型收款模式备受关注，打着跨境支付名号，实际侧重于出海企业的外汇收款。

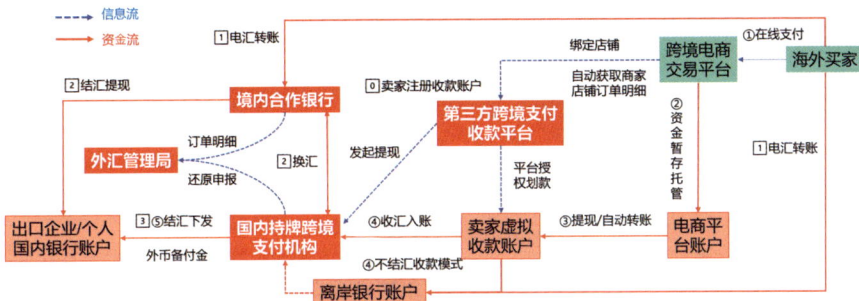

图 4-3　外贸收款与跨境电商收款的融合方案

4.3　跨境电商收款

　　传统集装箱贸易大额资金积压多，以在线交易为核心的跨境电商及小额批发的账款则更细碎。跨境电商卖家有大量的海外应收账款，早期的跨境收款就是帮助跨境商家收取境外电商平台的店铺货款并结算至国内账户，在这个专业赛道，跑出了一些成规模的收款公司。随着跨境电商发展的不断分化，促进了跨境支付需求更加多样化，图 4-4 为跨境电子商务六种经营模式及支付方式。"收款"的内涵包括境外开户、收单、资金归集、收汇、结汇等多条线。跨境收款的收入主要来源于商户提现支付的手续费，成本主要是使用各通道的费用和结汇产生的汇兑损失。支付机构凭交易电子信息为企业提供结售汇及相关资金收付，确保转入国内的资金都是合规合法的，根据结算账单数据对资金实现逐笔还原并生成国际收支申报文件。

图 4-4　跨境电子商务六种经营模式及支付方式

为了提高客户黏性，保证流量占有率，单纯收款领域处于参与者众、费率下行的趋势。收款公司的核心竞争力是合规能力与整合效率，如表 4-6 所示，要搭建起连接境内外跨区域的资金链路，需要技术实力和资源积淀。对于市场端而言，在细分领域及一些小众平台上会有更多卖家进入，促进新兴支付收款平台成长。

表 4-6　跨境电商收款中不同主体的角色与功能

主体	职责功能
跨境商户/卖家	在境外电商平台销售商品的中国商户，需要向收款机构提供商户资料、开通境外店铺、进行平台授权、从收款机构获得收款账户等
境外电商平台	产生交易，提供交易订单信息及商户结算信息，并给商户进行结算
境外银行机构	境外当地账户提供方，提供伞形账户供商户收款并将收到的资金转给境内银行
境内银行机构	拓展并服务商户，对商户要入境的资金进行审查、结汇并对商户进行清分
专业收款公司	开发搭建跨境收款平台对接境外银行、电商平台，为商家提供收款、收汇及账户等服务，协助银行拓展商户、提供运营支持，协助境外电商平台进行招商引流

4.3.1　跨境电商平台收款

电商平台收款（Marketplace Payout）是为在跨境电商平台开店的商家收取店铺销售款，要境内商家向收款公司申请境外账户用于收取平台汇入的款项，收款机构和资金接受方（商家）签订收款代理的协议。跨境电商平台收款的主要流程如下。

首先，卖家于收款平台注册签约，签署跨境电商交易认证服务协议，指定境内银行账户，卖家在收款机构开设收款账户，该账户跟跨境电商平台的后端进行绑定。消费者在电商平台购物支付，跨境收款平台的账户体系与资金流转过程如图 4-5 所示，名义上货款是付给了电商平台，实际上是从境外消费者的银行账户转到电商平台委托的银行账户，暂存境外银行账户。

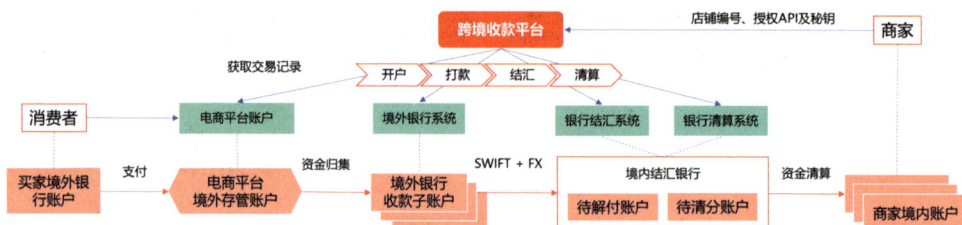

图 4-5　跨境收款平台的账户体系与资金流转过程

其次，电商平台会根据账期（如货物交付后 T+14）向卖家结算货款，消费者的境外资金将存放于境外清算银行的备付金账户，受到当地金融监管部门和银行的保护。美国亚马逊通过 ACH 系统为认证卖家做货款清分,卖家自选将 ACH 转出的资金回流到其指定的银行账户或收款虚拟账户内。在美国境内注册的合法收款机构,ACH 清算系统支持伞形账户体系。银行根据"伞柄"的归属关系到收款机构,"伞柄"的归属人按照监管要求完成申报及被稽核、抽查或审计等手续,确保资金只是商户在电商平台的结算款。转账时间由电商平台的清算银行决定,一般为 1~5 个工作日,使用哪种收款工具在这一环节无显著差异。

然后,收款平台收集商户在境外电商平台的订单、结算等原始数据,保证数据真实性,资金路径符合监管要求;经过持有跨境支付牌照的机构转到国内结汇,以确保流程的合规性。主流境外电商平台、独立站建站平台拥有开放的 API 接口,只需成为这些电商平台开发者且得到商户的授权,即可通过接口获取卖家订单信息、所售商品清单、结算账单等数据。图 4-6 所示为跨境收款的主要流程,涉及了开通账户、绑定店铺、收款、收汇及结算等过程。

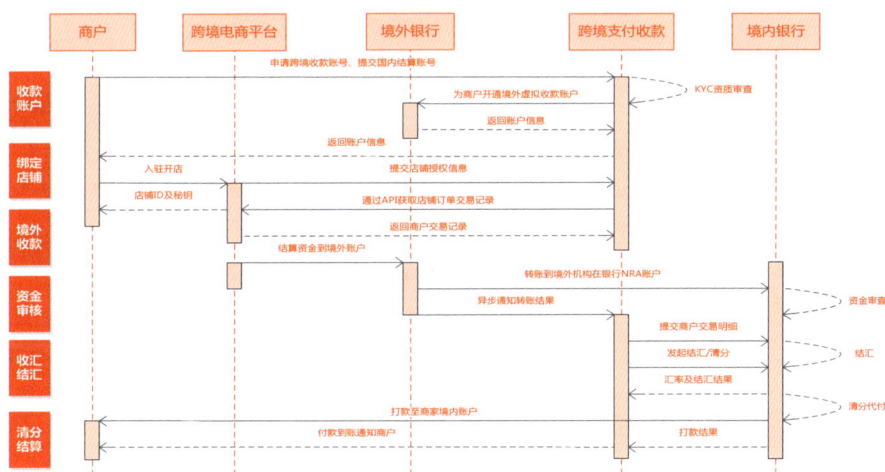

图 4-6　跨境收款时序流程与说明

说明:1. 商户线上提交申请,平台进行客户资料准入风险评估,并对客户进行 KYC 筛查,包括反洗钱、涉恐、政要、制裁黑名单、外管关注名单等,企业商户还需进行贸易资质审查。

2. 审查通过后,商户在跨境电商平台进行授权,跨境收款平台能够通过 API 获取商户订单数据。

3. 跨境收款平台向境外银行申请收款账号发送给商户,商户将收款账号配置到跨境电商平台中,当电商平台到达结算周期会将商户结算款打到境外收款账户中。

4. 跨境收款平台通过 API 获取商户订单信息、结算账单信息,并根据境外银行的到账通知进行信息和资金匹配,在资金审查通过后,日终将通过 SWIFT 汇向境内银行账户。

5. 境内银行收款账户为待解付资金账户,商户收到可提现通知,提现金额为所选的订单金额总和。

6. 商户发起提现，对应资金进行解付，根据订单信息组建申报文件进行国际收支申报，解付完成后的资金根据银行实时汇率进行结汇，并做结汇登记。

7. 结汇完成后，资金通过境内银行结算系统转账到商户备案的境内银行收款账号。

当收款公司收到平台汇入的款项后，卖家发出提现指令，收款公司汇款至卖家指定的账户。资金入境，经过反洗钱、反恐、防拆分、外汇管理局关注名单等筛查，根据收款平台提供的交易数据对资金进行逐笔还原并申报。国内私人银行卡接受跨境电商第三方收款账户的资金，对方对公账户打到个人卡，如果申报不当，为防止洗钱活动，此类跨境交易可能会触发个人卡冻结。因此，有的银行会要求个人卖家去网点线下签署不洗钱、不外借账户的承诺协议。

KYC 是平台对店铺整体经营情况的检查，审核收款账号是平台对卖家账户及资金安全的保护措施，收款账户与电商平台注册身份保持一致，收款账户要跟平台店铺进行绑定，更换收款账户会触发 KYC 二次审核。

说明：亚马逊 KYC 将卖家划分为企业和个人，企业商户需提供统一信用证代码、经营地址、银行账户、法人与股东身份证、营业执照及经营场所照片等。平台根据个人信息、企业信息和银行账户进行银行黑名单筛查，包括反洗钱、反恐、政要名单、制裁名单、法律风险、外管关注名单及负面新闻检索等。账户持有人信息与亚马逊后台保持一致，银行识别码、账号直接复制支付机构后台的相关信息。

跨境交易的背景还原是国内监管机构对于资金跨境支付的核心要求，为了确保阳光合规，支付平台需要留存相关交易背景证明。图 4-7 所示为电商平台在卖家管理后台的店铺授权管理信息，获得店铺的授权后，收款平台就能获取订单明细、待结算数据，验证贸易背景的真实性。通过监控订单数据，跨境收款平台可根据合规要求筛查是否存在异常品类订单、虚假订单，以及收货地为高风险地区的订单。如果收款机构没有与电商平台对接，不能自动取数申报，则须按照申报模版格式上传订单信息。

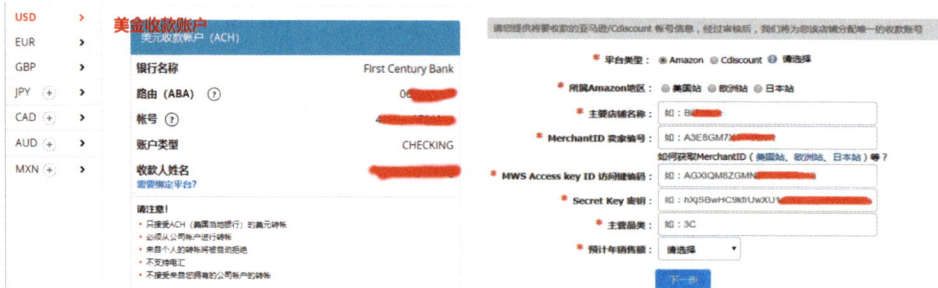

图 4-7　电商平台在卖家管理后台的店铺授权管理信息

很多收款平台通过与各国银行合作，能够提供多平台、多账户统一收款方案。商家只需要注册一个身份，即可开通多币种账户，绑定多个境外电商平台，选择站点绑定收款机构分配的相应存款方式如图 4-8 所示。分配给客户的每个币种的收款账号都是唯一的，多个欧洲站点可以用同一个欧元账户来收款，不会引起关联问题；但美国站点里的多个店铺使用同一个收款账户，容易被认定为店铺关联从而封号，导致资金被冻结。

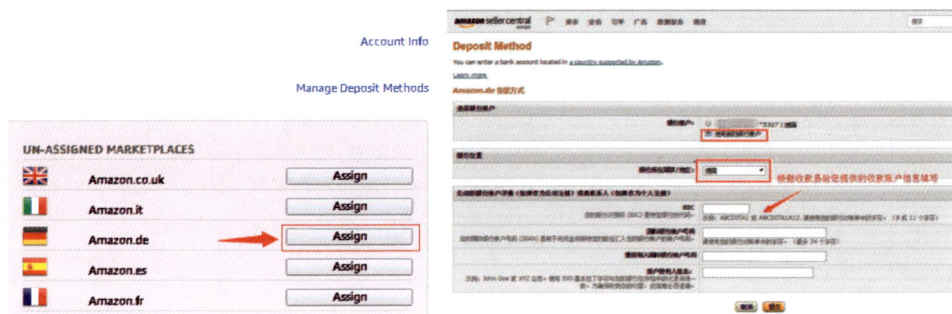

图 4-8　选择站点绑定收款机构分配的相应存款方式

现阶段，境内商家众多，收款风险防范意识还须增强，对于卖家而言，可能有收款账户被盗、资金冻结、关联账户、汇率波动等风险，多店铺运营要分散收款通道，收款公司因服务异常也可能导致其平台账号被审查或冻结。另外，电商平台都有代收货款再行结算的特点，收款与结算存在一定的账期，例如，支付到账账期为 T+1，与商户结算账期为 T+14，中间存在时间差。资金"二清"在国内已经被杜绝了，商家的资金首先进入银行或持牌机构的监管账户，平台不能随意动用商户的资金。有些国外的新兴平台经营不规范，国内卖家可能无法知晓背后是否有这一层监管，发生过平台随意扣除卖家货款、延迟货款结算，甚至挪用货款或卷款的事件。

4.3.2　独立站支付与收款

大型电商平台都有指定的支付方式，新的支付工具很难切入，相比之下，独立站有更多自主选择性。跨境电商独立站是指商家自己搭建在线网店及支付系统，直接向消费者售卖的经营模式（Direct to Consumers，DTC）以品牌企业 DTC 及自营 B2C 电商为主，一般要拥有离岸账户或本地银行账户，便于办理本地化商户收单。跨境支付及收款公司举例如表 4-7 所示，独立站可能会涉及建站、外卡收单或全球收单、跨境收款、国际结汇等几方面问题。

表 4-7　跨境支付及收款公司举例

类型	业务能力及相关企业介绍
建站	·多语言版本，功能完备、插件丰富，代码编辑功能及模板定制，相关支付管理易于维护 ·ZenCart、WooCommerce、Magento、osCommerce、Interspire、Prestashop、BigCarte 等
收单	·涵盖主流付款方式，提高支付转化率，完成交易、结算与资金的全流程管理 ·PayPal、连连、DHpay、万唯、钱海、汇付、Glocash、宝付、Gpay、MasaPay、AisaBill 等
收款	·多币种、多平台、多店铺，一站式对接管理，提供收取外币的账户方案，将收款化零为整 ·PingPong、WorldFirst、Payoneer、Skyee、iPayLinks、Airwallex、光子易、环迅、Ingenico、WindPayer、泛付、环球捷汇、BeePay、UnPay、珊瑚支付、寻汇、拾米、易极付等。
结汇	·具备相关资质条件，以及外汇申报、兑换的通道能力 ·支付宝、财付通、首信易、富友、网易宝、钱宝、拉卡拉、易宝、安粮汇及诸多商业银行

外贸独立建站是一个全流程的网店系统，通常需要一些建站工具。电商 SaaS 服务适合中小型商家要做品牌网站（非风险产品）的商家可以选择国外使用较多的 Shopify、BigCommerce、Ecwid 等平台，国内有 Shoplazza、Shopline、Shopyy、Ueeshop 等平台，系统集成了常见支付渠道。大型企业可选择商业软件的定制开发和私有化部署，如果拥有技术开发能力，也可基于 WordPress、OpenCart 等开源软件自己进行二次开发。

建站后要按照目标市场整合支付方式，权衡对接跨境支付和卡组织或境外代理银行实现外币收单，表 4-8 介绍了部分项目使用 PayPal 收单的交易费率情况。单纯支持信用卡或国际卡渠道，支付方式单一，很多小语种国家信用卡覆盖率不高，对于商家来说，信用卡+本地支付可以涵盖当地大部分人群。考虑本地化的语言、文化及合规制度，全球几百种专注提供本地支付的机构与本地支付网关集成，适应消费者支付习惯，在支付选择上有天然的优势。

表 4-8　部分项目 PayPal 官方商户交易费率

收费项目	标准费率	相关说明
境内收款费率	3.4% + 0.3 美元/笔	固定费用按收到的币种计算
跨境收款费率	4.4% + 0.3 美元/笔	收付款人地址属境外，固定费用按收到的币种计算
批量付款费率	2%（封顶 50 美元/笔）	同时向许多收款人发送电子邮件收款
小额支付费率	6% + 0.05 美元/笔	适用处理 5 美元/笔以下的小额付款
退单费率	10 美元/笔	未经买家账户或未通过访客结账程序处理的交易
争议解决费	8 美元/笔	如果买家对交易提出争议补偿申请或退单请求

大量新生跨境电商独立站大幅增加了国际信用卡收单需求，选择支付渠道集成，首先

考虑的是安全性。对于跨境 2C 收单的客户侧风险，海外支付公司在特定国家和地区有各自的优势，独立站收单收款模式如图 4-9 所示，在有些地区直接拥有银行收单资质，且本地支付一般不支持拒付，这在一定程度上降低了支付隐患，提高了付款成功率。国内也有众多外卡收单机构，基于卡组织授权模式，能够保证信用卡交易成功率达 90% 以上。

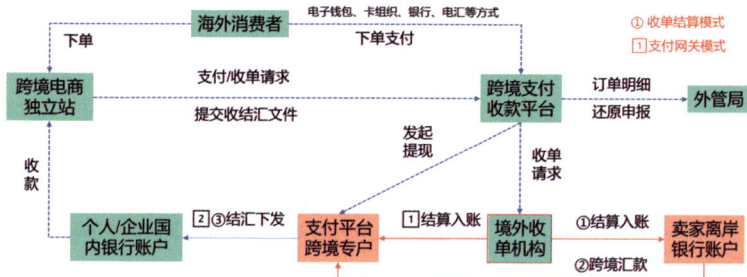

图 4-9　独立站收单收款模式

　　独立站收款结汇的环节与电商平台的收款模式没有本质区别，收款公司可以为独立站商家量身开发专属接口或联合定制 API 同步数据，进一步打通订单、付款、库存、资金等环节，提高卖家的财务效能与运营效率。由于各国外汇政策差异很大，有时如果想要货款出境，会涉及本地具体的外汇申报及财税管理政策。知名的跨境电商平台大多集中在资本流动相对自由的市场，在资金出境的环节障碍较小，经平台官方认证的收款方式风险较低，资金通道与信息流程都已经走通。开拓其他新兴市场可能存在"销售易、回款难"的问题，要选择可靠合规的收款通道。

　　网店后台绑定的本地收款账户可能是个人卡或公司对公账户，货款资金以本币的形式沉淀至当地银行。个人账户汇出汇款，容易触发当地政府限制及外汇管制，即便允许也可能会有单笔或月度的限额。居民账户的外汇转出仅限于某些允许的用途，并提供吻合的目的证明，如发票、账单、侨汇说明等，甚至会要求单据必须与请求汇款的账户名称相同。企业账户通常不受限制，例如，支付给海外员工及供应商的合理资金需要，但银行也会要求提供较多的资料手续，以确保企业的资金合规。已满足依法纳税，如进口增值税、营业税等，要结合原来进口到当地的货物申报路径，进出价值匹配，以及企业的日常健康报税。此外，还要考虑非主流币种汇出的换汇路径，接收方银行是否能正常入账，以及银行入账时需要提供什么材料。

4.4　外卡收单

　　外卡收单（Global Acquiring）主要指可在全球范围内对通用的信用卡、借记卡提供支付收款，并为商户完成本地结算服务。跨境支付收单服务分类如表4-9所示，在跨境收单业务中，境内机构主要服务于境内商家收取境外消费者外币信用卡付款，以及境外商家收取境内消费者电子支付。外卡收单在交易风控、市场拓展、产品搭建、渠道接入、商户管理等业务模式方面，与境内卡收单存在较大区别，资金路由也不一样。在外卡收单服务商中，国际支付龙头企业的费率水平较高，这类公司成立时间长，技术和风控能力领先，具有更强的综合能力和覆盖面。

表4-9　跨境支付收单服务分类

类别	说明
外卡收单	帮助国内商家收取国外消费者的货款，支持国外信用卡及当地的支付工具
境外收单	商家在国外、消费者属国内，对应国内卡基支付工具，收单行通常为境外银行
国际收单	商家、消费者和支付机构等分属不同的国家或地区，支持不同的结算账户及币种

这些企业一类是专注代理收单行发展起来的服务机构，覆盖线下地区比较集中，如美国 FirstData 及 CyberSource、法国 Worldline、德国 Wirecard、中东地区的 HyperPay 及 PayFort、日本 Recruit 及 UFJ Nicos 等；另一类是国际网络支付公司，在电商领域逐渐占据主导地位，以 PayPal、Adyen、WorldPay 等为典型代表，提供收单服务、支付网关及多元化的金融服务。国内众多支付机构已从单一收款功能切入外卡收单业务，支持更丰富的收款场景，围绕提升交易转化，结算时效、精准风控、路由匹配最佳支付路径，为出海商家定制对账单、监测交易质量，逐步提升全球收单水平。如图 4-10 所示为国内支付商 PingPong 的外卡收单管理功能。

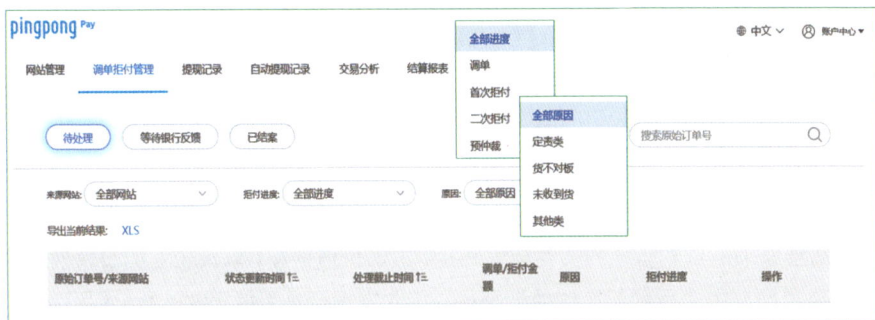

图 4-10　支付商 PingPong 的外卡收单管理功能

仅有国内第三方支付牌照或跨境外汇支付资质，并不能直接受理外卡的交易，卡支付实时授权流程如图 4-11 所示，支付授权要经过卡组织，而卡组织认证名单以外的机构不能处理该卡组织的授权交易。因此，从事外卡收单业务，支付商还要有特定资质，一种是成为银行的收单服务商，国外俗称独立销售机构（Independent Sales Organization，

ISO），国内称为签约服务商，门槛相对不高，银行是卡组织的天然组成，商户资金的实际处理是由与 ISO 签约的收单银行完成的；另一种是申请成为卡组织的成员服务提供商（Member Service Providers，MSP），接入并成为卡组织授权的服务商，如 VISA QSP 和 Master PF 等认证，可以跟卡组织官方直连，无须再与银行绑定对接。通常，拥有本地支付牌照可处理该国的收单服务。

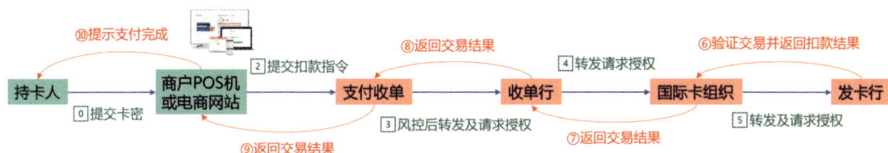

图 4-11　卡支付实时授权流程

相比之下，接入主流卡组织意味着支付服务能直接落地境外更多应用场景，各大卡组织都已推出技术合作伙伴计划，服务商可在线获得技术支持，融入其支付生态圈。维持收单资质，需要给卡组织缴纳押金、注册费及年费，卡组织每年都要对 ISO/MSP 的资质进行审查，包括 PCI 认证等。获得国际卡组织的相关认证，支付机构能够提高支付成功率，获得免欺诈保护，降低交易风险。VISA 中国区收单会员可以同其签署履行 VISA 国际卡网上收单业务协议[①]，但所有境内 QSP 需同时具备第三方支付资质才可境内展业。图 4-12 为独立站收单收款模式，如果收单机构要进一步在属地做资金清分，在没有当地支付牌照的条件下，可考虑通过成为收单行 ISO 的方式来展业。

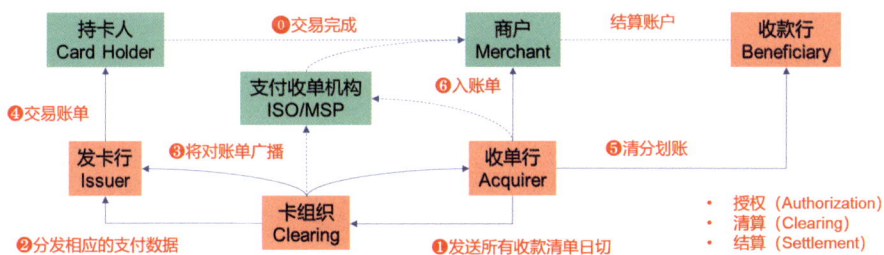

图 4-12　独立站收单收款模式

外卡收单的费率在整个产业链毛利比较高，不同商户还会根据行业及产品类型进行费率区分，商户目录（Merchant Category）限制比较严格。例如，PayPal、Stripe 和 Square 等手续费费率为 2.6%~2.9% 加每笔 0.1~0.3 美元的标准处理费，或者按月收取固定服务费（如每月 50 美元），英国 Amazon Pay 手续费费率为 2.7% + 0.3 英镑。高风险商户（High-risk Merchant）是很多收单商的利润来源，高风险业务的手续费费率高达 4%~7%，远高于一般

---

① VISA 官方网站关于第三方支付公司认证条款。

风险业务及行业平均值。有些行业被视为高风险，主要原因是高退款率和受监管的业务性质可能造成银行侧的限制，不接受跨境业务及高风险账户，而并非违法。申请高风险商户，需提供额外的文件来证明其企业及业务过程的合法性。

风控是外卡收单的核心竞争力，成单率、拒付率是衡量风控能力的重要指标。国际信用卡可能由于多种原因导致跨境支付失败，支付失败率高。付款时，会有要求用户填写身份信息、信用卡号，并进行短信或 CVV 等验证，既要保障用户信息和交易安全，阻止盗刷、欺诈交易，杜绝洗钱和恐怖主义融资等行为，又要促进顺利交易。拒付风险（Chargeback Risk）或高额罚单后置风险是外卡收单另一个必须考虑的问题。拒付是指持卡人在支付后一定期限内向银行申请拒绝支付账单上的某笔交易，交易资金被强制退回给消费者。在收到拒付通知后，商户要在截止日期前提交相关证明资料进行申诉，若申诉成功，则银行会返还交易资金。外卡收单的预收款项或结算款额先行付给商户，如果商户出现异常状况或违规交易，这些交易可能遭到持卡人向银行拒付，或被卡组织处罚，因此，通常收单机构会向商户收取一定的交易保证金。

说明：商户存在产品质量、交易撤销、错发、漏发、退货或盗刷等情形，可能导致在交易完成后 180 天内，买家通过支付机构或卡组织申请拒付、撤回已付款，该申请经确认成立后，卖方需退回货款。在拒付的争议处理期，收单会员可以继续同这些机构保持合约关系，自最后一笔交易授权完成日起算，合约时间最长不超过 120 个自然日。VISA 有权对于未能履行以上时限规定的收单会员进行处罚。

对商户而言，要避免进入卡组织的黑名单，应做到商品合规、交易合规、信息合规，不良记录可能引发通道关闭。必要时应在商品描述、客户须知等处声明注意事项，以防发生贸易纠纷或支付争议。当发生拒付时，可以根据卡组织规则，提交相关证据申诉，有机会追溯交易。商家应尽量保留多方面证据来提高胜诉率，取得一些谅解沟通证据，形成有力佐证。早期，国内存在专门针对仿品的外卡收单，不合规，一旦客户投诉、拒付，很容易被卡组织封户或罚款。参与侵权、博彩或触犯反洗钱等违规经营，收单机构甚至会被移除资质。支付商在线支付处理，应在消费者界面要创建隐私政策、服务条款及退款条件等信息。

4.5 结汇提现

国内外汇和本币不能完全自由进出，收款后需要结汇，结汇流程十分严格，违规结汇情形如表 4-10 所示。第三方收款公司都会与有外汇管理局签发牌照的国内支付公司或银行来合作结汇。按规定，企业要按照"谁出口谁收汇、谁进口谁付汇"原则办理贸易外汇收支。如果企业没有进出口经营权，通过代理出口，需要通过代理收汇。换汇必须有数据验证流程，即对两个不同贸易主体间的账单金额核对无误后，银行和外汇管理局才能批准换汇申请。为避免审查条件在收款到收汇的期间发生变化，商户发起提款前，收款机构会再次对其资质与贸易条件进行审查。

表 4-10　违规结汇情形

分类	违规情况	处置处罚
违反国家法规	通过平台收汇，未通过平台出口	禁止收汇或退汇处理
	通过平台出口，未通过平台收汇	禁止下单
	将账号出租、出借给他人使用	关闭账户或停止合作
违反平台收汇规则	通过平台出口货物贸易，收取非对应货物贸易的外汇	退汇或禁止收汇
	通过账户代他人收取资金来源不明的外汇	退汇并关闭账户或停止合作
	通过账户收取来自与境外买家无代理付款关系的第三方付款外汇	
	通过平台代理出口贸易订单，外汇付款人国别与对应贸易的出口目的国、收货人所在国不一致，且无法提供合理解释的外汇	
	收取来自贸易制裁国家的外汇（包括货物出口目的国为贸易制裁国，外汇从非制裁国家汇入的情况）	

　　企业可通过在银行开立的外汇储蓄账户办理贸易外汇结算，个人也可通过外汇账户办理市场采购贸易、跨境电子商务的外汇结算。办理跨境电子商务项下有真实交易背景的结售汇，提供交易证明材料，不占用个人年度便利化额度。自营 B2C 和小额 B2B 贸易如果无法将贸易对手方数据集中，就必须走海关报关手续，用海关的数据和自己平台数据核对。义乌等地的便利化结汇账户，搭配离岸账户使用，对小额外贸免征不退，专门用于结汇。

4.5.1　外汇交易风险

　　在国内，中国人民银行规定，存款人不得出租、出借银行结算账号，不得利用银行结算账号套取银行信用，禁止将账户转给他人使用牟利。早期，部分跨境支付公司业务合规性不足，存在利用海外华人或留学生以"蚂蚁搬家"的形式非法转移外汇。私下换汇或帮助别人换汇，引起账户异常变动，一旦涉嫌洗钱，就会出现海外华人账户被查情况，包括限制使用柜员机、禁止国际汇款、冻结账户、甚至直接要求关闭账户等。使用离岸账户，大量商家的外汇回款都是暂留在境外，属于离岸货币（Offshore Money），即在货币发行国以外的地区进行存放款业务及交易的货币；相对应的，没有离岸的传统货币称为在岸货币（Onshore Money）。离岸货币的经营是游离于货币发行国境外的，不受货币发行国的监管约束，属于"自由货币"。离岸货币交易双方均为非本地居民的业务被称离岸金融业务，离岸货币与国际金融市场的联系更为紧密，对国际因素的冲击更敏感。离岸货币可以快速向全球供应商、代理商或服务商等交易方支付款项，无缝对接当地清算网络，最快可支持实时到账，在欧洲地区可以直接用账户余额缴纳店铺 VAT 增值税，节省额外的提现和汇款成本。

在外汇交易时，可获益于锁定汇率与实时汇率的价差、批发零售的汇差、离岸/在岸的汇差，以及汇率浮动收益，盈亏结果是用标价货币结算的，基础货币在前，标价货币即清算货币在后，如欧元兑美元，欧元是基础货币，美元是清算货币。国内的外汇牌价是各银行根据中国人民银行公布的人民币汇率中间价及国际外汇市场行情制定的外币与人民币之间买卖的挂牌价格。银行提供给交易方的实际牌价会赚取部分汇差。按照监管办法，支付机构应事前与市场交易主体就汇率标价、手续费、清算时间、汇兑损益等达成协议，不得利用汇率价差牟利，要向交易主体明示合作银行提供的汇率标价，不得自行更改变动外汇牌价。收款机构将汇率风险管理纳入服务框架十分必要，可以避免汇率的意外波动冲击商家的利润，让客户根据时机进行收汇。

人民币汇率双向波动日益常态化，外贸企业面临的汇率风险加大，理性看待汇率波动、强化汇率避险意识、用好汇率避险工具，已成为外贸企业稳健经营的必修课。在金融产品的汇率避险方面，我国外汇市场已具备即期、远期、掉期、货币掉期和期权等主要外汇交易产品类型，可满足部分企业的汇率避险需求。另外，也可以使用人民币结算，从根本上规避汇率风险[1]。

> **外汇牌价和汇率**：人民币兑换美元，以 100 元计价，633.89 叫外汇牌价，6.3389 叫汇率，外汇牌价和汇率的本质相同，表现形式不一样。例如，在亚马逊平台跨境收款方式中 Payoneer、WorldFirst、CurrencieDirect、美国银行卡和中国香港账户转账结汇，均有不同程度的汇损，而香港账户转账结汇由于需要先换成港币再换成人民币，更是相当于要承担两次汇率损失风险。

有的商家会将离岸资金用于境外投资。由于高杠杆率，全球外汇市场每日交易额高达 5 万亿美元，是期货和股票市场的十多倍。我国外汇保证金市场并没有放开，通过境内银行交易外汇没有杠杆、严格限额，外汇交易者只能将资金汇到境外交易商进行开户交易。境外网络外汇交易平台跨境向中国境内居民提供带杠杆的外汇保证金交易，交易形式多为"外币兑外币"模式，没有国内法规的保障，为交易安全，外汇交易商在别的国家所取得的监管牌照就成了重要的甄别点。由于监管限制、信息不对称及投资者不够专业，正规境外持牌外汇交易商并未到境内开展运营，于是在境内偶发一些套牌机构、盗版 MT4 软件、黑平台等情况。外汇套牌，即套用他人机构的监管牌照开展外汇业务，盗用其在监管机构

---

[1] 中华人民共和国商务部、中国人民银行、国家外汇管理局等，《外经贸企业汇率避险业务手册》。

的注册号及授权信息，克隆相关老牌经纪商的机构名称、网站及 App 等在国内进行招揽客户和代理。主流市场上中小型的持牌平台，由于知名度低，容易成为套牌目标。成熟金融市场的监管方，比如欧盟证监会、英国金管局、美国期货协会等会不定期公布一些本土的违规公司、无牌交易商的名单，是外汇交易的重要参考。另外，外汇保证金杠杆交易本身是高风险金融业务，跨境炒股、期货、贵金属，以及炒房、炒币等投资服务也都存在国内监管之外的风险地带，因此外贸商家沉淀的外汇资金尽量不要贸然操作，委托给专业银行机构较为稳妥。

4.5.2　结售汇及费用

外汇停留在收款账户中仍是账面资金，结汇并提现到国内账户是最终资金链路，或者从虚拟账户提现到离岸银行账户，再进行收汇、结汇。境内收款有涉外收入申报要求，对于多数跨境电商来说，仅个人便利化结汇额无法满足年销售额 5 万美元以上的结汇需求，单笔金额超过 5000 美元还可能无法入账，需要自行补充申报资料。收款平台帮卖家收集资金申报的数据，由持牌第三方支付机构与合作银行进行代涉外收入申报，例如，富友支付是 Payoneer 国内结汇渠道之一，空中云汇 Airwallex 与浦发银行合作。跨境收款的费用主要由提现手续费和汇率差两部分组成，还有入账费、账户管理费等其他费用名目，到账金额扣除的手续费按含汇损的全部提款比例计算。

目前，跨境收款行业竞争激烈，其费率已降到 1%以下，针对新商户甚至有 3 个月免费期。市面上的标准费率相差不大，一般按收款额设计阶梯费率，例如，规模达到百万美元为 0.5%，也有手续费封顶；有的通过差异化结算周期来定价，如果要 T+0 到账服务，需要收取额外信贷服务费。不同类型账户的收款费用区别如表 4-11 所示，PayPal 通过电汇的方式以美元形式提现至境内的银行账户，无论以何种账户方式提现，都有 35 美元/笔再加上银行入账中间扣费，手续费较高，这造成很多美元余额被滞留在 PayPal 而不结汇的现象。为了应对汇率波动和外汇套保，即期换汇、外汇远期、外汇掉期等外汇服务跨境卖家使用频率较高。

表 4-11　不同类型账户的收款费用区别

对比项	PayPal	Payoneer	美国银行
账户类型	虚拟账户	虚拟账户	银行账户
主要功能	收款、提现(汇款)	收款、提现（汇款）	存款、汇款，VISA 借记卡
收款手续费	4.4%+ 0.3 美元	免费，付款方 3%	ACH 免费，电汇 10 美元
提现到境内手续费	每笔 35 美元	1.2%	40 美元/笔
货币兑换费	批发汇率加价 2.5%	0.5%	境内银行现汇买入价

续表

对比项	PayPal	Payoneer	美国银行
提现到美国银行手续费	每笔 35 美元	1.2%	每笔 30 美元
通过支票提现手续费	每笔 5 美元	不支持此功能	免费
ATM 提现人民币手续费	无此功能	5%封顶	每笔 15 美元(VISA 兑换)
收款 1 万美元的手续费	0.3+35+10000 × 4.4% = 475.3 美元	10000 × 1.2%=120 美元	40 美元

若没有获得跨境支付许可，外汇不允许直接入账，则可能导致提现失败。收款的虚拟账户每次汇款抬头都一样，也可能因频繁汇款而被国内银行列为异常账户而退回去，原路退回一般要损失不菲的手续费。结汇的汇率由基准汇率和汇损组成，基准汇率是中国人民银行对外公布的人民币汇率中间价，汇损就是对比这个公开参考价，由于汇率的差额造成的金额损失。结售汇的收益就来自于批发零售的汇差、离岸在岸的汇差及汇率浮动收益，当境外资金转换成离岸人民币，离岸人民币转换成在岸人民币时，有的机构不公布参考的汇率标准，从中赚取汇率差。卖家应考虑汇损的适当比例，记录相关数据，做一个事后分析。针对汇率经常波动，收款机构通常采用实时汇率（锁定中行现汇实时牌价），提现时显示的参考汇率是银行现汇买入价。由于国际物流运输周期长，商户的应收账款长时间沉淀可能会因汇率波动蒙受汇损。

> 举例：收款公司承诺给一个出口大卖家 0 费率，假设在卖家提现时收款公司提供的人民币兑美元折算汇率为 6.63，而当日中国人民银行公布的人民币兑美元汇率为 6.80，那么这时候的汇损就是(6.80-6.63) ÷ 6.80=2.5%，相当于收款公司实际上收取了 2.5%的费率。
> 汇率波动：假设卖家商品的销售价格为 10 美元，成本为 40 元人民币，如果结汇时汇率为 6.68，回收资金为 66.8 元，利润为 26.8 元；如果汇率变为 6.56，波动 0.12，则回收的资金为 65.6 元，整体利润减少了 1.2 元。

义乌个体工商户通过绑定 PayPal 账户，收汇账户可以收外币，收汇后银行会结汇人民币转入到绑定的个人账户内。这属于银行结汇提现，手续费较低，常见外币均可结汇，能结电商货款及非贸易类的虚拟收入，但大额收汇要提供外贸出口协议，无法控制汇率时机，不征不退。公司收款可以开设 NRA，实现无限额结汇，结汇资金实时处理，当日结算到人民币账户。

> 举例：泛付 Panpay 持有欧洲 EMI 牌照，可在线开通独立账户，每年收取 5 欧元账户管理费。例如，客户从国外打款 3000 美元到 PayPal 再提现到 Panpay 账号，从该账户再直接电汇 T/T 到义乌稠州银行，每结汇 1 万美元银行收费 3 元。该笔结汇的总手续费：转账 15 欧元/笔+入账 1 欧元/笔+PayPal 提现 35 美元/笔+结汇 3 元/笔，整体流程简单，需要文件较少。

政策上，跨境电商出口至海外仓销售的货物，汇回的实际销售收入可与相应货物的出口报关金额不一致，但要按现行货物贸易外汇管理规定报送实际收付报告[①]。跨境电商出口货物在境外发生的仓储、物流、税收等费用约占出口额的 40%，政策允许跨境电商企业将这些费用与出口货款轧差结算，并按规定办理实际收付数据的还原申报，提高企业跨境收支的灵活性，减少资金跨境占用。

[①] 国家外汇管理局，《关于支持贸易新业态发展的通知（汇发〔2020〕11 号）》。

第 5 章

境外本地支付

支付是任何商业模式变现的"临门一脚"，是交易闭环的基础。支付工具直接面对 C
端消费者，具有品牌属性和社交属性。支付前台支持境外本地支付，用户无须改变支付习
惯就可轻松付款，这已成为商家获取海外用户的重要方式。电商作为当前最活跃的市场形
态，推动了全球大量支付方式的开发应用，世界各地也有各种本土化的支付工具和区域化
的支付品牌，以适应当地的语言及文化。境外支付方式 10 种主要类型如表 5-1 所示，支
付机构通过了解各种支付方式在全球不同市场、各种电商垂直领域中的适用性，可以掌握
本地消费者的消费行为，并为消费者提供更多的便捷支付方式。

表 5-1　境外支付方式 10 种主要类型

序号	主要类型
1	Credit Card 信用卡
2	Debit Card 借记卡
3	Prepaid Card 预付卡
4	E-wallet 电子钱包
5	Online Banking 网银
6	Direct Debit & Direct Deposit 直接代扣代付
7	Open Invoice & Instalments & Pay Later 赊购/分期/后付费
8	Cash (Cash-on-delivery & Kiosk Payments) 现金/到付/线下付款
9	Digital Currency & Cryptocurrency 数字货币/加密代币
10	Direct Carrier Billing 运营商计费

货币的最初形态是一般等价物。VISA 曾提出自己的使命是消灭现金，用卡建设无现
金社会。然而，网络支付改变了支付领域的这个游戏规则，第三方支付在付款过程中实现
了无卡支付，并通过移动应用把线上支付搬到了线下，实现了扫码收付。除了科技进步，
相对宽松的监管环境也是移动支付快速增长的一大推手，刺激了支付商大胆试错创新。从
个人支付体系来看，移动支付已占据主流，基于生物识别技术的支付也已经实现。

5.1　境外主流支付方式

了解境外本地常见及流行的支付方式，便于在开展外贸及跨境电商时，为当地消费者
提供便捷的支付渠道，提升消费者的交易体验和减少支付摩擦。在欧洲如果无法使用推荐
的付款方式，有高达 50%的消费者会选择结束交易[1]。支付平台是承载网络经济的一种数

---

[1] The Paypers，*Payment Methods Report 2019 Innovations in the Way We Pay.*

字化基础设施，是几乎所有在线商业模式的必要支撑，电子支付、互联网金融、金融科技等是很火热的创业赛道。

> 举例：eBay 通过管理支付服务，与本地支付公司合作，推出信用卡、借记卡、礼品卡和 PayPal、ApplePay 等支付选项；为欧洲买家提供 SEPA 借记卡直接付款的方式，为澳大利亚的买家提供了 Afterpay 的付款选择，为加拿大的买家提供 PayBright 的付款选择，同时为其他地区的卖家提供融资和更多银行支付选项。

在互联网渗透率高的成熟电商市场，信用卡及 PayPal 等主导了欧美主流电商平台的支付方式，POS 机支付比例随着线下零售的衰退而下降。部分欧洲国家消费者的支付习惯略有不同，单一欧元区支付政策促进了很多支付科技公司的诞生。日本的在线支付主要使用信用卡，其次是网银转账、电子钱包等。韩国线上支付以银行卡及信用卡为主，目前流行 Toss、KakaoPay、NaverPay 等移动支付应用。

东南亚的支付市场高度分散，信用卡的使用率较低，使用网银或转账付款的方式比较多，部分支付市场情况如图 5-1 所示（图中印度尼西亚支付方式的百分数为四舍五入后的数字）。中东欧对信用卡的使用并不是很普遍，TrustPay、PayU 等在线预付费支付、在线银行转账支付方式使用频率很高；货到付款情况仍较多，Sadad、Fawry、PayBy、STCpay 等本地在线支付刚刚兴起，支付准入门槛很高。

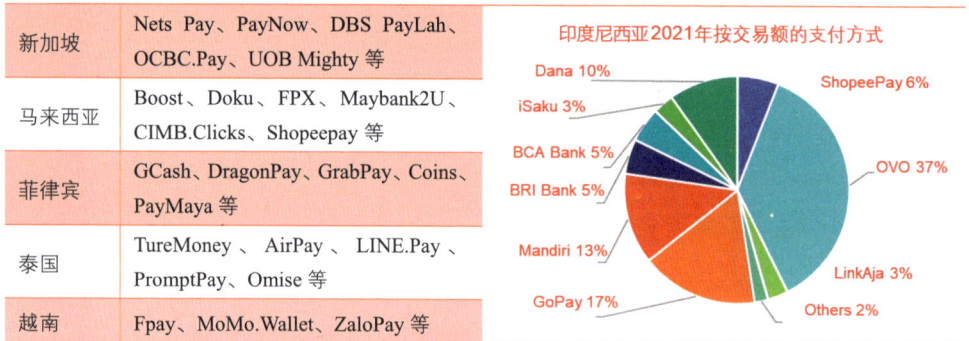

新加坡	Nets Pay、PayNow、DBS PayLah、OCBC.Pay、UOB Mighty 等
马来西亚	Boost、Doku、FPX、Maybank2U、CIMB.Clicks、Shopeepay 等
菲律宾	GCash、DragonPay、GrabPay、Coins、PayMaya 等
泰国	TureMoney、AirPay、LINE.Pay、PromptPay、Omise 等
越南	Fpay、MoMo.Wallet、ZaloPay 等

印度尼西亚2021年按交易额的支付方式

Dana 10%
iSaku 3%
BCA Bank 5%
BRI Bank 5%
Mandiri 13%
GoPay 17%
ShopeePay 6%
OVO 37%
LinkAja 3%
Others 2%

图 5-1 东南亚部分支付市场情况

在拉美地区，当地人更喜欢使用后付费的信用卡和现金的支付方式。巴西最常用的现金付款方式 Boleto 占主导地位；秘鲁的 PagoEfectivo、Yape 及 Tunki，乌拉圭的 Redpagos、Efecty 都是当地常见的支付平台；卡品牌 Redcompra 支持智利主流银行卡付款；PSE 是哥伦比亚重要的网银支付通道；阿根廷最大的在线支付平台 Rapipago 支持网购、缴水电费及税收等。

印度的支付市场分散，其支付机构众多，Paytm 是当地最大的电子钱包、在线支付网关和充值门户；综合性的移动支付平台还有 MobiKwik、PhonePe、Freecharge 等；新兴支付科技公司有 Cashfree、Razerpay 等。

俄罗斯的电子钱包及网上支付，本地服务提供商占主导地位。其中，银行卡是最受欢迎的付款方式，联邦储蓄银行（Sberbank）、标准银行、外贸银行等的网银支付较流行，俄罗斯 12~55 岁居民网上付款比例如图 5-2 所示，YandexMoney、Qiwi 及 WebMoney 三大电子钱包比较受欢迎，52.8% 的用户年内至少用过一次 YandexMoney 的支付服务。年轻群体常选择本地流行的 VKontakte 社交网络上提供的 VK Pay 支付服务。

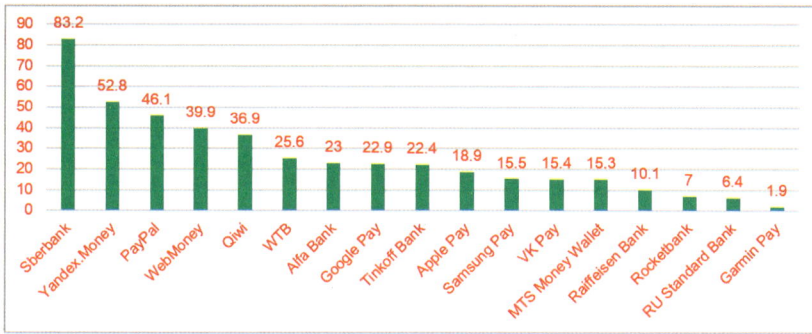

图 5-2　俄罗斯 12~55 岁居民网上付款比例（2019 年 Mediascope 公司调研）

我国的互联网技术发达，且支付企业经验丰富，目前正发力境外市场，在落地的过程中，要经历摸索、迭代及深度本地化的过程，境外若干支付方式对比如表 5-2 所示。对于众多海外新兴市场而言，移动电子钱包虽然呈现出高增长趋势，但缺乏类似我国的科技环境及电商平台，成熟的支付平台少，商户端的支付需求仍存在较大缺口。

表 5-2　境外若干支付方式对比

对比	特征	现金	银行卡	电子钱包	加密货币
优势	高效/便利/接受度	☑	☑	☐	☒
	及时结算	☑	☐	☑	☑
	匿名性/隐私	☑	☒	☒	☑
	预算性/有形感	☑	☒	☑	☒
劣势	成本	☒	☑	☑	☒
	远程在线支付	☒	☑	☑	☐
	安全及保护性	☒	☐	☑	☐
	便携	☒	☐	☑	☑
	与信用关联	☒	☑	☑	☐
	大额支付	☒	☑	☐	☑

来源：Barclays Research, *Payments & Fintech the transition to cash-light societies.*

5.2　信用卡

信用卡（Credit Card）是国际上常用的电子商务和线下刷卡购物的支付方式，在欧美成熟支付市场占主流。对消费者而言，可以先购物后还款，享受积分、奖励计划、贷款审查等优惠活动，对商户而言，通过"信用结算"可以提高客单价，商户全额收费，银行则获取分期付款。根据 CardData 统计数据，美国有效信用卡和签账卡（CIF）数量高达 7 亿张，是在线消费的首选支付方式，也是 B2B 电商支付的常见选项，北美电商 B2B 交易支付方式如图 5-3 所示。在一些目标市场，信用卡仍是支付渠道的必备选项，帮助跨境出口电商实现在线收款；信用卡国际收单的总体费率达 3%左右，远高于国内的信用卡收单费率。

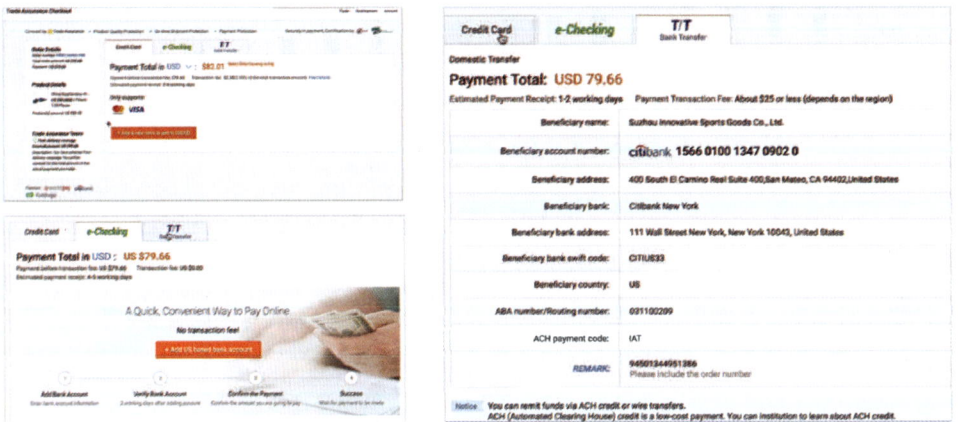

图 5-3　北美电商 B2B 交易支付方式（信用卡/支票/电汇）

信用卡的便捷性导致其很容易被盗用，卡组织近年不断提升信用卡的使用授权和验证机制的安全性，为本地区信用卡添加二次验证服务，以降低恶意欺诈风险。持卡人对未经授权的交易承担责任较小，发卡机构为消费者提供了高等级保护，有些发卡机构甚至提供"零责任卡"，为持卡人提供全额的未授权交易补偿担保。当涉及拒付和支付争议时，持卡人一旦申请退款，通常退款会很快计入账户，且拒付有效期较长。PayPal 及 VISA 等卡有 180 天的"风险观察期"，退款理由可以是货物未收到、损坏、与描述不符等，持卡人不会受到太大影响。由于存在较长时间的拒付期，银行或卡组织通常会收取平台或商户一定的信用卡交易保证金，用于优先返还或赔付，为了保护通道正常使用，商家要及时处理消费者投诉或拒付的订单。

本地信用卡由当地银行发行，普及率高，交易的准确率、审批率更高。国际卡需要与当地卡组织或银行合作，以便这些卡被当地接受并获得合适的汇率。在土耳其、巴西等中等规模支付市场，大部分在线支付都是基于信用卡完成的，如 Hipercard、Elo 和 Aura 等卡，本地发卡需要机构具有比支付牌照更高级的清算牌照。近年来，我国积极推动清算市场对外开放，2021 年，万事达卡与网联共同出资成立合资公司，该公司可以向持卡人发放信用卡，由发卡机构创建循环账户，向持卡人发放可透支的信用额度。

由于一些发展中国家或地区信用卡制度不够完善，且个人信用指数受重视程度不高，因此这些新兴市场在线交易的信用卡比例不高，即便在一些欧洲国家，为应对特殊需求场景，可替代信用卡的支付方式也有很多，如 Revolut、Monzo 等虚拟信用卡。在菲律宾注册 PayMaya 电子钱包可以获得一张 VISA 或 MC 虚拟信用卡。

5.3　在线网银

在线网银、网上银行（E-bank）或在线银行付款（Online Banking Payment，OBP）是最早的网络支付方式，由于其具有覆盖范围广、接受度高、结算币种多的特点，因此广泛用于转账、支付、充值及捐款等各类场景。全球几乎所有的商业银行、储蓄银行都支持在线网银或网上银行转账，将资金从一个银行账户实时转移到另一个银行账户。网银支持本行发行的信用卡及借记卡支付，借记卡的在线支付体验与信用卡几乎相同，在安全验证方面更谨慎，且可以与买家的支票账户直接挂钩，但通常限于国内或类似欧元区这样的经济区内使用。消费者在结账时选择银行和币种并通过网银付款，银行为商家的收款提供结算担保，在付款成功后，商家会立刻收到付款通知。当消费者/买方发起支付时，其账户的资金可用性、身份信息都是被实时验证的，成功的网银支付通常不可逆转，商家不需要承担任何付款不成功或拒付风险，这有利于商家发起退款。基于借记卡的欺诈行为较少，交易出现异常容易被发现，单笔支付有限额，但交易保护期短，如果消费者没有及时报告资金丢失或被盗，则不会得到银行的补偿。与信用卡、分期或其他支付方式相比，借记卡收付的成本较低。

当收付发生在同一家银行系统时，行内交易"on-us"是实时的，但跨行的收付需要较长时间。多数地区银行已将 OBP 纳入小额实时清算体系，依托通用支付标准网络与其他金融机构连接，实现准实时到账，例如，比利时 Bancontact、丹麦 Dankort、瑞士 Post Finance 等借记卡品牌。银行的官方网银会有一些先天不足，如缺失网络交易中的担保作用，前端体验略差，后端资金归集与结算无法统一，这为第三方支付机构的崛起并覆盖 OBP 功能创造了条件。移动支付、数字钱包和银行 App 都开始支持多种银行卡绑定。韩国最大的银行国民银行开展 Liiv 移动结算服务，用户通过 Liiv 可以进行智能手机借记卡结算，也可以离线结算，而店铺则通过读取在 App 内生成的条形码进行结算。

OBP 流行的地区大多拥有较高的网购普及率，同时银行系统较为发达，如俄罗斯、西欧、日韩等地区。支付机构要想在这些市场拓展业务，应重点关注本地网银支付或银行卡在线支付业务。美国在银行支付革新方面发展缓慢，Zelle 系统是其创新的代表。得益于 PSD2 和 SEPA 即时转账的结合，整个欧洲的网上银行电子支付的份额大幅增长，OBP 即时付款的份额超过信用卡，成为主流跨境在线支付方式，只要在欧盟成员国内都可以直接跨境借记。网上银行服务 GiroPay 是由德国储蓄银行、德国邮政银行和德国信用合作银行共同建立的在线网银支付标准，通过密码（PIN）和验证码（TAN）定向连接到选择的网上银行系统，费用较低，转账以预付款的形式实现。Trustly 是 ACH 付款的知名提供商，如图 5-4 所示，该支付机构提供两种银行卡支付实现方式，客户无须离开商家的站点或应用程序就可以直接连接网银，或通过连接到其在线银行账户直接进行收付款。

图 5-4　网络支付 Trustly 的两种银行卡支付实现方式

波兰 Przelewy24 是当地著名的在线转账系统，覆盖 95%的银行卡，处理支付过程和银行一样使用 PIN/TAN 验证方式。巴西 AstroPay 能通过实时银行转账来完成付款，覆盖拉美多个国家。智利 Redcompra 支付支持本国的主流银行卡，对于无活期存款账户的用户，日消费有限额，填写银行卡号或 RUT（纳税号）、PIN 确认支付。荷兰 Tikkie 移动支付，用户可以快速通过 WhatsApp 付款，而不必与银行 App 一起使用。荷兰 iDEAL 占本地 60%的在线支付份额，当消费者付款时，选择相应银行，重定向到银行的登录页面，参与支付的银行则显示交易数据，输入支付授权信息，资金通过 SEPA 实时贷记转账，若申请收单则需要公司银行账户，服务费率适中。iDEAL 支付集成在线网银功能及收单流程如图 5-5 所示。

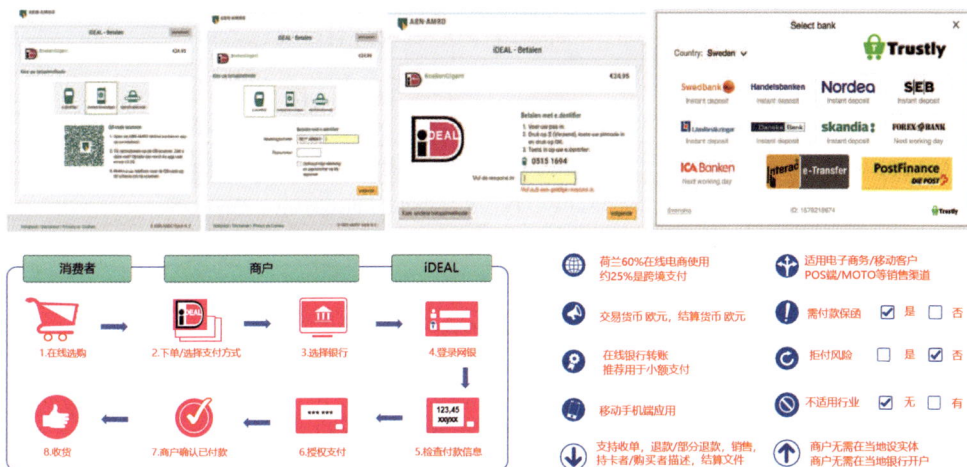

图 5-5 荷兰 iDEAL 支付集成在线网银功能及收单流程

在东南亚地区，消费者使用网银转账或 ATM 付款较多，印度尼西亚、泰国等国家转账支付比例很高。在日本，还有少数电商保留汇款购物选项，如日本 Qoo10 等，如果选择线下银行汇款，则需在订单确定后汇款到指定账户，电商确认到账后发货，若在 3 个工作日内未收到汇款，则订单被取消。

5.4　电子钱包

电子钱包（E-wallet）也称为数字钱包，其本质是一种软件工具，可以提供多种具体的支付方式。电子钱包既是金融工具也可以被当作纯粹的电子化钱夹应用，可供消费者存储资金及支付。电子钱包的收费及风险取决于交易使用的支付通道，由业务范围和性质决定所接受的行业监管，不能一概而论。在越南，电子钱包不得提供虚拟信用卡及任何可产生利息的服务。钱包自身储值账户的类型决定是否要许可证，通过接口提交资料在支付渠道侧开设账户，由持牌支付机构管理钱包及其账户，并对钱包的额度、用途、范围、时效等进行限制。常见的电子钱包有很多种，电子钱包作为新型数字账户服务工具，除了帮助消费者管理资金、债务、订单和账户安全，还承载了运营方的会员、营销、征信、理财等生态化功能，不同类型机构发行的电子钱包如表 5-3 所示。如果支付系统不涉及钱包服务，"充、提、转、支、收、借、贷"等服务就难以在前端被承载，当然钱包的运营推广并不容易。

表 5-3 不同类型机构发行的电子钱包

机构类型	常见电子钱包举例
清算组织	银联云闪付、VISA Checkout、MasterPass、NetsPay、NPCI BHIM 等
银行 App	招行掌上生活、平安壹钱包、ChasePay、KBLiiv、Alfa-Click、BarclaysPingit 等
第三方支付	PayPal、YoYo、WeChatPay、Paytm、Skrill、Allied Wallet、Paylib 等
电商平台	AliPay、AmazonPay、LyfPay、YandexMoney、JumiaPay 等
卡包工具	HuaweiPay、ApplePay、GooglePay、SEQR、StarbucksCard 等
独立储值账户	美团余额、Suica 等零售商、Meta Messenger、LINEPay 等社交工具的钱包
本地虚拟卡包	餐卡、会员卡、公交卡等，本地系统记账，充值结算到商家银行账户，无法提现

与每次购物分散的支付凭证相比，电子钱包提供了更好的储值、电子记账和小额支付体验，在网上和实体店都可以使用。清算机构提供电子钱包可以有效提升交易量，印度国家支付公司 NPCI 推出官方 BHIM 支付应用；美国清算组织 ZellePay 可即时支付，集成银行服务并可绑定账户，支持汇款、消费、储值和投资等；新加坡支付清算龙头公司星网 NETS 类似当地境内卡组织，有多种支付产品，如移动钱包 NetsPay、卡服务 FlashPay、支票处理服务 CTS 等。

银行借助 App 努力获取 C 端用户，诸如 Moneta 等互联网银行，同时，这些互联网银行除了聚合能力，在体验方面也已经大幅领先于一般金融机构。丹麦 60% 的人经常使用 Danske 银行的支付钱包 MobilePay；西班牙 BBVA 号称是 21 世纪的开放数字银行，其电子钱包已推广至全球多国；英国 Pingit 移动应用能让任何有巴克莱银行账户的用户通过手机号或名字进行便捷收付款，用户只要输入部分个人资料来确认身份，然后以 PIN 码进入账户即可。各种类型的境外电子钱包举例如图 5-6 所示。

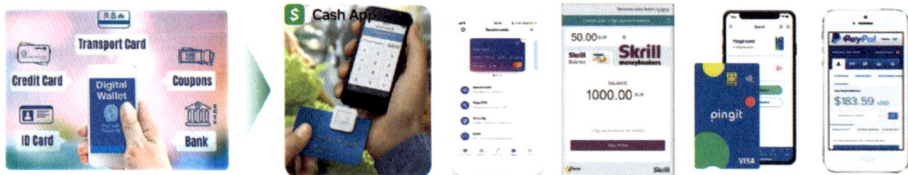

图 5-6 各种类型的境外电子钱包举例

电子钱包作为大型电子商务支付品牌的分支，支持多种本地付款方式，用户可以使用其进行在线购物或支付生活账单。例如，日本的 Yahoo Wallet 和 Rakuten Wallet 等；拉美最大电商平台 MercadoLibre 的线上支付工具 MercadoPago，在多国设有电子钱包业务；国内跨境电商 Jollychic（执御）的 JollyPay 与当地 NoonPay 成为首批在阿联酋获得支付牌照的企业。

很多发达市场的电子钱包普及速度不如新兴市场。印度正在推动数字支付革命，实施更多的 KYC 法规，这将广泛影响非银行电子钱包，但官方 UPI 支付通道不受约束，包括 Paytm、Ola、PayU 等电子钱包都支持通过 UPI 实时到账。俄罗斯 RBKMoney、QiwiWallet 等综合支付钱包汇集了钱包余额、银行转账、信用卡、手机支付、储蓄卡、线下 ATM 等十多种支付方式，支持线上消费及余额提现到银行账户，使用范围覆盖独联体地区，无拒付风险。中东国家对金融的管控都比较严格，多数支付公司进入这些国家都以做中间通道为主，规模较小，该地区流行的电子钱包品牌有 Onecard、CashU 等，可以通过网银或线下购买充值卡去充值，但是电子钱包之间不能转账。

电子钱包有显著的区域性，在本地市场占绝对优势。澳大利亚流行的支付钱包 POLi 可以覆盖 90% 的顾客，其作为实时转账工具，具有领先的在线银行支付系统，并支持众多银行。韩国境内最大的移动支付应用是 Toss 钱包，另一个移动支付应用 KakaoPay 除了支付收单，还提供税金缴纳、保险、信用分数、借贷、股票等综合金融服务。波兰的 Przelewy24、荷兰的 iDEAL、奥地利的 EPS、比利时的 Bancontact、土耳其的 Troy 等都是支付名企，巴西的 RappiPay、墨西哥的 Todito、挪威的 Vipps、巴基斯坦的 Easypaisa 等电子钱包也各具特色。老牌汇款机构 Skrill 钱包支持全球 40 多种货币交易，支持不绑卡收款和付款。

华为、小米、苹果等智能手机附带钱包应用，是对实体卡或银行账户的封装，可以将各类卡、证、票、券、钥匙等装进卡包，支持添加银行卡、交通卡、电子身份证、会员卡、门禁卡、智能锁等功能，其本身不是第三方支付，而是银行传统 POS 机刷卡的虚拟化体现，即将刷卡变成"刷手机"。钱包应用本身没有资金账户体系及相关清结算业务，而是借助 NFC 功能提供了一种安全、便捷的离线移动支付方案。

5.5　预付卡

预付卡（Prepaid）也称为预付储值卡，先付费后消费，与银行借记卡相比，它不与持卡人的银行账户直接关联，也不与个人信息关联管理，实际上是现金或代金券的电子化。通常，预付卡用虚拟卡号（支付令牌）代替账户真实信息，图 5-7 所示为欧洲 AstroPay 预付卡支付流程，操作简单，付款后不能由买方再撤销退回，商户没有收款风险。预付卡的储值类型包括一次性充值的预付卡（如数字礼品卡）、可循环充值的预付卡、带 Checking 账号的预付卡等。预付卡具有可匿名性，这对消费者来说相对安全，通常无须注册或认证，符合部分网络消费人群偏好，是没有信用卡的未成年消费者、对个人信息高度敏感、无法开设账户或无支付账户等人群的首选支付方式。

图 5-7　欧洲 AstroPay 预付卡支付流程示意

　　预付卡充值后可以在使用范围内的不同商户进行消费。市场上流通的预付卡主要分成两大类：一类是单用途预付卡，企业通过购买、委托等方式获得制卡技术并发售预付卡，该卡只能在发卡机构内消费使用，主要由电信、商场、餐饮、健身等领域的企业发行并受理；另一类是多用途预付卡，主要由支付机构发行，该机构与众多商家签订协议，布放受理终端机或接入支付网络系统，消费者可以凭该卡到众多的联盟商户刷卡或在线消费。公交卡也是一种预付卡，属于指定业务和地域范围的预付卡。典型的多用途卡有斯玛特卡、得仕卡等。预付卡可以用来消费或取现（有的不允许），有些预付卡允许信用卡充值（消费形式），大多数预付卡产品都有金额限制，有些不允许使用多张卡/代金券来支付一笔交易。境外各种类型预付卡如图 5-8 所示。

图 5-8　境外各种类型预付卡

　　支付机构接入本地流行的预付结算工具，可提升跨境交易的客户体验。多数预付卡通常不会在金融网络上运行，但获得对接授权相对容易。世界各地的预付卡有多种发行形式，不同类型机构发行的预付卡如表 5-4 所示，总体发行趋势是增加电子账户、兼顾线上与线下支付等功能。

表 5-4　不同类型机构发行的预付卡

机构	发行预付卡举例
银行	美国 Divvy 公司与 WEX 银行合作开发预付卡，开卡费为 5 美元/张，对首次存款金额无要求
卡组织	从 MOVO 开户 VISA 虚拟信用卡、Kaiku VISA 预付卡，开卡费为 2.95 美元/张，充值后可退余额
零售商	乐天 Edy 可用搭载 FeliCa 的手机和 Edy 预付卡支付的服务
支付商	第三方支付 CashU、AstroPay、Lydia 虚拟预付费卡，可用于多国在线交易
运营商	电信公司 NTT 的 Net Cash 预付式电子货币是可记录的匿名电子现金支付系统

　　Paysafecard 是一家预付卡支付机构，在欧洲业务范围广泛，其影响已延伸到北美、拉美等地区。消费者使用 Paysafecard 预付卡或代金券，不用填写任何个人信息，支持在线付款，通过短信验证进行支付，付款从账户余额中扣除，用户可随时查询账户余额。表 5-5 为 Ukash 与 Paysafecard 的预付卡支付功能对比，终端客户购买 Ukash 代金券，在支持 Ukash 支付的网站上购物，用代金券凭借密码进行支付，经由 Ukash 支付系统验证；如果折现，Ukash 会收取用户一定的兑现费。预付卡 MOL Points 是东南亚地区最大的在线服务电子支付商，提供 MOL Pay 在线内容支付方案、MOL Wallet 手机钱包、MOL Reloads 数字内容及话费预付卡业务等。Neosurf 是法国及多个法语国家比较流行的一种预付卡，用户无须注册账户，可以匿名在线支付，且没有交易限制。

表 5-5　Ukash 与 Paysafecard 的预付卡支付功能对比

功能	Ukash	Paysafecard
支持币种	GBP, EUR, USD, PLN, SEK, ZAR, CAD, AUD, NOK, DKK, CZK, EEK, LVL, HUF, MXN, NZD	EUR, USD, GBP, CHF
限额	£ 500/天，5 张面值不超过 100 欧元代金券	无限制
特点	无拒付、无保证金，无须银行账号、个人信息，等同于使用现金消费，有效期 12 个月	无须保证金、无拒付，实时交易，不需要银行账户、个人信息，使用率高
充值	支持 21 个国家的超市、便利店、加油站等，大面值可自由分割成面值较小的几个 Ukash 号码	支持 31 个国家超过 45 万个销售点面值 10~100 欧元的代金券
流程	网站选择 Ukash 为支付方式，输入 19 位 Voucher Code 确定支付完成	网站选择 Paysafecard 为支付方式输入 16 位 PIN Code 确定支付完成

　　礼品卡（Gift Card）或可充值消费券（Recharge Voucher）也是一种安全的、匿名的预付卡支付方式，当消费者支付时，不用担心身份或财务信息泄露，也没有购买方式和费用的限制。美国 Openbucks 礼品卡可以从零售商购买，也可以在数百个网络游戏和电商网站在线购买，也支持在 CVS、Shell、Circle-K 等便利线下渠道购买，使用该礼品卡可以购买到的物品大多是游戏中的虚拟商品。韩国有 Happy Money、Teencash、T-money、Oncash 等礼品卡，可以用于线上/线下支付。日本 BitCash 是一种可以在便利店购买或在线充值的预付卡，以点数来计算，实时到账，没有使用期限，使用 16 位平假名 ID（预付款号码）即可在线付款，无须个人信息，用于支付在线游戏、社交网络、电子书、视频和音乐下载等，可在有年龄限制的支付情景中使用，具有完全匿名性。日本西瓜卡 Suica 原是一种储值的非接触式智能卡式的乘车票证，用户注册相应的应用程序该卡就可以成为用于消费的电子预付卡，适合小额支付，有单笔限额。

5.6　代扣代付

在新经济环境下，消费者广泛接受订阅、包月及会员续订等服务，代扣已成为一种更为普遍的支付方式。直接借记（Direct Debit）付款也称预授权支付，是银行接受客户收款委托，按照协议从消费者账户直接划款至商家账户的一种结算形式，主要用于周期性付款（账单）或小额采购，如流媒体、软件服务、会员资格、特殊商品等场景。代扣在国内外都比较常见，其与电子自动转账相结合，代扣的付款方式包括信用卡、借记卡或电子钱包等。若设置代扣付款，则付款人必须为商户设置其账户的授权，完成直接借记的接口由商家控制，将启动代扣指令发送到银行或支付机构，可用于单笔（一次性）或经常性代扣。用户授权签约后，第三方机构即可将资金从用户的签约账户里划走，在首次支付后，机构可根据订阅周期进行自动扣款，减少持卡人重复支付和忘记续费的麻烦。代扣属于银行的中间业务，支付过程为电子转账，无中间费用，图 5-9 所示为澳大利亚 BPAY 账单缴费代扣方式，银行代扣接口会开放给水、电、煤、网等公共服务类机构。

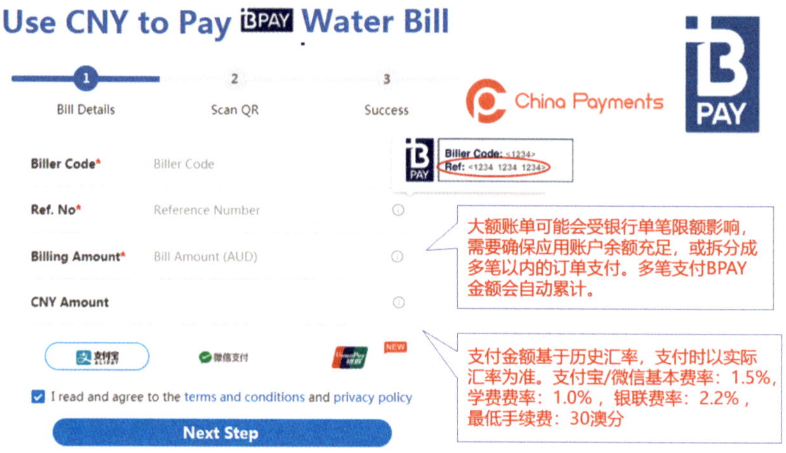

图 5-9　澳大利亚 BPAY 账单缴费代扣方式

说明：BPAY 是由澳大利亚主流金融机构联合推出的账单缴纳系统，常用的水、电、煤、网、话费、罚单、学费、会员费等账单，都可以通过 BPAY 缴纳。当付款时，需要提供账单上 BPAY 的两个关键信息：收款机构代码（Biller Code）和用户在该机构的账户号码（Reference Number）。欧洲的 RatePAY、FastPay、EaziPay、AccessPay、EazyCollect、SmartDebit、B4payments 等支付机构都提供订阅支付。

直接借记付款为商家提供了一种相对便宜且有稳定客源的收款方式，以帮助商家留客及增加销售。在欧洲，SDD（SEPA Direct Debit）不涉及银行卡网络，交易都直接发生在银行之间，其使用率很高，用于经常性付款到期。付款人在账户借记后的 8 周时间内，可随时向收款人提出无争议退款，按要求贷记回付款账户；未经授权的交易，消费者可在结算后 13 个月内要求退单，提供此类方案的支付商则需要承担违约支付和退款的风险。在印度，代扣用户的授权过程比较复杂，需要输入手机验证码授权代扣，如图 5-10 所示，代扣方式分为定时定额代扣（Periodic Plan），按需不定额或不定时代扣（On Demand Plan）。

图 5-10　印度输入手机验证码授权代扣

企业端的批量代扣或代付，一般是通过 ACH 清算方式进行的。要使用这种低价支付通道，需要找到能代理 ACH 交易的银行，即原始存款金融机构（ODFI），类似收单行，支付机构按规范上传 ACH 交易文件明细，包含要向谁借记或贷记的信息，如路由号、银行账号及交易金额等。当 ODFI 收到 ACH 报文后，会把它转交给央行，央行再转发给接收存款的金融机构（RDFI），两方银行完成相应的账户借记和贷记，前提是确保付款方账户开通授权的自动转账功能[1]。SlimPay、GoCardless、Dwolla、NuaPay 及 BlueSnap 等支付商提供代收付 API，为希望执行定期付款计划的商户提供方案。

5.7　先买后付与分期付款

近年来，消费金融在电子商务中受到推广，许多在线零售商以某种形式提供后付款（Pay Later）、未结发票（Open Invoice）和分期付款（Instalments）选项，为消费者提供了

---

[1] Edward Kim，*How ACH works: A developer perspective.*2020

一种"先消费、后付款（Buy Now Pay Later，BNPL）"的支付方式，随着大量消费者支出转向在线平台，BNPL 的支付方式大幅提高了消费者的购买力。在新兴经济体中，这种数字化新服务的便利性和可承受性使在线交易的延期付款行为日益增长。通常，消费者面对不能立即负担的高价物品，很容易放弃购买行为，赊购、消费信贷、分期付款等后付费方案会显著提升消费者转化率和客单价，从而提高商家销售额。提供后付款方案的支付商提供付款保证，买家在账期内付清，商家会收到全款；支付商承担违约风险，通过某种保险或接管开票过程来保证向商家付款，会先对购物者的风险状况进行评估，然后实时判断接受或拒绝订单，使得买方违约或欺诈的风险较低。德国电商网站为客户提供 BNPL 支付方案如图 5-11 所示，这是欧洲网购 BNPL 的常见形态。BNPL 是另一个潜力巨大的非银行信用卡市场，在全球金融创新领域非常热门，下面介绍几种典型的 BNPL 支付业务实现模式及流程。

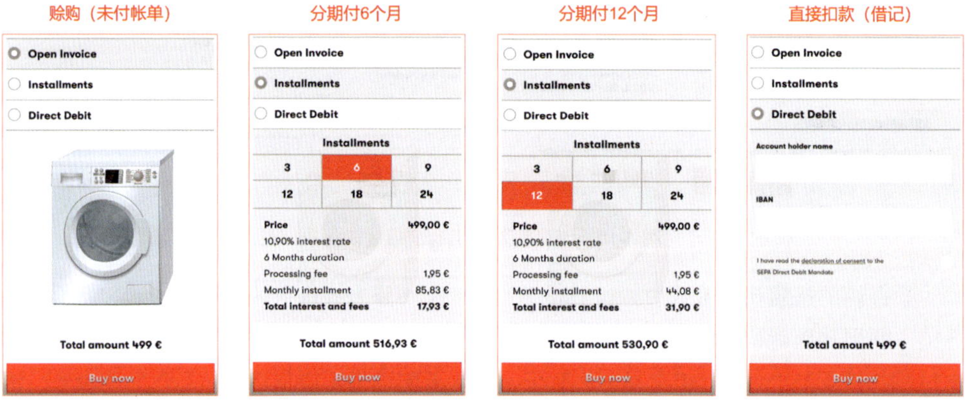

图 5-11　德国电商网站为客户提供 BNPL 支付方案示例

一是平台为自身的商品提供 0 息分期付款，类似赊销，由于平台与消费者签订的是买卖合同，因此不违反法律规定，不需要平台拥有相关的金融资质。具有大规模交易的平台为了吸引客户或运营会员权益，一般都能够提供这类服务，允许消费者无息灵活还款。未结发票付款常见于欧洲，交货后开票付款或多次分割开票付款，消费者不支付额外费用或利息。如果商家不具备消费者信用风控能力，那么这种方式将承担较大风险，因此这种模式仅限于高等级认证会员或 B2B 类等少数场景。日本 atone 应用实现 BNPL，允许消费者购物后在下月付款。

二是基于信用卡或分期借记卡，联合银行营销，风险由发卡机构承担，这类分期付款没有拒付风险。如果卡方接入电商平台后进行"品牌隔离"，支付时展示的是卡方品牌，卡方自定义了分期付款的到期日期、逾期通知周期等，那么这对消费者来说就形同只是电商平台接入的另一种支付方式。很多银行在原有信用卡分期基础上推出基于订单的分期付款方式,当与银行签约的商户让消费者可选择分期消费时,要采集消费者 KYC 及交易信息。欧洲 Jifiti、Sezzle、AfterPay 等交易规模大,不允许消费者超过信用额度;只要使用 Splitit 进行购物,消费金额就会在消费者现有的信用卡或借记卡上体现,Splitit 每月根据消费者所选分期付款的总数向消费者的信用卡收费,直至消费者全额还款,通常的费用是每笔交易手续费加上每笔分期付款的名义手续费(不含商户增加费用)。

三是消费信贷(Consumer Credit)由消费金融机构为商户和买家提供在线即时信贷分期方案。按照相关监管规定,消费金额机构提供资金给买家,属于借贷,不收取免息期的费用或利息,如出现违约,则属于金融借款纠纷。国内消费金融机构需要相关牌照资质,规定为"不吸收公众存款,以小额、分散为原则,为中国境内居民个人提供以消费为目的的贷款的非银行金融机构"。与信用卡分期不同,这种 BNPL 与传统金融完全隔离,通过购买时的即时信用来为消费者分期,简化了传统的信贷审批流程。消费者可以将购物费用分摊到几个月并支付利息,商家无须付费。新兴消费金融公司背后一般的出资方是银行、保险、小额贷或保理等机构。电商平台只负责卖自己的商品,至于在支付过程中哪些人可以使用分期支付则主要由消费金融公司决定,消费金融公司作为风险控制方,承担分期后资金无法收回的风险,坏账或者延期还款之类的风险不能让平台或商家承担。在美国,苹果公司拥有开展相关贷款业务许可证,提供 Apple Pay Later 先买后付,没有利息,并可嵌入 Apple Pay 支持的支付商所关联的商家,不收额外佣金。另外,包括 Amazon Pay、PayPal、Stripe、Shopify 和 Block 等支付机构都在向从事平台销售的小企业提供融资。

案例:Klarna 为用户提供 6~36 个月的消费分期服务,用户在 Klarna 合作商户处进行消费,可享受 0 利息、0 手续费的分期服务,如分 4 期支付,用户首先付 25%的首付款,其余 3 期每两周偿付一次。若出现还款逾期,则超过 10 天会先进行邮件提醒,然后再进行催收,向用户收取最高 7 美元的逾期费,但不超过订单总值的 25%。该服务在美国的融资方为工业银行 Web Bank,Klarna 提供的 6 个月以上的分期,日利率为 0.05477%,折合 APR 为 19.99%。

电商平台要保证自己提供的商品或者服务质量,而且属于正常交易,若因交易纠纷带来风险,则平台要承担责任。有时,境外电商平台背后与许多消费金融供应商合作,但客户可能看不到这些品牌,平台从中牟利的同时要承担风险。由于网络平台开始争夺低消费人群,对金额供应商的分期资质审核标准不断降低,因此给了"黑灰产"等可乘之机,从而提高了坏账率。如图 5-12 所示,日本亚马逊引入 Paidy 月结付款方式来提升在线交易率。

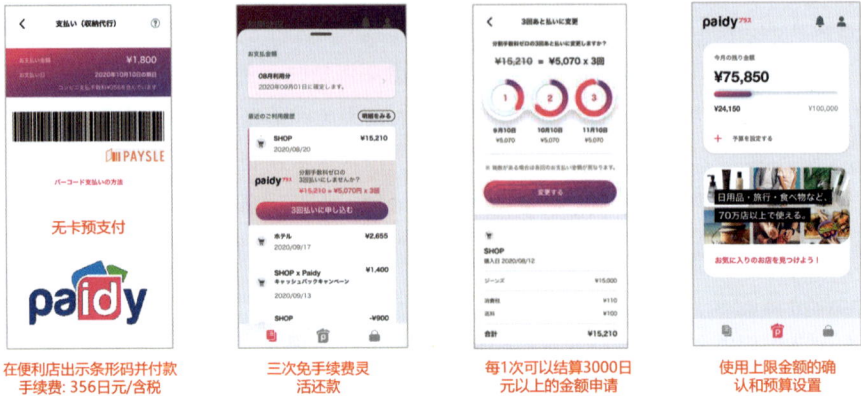

在便利店出示条形码并付款　三次免手续费灵　每1次可以结算3000日　使用上限金额的确
手续费：356日元/含税　活还款　元以上的金额申请　认和预算设置

图 5-12　日本 Paidy 月结后付费方案介绍

说明：日本亚马逊导入 Paidy 月结支付方式，商家使用 Paidy 无卡预支付，顾客只需输入姓名、手机号和邮箱来结账即可，通过短信或语音来认证，完成付款和商品订购，类似一个虚拟的信用卡。Paidy 提供各种还款的方式，"月结支付"货款账单会在次月 1~3 日通过邮件或短信通知，消费者在当月 10 日前可通过便利店支付、银行汇款、银行转账或自动借记等方式来结算账单。

后付费的流行，催生出众多消费信贷科技创业公司，这些消费信贷科技创业公司为商家提供开放的分期付款和后付款结账解决方案，处理整个付款流程并承担默认的付款风险，同时与传统信用卡公司竞争。据调查，欧洲 Mash、CreditClick、Divido 等信贷方与购物者之间约定的普遍信用期限是 12 个月，更长的有 40 个月和 60 个月。著名的分期服务商有美国的 FuturePay、Affirm、Uplift 等，瑞典的 Swish、挪威的 Vipps、丹麦的 MobilePay、加拿大的 Flexiti、新加坡的 Atome 及 Rely 等。万事达旗下的 Vyze 贷款融资技术方案平台，将商户与多个贷方联系起来，使它们可以在网上和店内为客户提供信贷选择。法国支付商 Lydia 与 BanqueCasino 银行合作推出即时贷款服务，为客户提供短期小额信贷。支付宝、Adyen 和 Klarna 合作，允许 AliExpress 的购物者使用 Klarna 的后付款支付方案，提升了欧洲的线上交易率。

国内的消费金融分为银行系、产业系和互联网巨头系三大类，市场整体不如欧美市场活跃，银行系凭借具备专业金融基础占市场主体；产业系的金融业务过分倚仗其内部场景和渠道，在服务、评估、风控、催收等方面薄弱；引领市场的还是嵌入消费场景的互联网巨头系，蚂蚁花呗、京东白条等从为自有生态体系用户授信到逐步外延。与后付款相反的是预售及预付款（Prepayment），需要支付功能与订单管理结合，这种服务在本质上与支付方式无关，多属于营销手段。

5.8 现金与到付

在发展中国家，现金付款（Cash）仍然是重要的支付方式。数字支付的创新，不会改变现金结账的法定地位，这类支付包括线下付款、柜台结算、ATM 转账、货到付款等。现金支付主要分为两类：一是货到付款（Cash On Delivery, COD），或 Amazon 称之为 POD（Pay On Delivery），当订购的货物被运达买方时，买方付款给承运商后交货，买方虽然不能通过承运人撤销付款，但签收率低、容易拒收，图 5-13 为印度跨境电商 COD 结算模式示例。二是电子记账、账单支付，买方打印付款凭证或电子参考号，在售货点、报刊亭、便利店、邮局、自动售货机等线下渠道进行网点支付或到银行付账，商家收款后再发货。

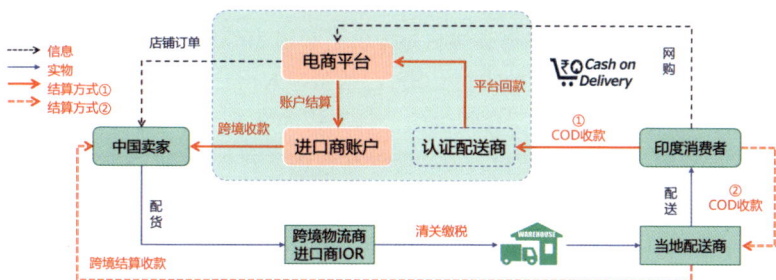

图 5-13 印度跨境电商 COD 结算模式示例

在东南亚、中东、拉美等欠发达地区，很多人并没有银行账户，所以现金支付仍必不可少。图 5-14 所示为多个地区现金支付的不同表现形态。部分发达国家的线下渠道发达，对现金支付也有一定需求。日本购物者习惯货到付款，或在便利店支付现金，在许多日本城市中便利店都作为物流枢纽及支付中心，用户在网上下单后可以去 Lawson、FamilyMart、CircleK、Ministop 等便利店完成支付。墨西哥 Oxxo、印度尼西亚 Kudo、美国 PayNearMe、德国 CashtoCode、Viacash 及法国 YesByCash 等提供现金券支付方案，支持存取款、网上购物及缴费等。

有些消费者喜欢在线订购商品，收到货物后再付款，这种情况在欧美相对较少，德国有小部分"凭票付款"的消费群。亚马逊现金（Amazon Cash）于 2017 年推出，允许客户通过显示条形码（物理打印或数字打印）或与亚马逊账户相关联的电话号码，在 CVS®或 7-11®等将现金免费存入数字账户。为了争取那些已经拥有活跃零售市场的欠发达市场，亚马逊 PayCode 于 2019 年上线，提供离线现金支付服务，消费者在下单后会获得二维码和一串数字，之后于 24 小时内前往某个西联线下店进行现金支付；如果消费者退货，西联汇款也会将现金返还给消费者。

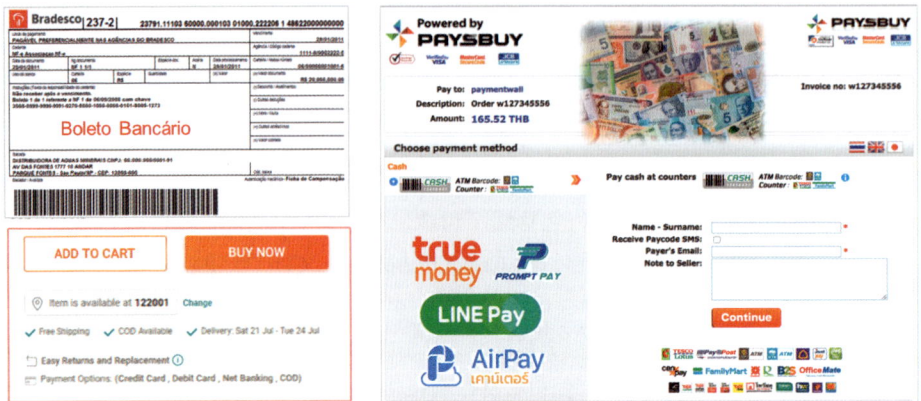

图 5-14　多个地区现金支付的不同表现形态

巴西 Boleto 现金券在当地占据支付主导地位，超过 30%的在线购物使用该支付方式，是跨境电商进入巴西市场必接入的支付方式。巴西当地人用它来支付生活账单，如水电费、税款和罚款等。Boleto 是商户向买家提供的一种形式发票或付款水单（Payment Invoice），由巴西国内银行共同支持，银行负责代收资金并将钱结算到商家银行账户。买家根据Boleto付款单在提款机、银行、邮局、零售商进行现金付，或通过网银支付。Boleto 付款后不会产生拒付和伪冒，保证商家的交易安全，退款跟原始的支付没有关联，需通过签发支票或银行汇款等方式手动转给消费者。

> 说明：Boleto 的付款流程：银行给商家账户开通收 Boleto 的权限并设定费率，Boleto 上面有银行、收款人、付款人、付款金额、有效期等信息；选择银行支付，输入 CPF/CNPJ（身份）、CEP 邮编、E-mail 等相关信息，提交生成带有条形码的凭证后，供客户打印、复制或使用手机扫描条码，在实体店或通过银行 App 确认订单，完成线下现金付或在线付款。跨境消费支付的单次及每月额度不能超过 3000 美元。

阿根廷 PagoFácil 账单支付拥有虚拟账户的收款网络及全国广泛的线下网络，若消费者在结账时选择该付款方式，则输入相关信息，在线创建带有明细的账单凭证，打印或截图保存该账单到线下网点进行现金支付，账单上有付款码和付款金额，付款无须支付额外费用，实时到账。乌拉圭 Redpagos 也是一种类似账单的现金付款方式，提供水单收据、手机充值、工资、税款、门票等收付款。由于印度尼西亚部分人没有银行账户，所以当地最大的连锁便利店 Alfamart 提供现金支付业务，消费者在线购物后到便利店完成现金付款，向便利店收银员出示付款代码并支付现金，在消费者确认付款后，商家会收到这笔订单的付款通知。

尽管大量资本涌入东南亚、印度、东欧、非洲等地区的支付市场，COD 仍然是当地流行的支付方式。但是，如果缺少对先发货的风险控制及恶意客户黑名单管理，那么 COD 的货物拒收 RTO（Return To Original）问题就会突出，而且还普遍存在严重的海外退货库存、进口税、资金出境等本地化财税方案难题。为了提高 COD 签收率，这类电商订单发货前要做收件人信息、地址校验等本地审单工作；而收款后的财税合规通常需要建立本地贸易公司来确保资金流的合法性。

5.9　电子货币/数字货币

狭义的电子货币，本质上是法定纸币的电子化形式。包括银行卡、网银、电子余额等，这些电子货币无论其形态如何，通过哪些机构流通，都仍是中央银行发行的法币，不具备独立的发行模式和货币量要求。各种数字化货币与代币形式的比较如表 5-6 所示，主权数字货币和电子钱包的绑定关系已经被重塑成货币与人的绑定关系。例如，欧洲 EMI 牌照的支付机构可以开展数字支付、电子货币和法币汇兑等类似商业银行的完整金融服务。公有链上的加密货币（Cryptocurrency）具有去中心化、无国界的特点。

表 5-6　各种数字化货币与代币形式的比较

类型	电子货币	虚拟币	主权数字货币	私链数字货币	公链数字货币
发行主体	金融机构	网络运营商	金融机构等	企业/协会	无
使用范围	一般不限	网络企业内部	不限	不限	不限
发行数量	法币决定	发行主体决定	法币决定	无限	一定或无限
储存形式	磁卡或账号	账号	数字	数字	数字
流通方式	双向	单向	双向	双向	双向
货币价值	与法币对等	与法币不对等	与法币对等	与法币对等	与法币不对等
信用保障	政府信用	企业信用	政府信用	储备资产信用	无
交易成本	较高	较低	较低	较低	较低
安全性	较高	较低	较高	较高	较高
发行机制	中心化	中心化	中心化	中心化	去中心化
典型代表	银行卡、交通卡、支付余额	游戏点卡、Q 币	各国央行发行的数字货币	Diem	比特币、莱特币

加密货币不依靠货币机构发行，而是由特定算法通过大量的计算产生的，本身由复杂的计算机代码组成，用整个 P2P 去中心化的网络中众多节点构成的分布式记账，这与集中式中央银行系统机制相反。加密货币基于安全加密技术来控制创建、交换，并验证资产的转移，任何人都可以利用特定的软件挖掘生产，并通过网络在全世界范围内进行匿名交

易。没有法定货币的主权背书及法律保护，随着算力的进步，如量子计算，这种加密货币的安全性会受到威胁。

加密货币可参与合约交易、质押借贷、理财等业务，也有被用于跨境支付、多方监管、价值存储等币圈外需求。加密货币支付是通过加密钱包进行的，从一个加密钱包到另一个加密钱包，也可以通过交易中介兑换至相关支付账户，收款与付款人之间没有第三方，不允许撤销付款。

加密货币具有技术开创性，但几乎完全脱离监管，与现行法规严重冲突，仍处于合规性的争议中，投资风险很高。去中心化、不可追溯性、账户匿名等特性不符合各国货币监管初衷，对于资金流动没有实名追踪链条，会导致利用加密货币从事洗钱等违法犯罪活动。以比特币为代币的加密钱包，仅对私钥进行管理，功能单一，只能在链上封闭运行，银行账户体系与代币体系完全隔离，很难将加密钱包应用于现有金融服务和交易场景中。少数地区默许加密货币可用于日常支付，大多数地区则禁止金融机构提供相关交易服务，与法定货币之间也没有兑换标准。由于加密货币缺少第三方审计监督，因此很多高风险商家、不合规交易会选择加密货币作为优先支付方式。

Meta（Facebook）推出了数字货币 Diem（原名 Libra），能够兑换美元和其他国际货币；社交媒体平台 Kakao、Line 及 Vkontakte 等也在开发自己的加密货币。各国央行逐渐意识到其货币主权受到冲击风险，所以很多国家推出官方数字货币——中央银行数字货币（Central Bank Digital Currencies，CBDC）。CBDC 对提高跨境支付效率和改进外汇机制有巨大潜力，并可能对宏观经济带来影响[1]。CBDC 是主权法定数字货币，也是由国家发行的、法律承认主币地位的数字货币，如委内瑞拉发行的石油币 Petro，欧洲央行发布的名为 EURO Chain 的央行数字货币，中国人民银行的数字人民币（e-CNY）。

> 介绍：数字人民币钱包的核心是一对公钥和私钥，公钥地址里面存放人民币数字凭证，这个凭证不是完整意义上的区块链内 Token，但在很多关键特征上相似，并基于 100%人民币准备金发行。用户通过钱包私钥，可以发起地址间转账交易。转账交易并不像公链内 Token 交易那样，先广播到点对点网络中，再由矿工打包进区块并运行共识算法，而是由央行直接记录在中心化账本中。数字人民币发行登记系统由央行负责维护，不需要共识算法，区块链主要辅助数字货币的确权登记，没有性能瓶颈。

数字人民币既不同于基于账户的钱包，也不同于加密代币钱包，是能够替代传统实物货币完成数字支付和支撑其他金融和商业需求的数字化实体钱包。中国人民银行数字货币

---

[1] BIS/WorldBank，*Central Bank Digital Currencies For Cross-Border Payments Report*.

模式与现有模式对比如图 5-15 所示，这套系统包括中国人民银行和商业银行的数字货币系统及认证系统。数字人民币是现金的数字化，其作为法定货币，具有无限法偿性，属于央行负债，用于日常支付，具有高度防伪性。数字人民币以广义账户体系为基础，作为现金的补充，实现方案主要有两种：一种是央行直接发行、管理和回收数字货币，央行直接管理，体现为独立的数字钱包形式；另一种是数字货币钱包挂在银行账户之下，复用银行账户的 KYC，利用既有的银行账户基础，实现双层银行体系。

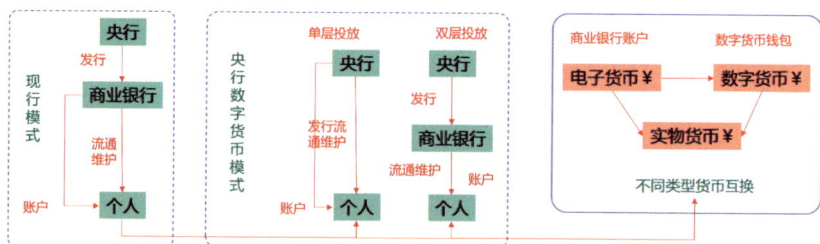

图 5-15　中国人民银行数字货币模式与现有模式对比

CIPS 与 SWIFT 的跨境支付都基于银行账户，境外银行需要有人民币业务，境外企业和个人需要开设人民币存款账户。手机终端天然是数字钱包的载体，使用者拥有数字人民币钱包，建立双离线、安全的执行环境，比开设人民币存款账户更容易。数字人民币跨境支付模式如图 5-16 所示，跨境汇款不需要使用银行国际代码。数字人民币能有效扩大人民币在境外的使用范围，甚至重建贸易结算体系，这将是未来支付领域的一大变革，是值得关注和布局的产业链。

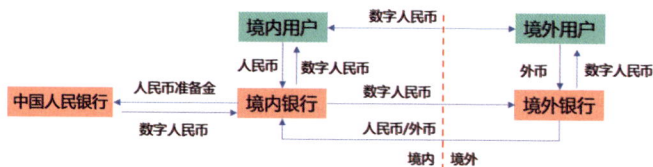

图 5-16　数字人民币跨境支付模式

自 2009 年比特币发布以来，已经有数千种的替代变种或其他加密货币发行，如 Ethereum、Dash、Mixin、Zcash、BitGo、Coinify、Litecoin 等，加密货币市场的估值达到数万亿美元。要实现使用加密货币支付，用户需要具有加密功能的货币钱包，通过存储私钥和公钥与各种区块链交互，以使用户能够发送和接收数字货币并监控其余额。目前全球已有不少加密货币钱包用户，如果用户想要通过现金或借记卡购买加密货币，则需要通过在线交易所、加密货币钱包 Binance、Coinbase 等，或者比特币 ATM 这样的特殊设备。接受比特币和其他加密货币的场景和企业仍然占少数，客户可通过加密货币支付网关进行支付。

银行也在探索加密货币，摩根大通在 2019 年初创建了 JPM Coin，这是一种数字令牌，是基于区块链的即时支付技术的数字代币，代表在摩根大通指定账户中持有的美元。

> 说明：泰达币（USDT）是"铆钉币"按 1:1 比例锁定美元，由 Tether 公司发行，即每发行 1 个 USDT，Tether 公司在银行存储 1 美元作为保障金。类似于 USDT 的稳定币有很多，尤其是数字货币交易所网络平台，比较知名的有 PAX、USDC、TUSD 等。

据估算，基于区块链的 B2B 跨境支付与结算，通过减少跨境支付环节、提高结算效率，可以使每笔跨境交易的成本从约 26 美元下降到约 15 美元。实际上，区块链金融科技存在一些误导，并夸大了实际适用的业务场景，年轻一代被这种创新产品令人敬畏的波动性所吸引，包括非同质化代币（Non-Fungible Token，NFT）及数字资产衍生品等新概念，众多拥趸是投机炒币的利益相关者和观察者，利用宣传来支撑交易，已经脱离了支付产品创新和技术发展。目前，国内明令禁止发币募资，金融机构不得开展与虚拟货币相关的业务[1]。欧元体系下的代币化交易流程如图 5-17 所示，官方多是借助新技术优化现有支付体系，没有也不大可能改变监管结构，只建议从技术的角度来研判 Crypto（加密币）、NFT（非同质代币）、DeFi（分布式金融）、DAO（去中心化自治组织）、Web 3.0 及元宇宙等应用趋势，正式商业化落地应用仍有待探索。

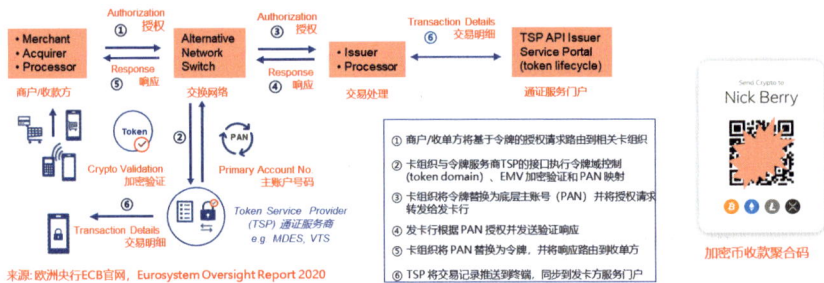

图 5-17　欧元体系下的代币化交易流程

5.10　运营商计费

在全球范围内，手机比信用卡更普及，新兴市场中的手机支付覆盖率更高。直接运营商计费（Direct Carrier Billing，DCB）在不断增加，DCB 支付方案包括预付费和后付费。

---

[1] 中国人民银行等十部门，《关于进一步防范和处置虚拟货币交易炒作风险的通知（银发〔2021〕237 号）》。

在默认情况下，DCB 支付方案可以在任何手机上使用，适用于在线购买数字内容及虚拟商品，如游戏发行、视听订阅、电子书、捐赠和会员费等，买方付款后不能撤销，结算通常是非实时到账的，因为运营商结算有一定周期。例如，游戏商 Garena、流媒体订阅 Spotify 及 Netflix 等，苹果 App Store 及 Google Play 在不同地区都接入了大量运营商支付通道。根据 Statista 统计，2020 年的手机用户数量达 47 亿，由运营商支付的数字内容的交易额达到 500 亿美元，五年增长了 4 倍。运营商支付是触达所有境外消费群体最为快捷的支付方式之一，只要用户有手机，电子支付就触手可及。

由于监管限制、税收和新兴经济体中复杂的生态体系，电信公司部署 DCB 支付方案十分复杂，商户接入存在一些障碍，通常需要借助 DCB 解决方案的支付商，如 Dimoco、Bango、Fortumo、Boku、TxtNation 等，上接多个运营商的计费通道，下接游戏发行、社交网络或流媒体等需求方。由电信运营商向消费者收款，并向商户收取交易费，即使买主不付电话费，运营商也能直接开账单帮助商家回款，而不受消费者银行账户或银行卡的限制。由于业务场景特殊，DCB 支付通道的成本往往较高，分成比例有的高达 20%以上，部分运营商也可以 CPS 合作分成的模式参与支付通道对接，并协助运营推广拉新。

即便在支付体系成熟的市场，运营商计费支付也仍有很大市场，尤其是在泛娱乐（数字内容）消费领域，具有独特的支付体验优势。随着 5G 网络和智能手机的不断普及，DCB 迎来了巨大商机，尤其是在中东、北非、拉美等新兴市场中，银行账户或信用卡等传统支付普及率低，使用 DCB 来为数字内容和流媒体支付费用十分广泛。很多运营商已经成长为有实力的移动支付平台，如印度的 AirtelMoney、MobiKwik 等。在欧洲 PSD2 下，单个 DCB 交易上限为 50 欧元，每月上限为 300 欧元。从 GDPR 监管的角度来看，使用 DCB 的商户无须登录或创建其他账户即可进行支付，也无须在线共享个人数据，付款体验良好。在数字游戏中 DCB 支付很受欢迎，包括 Google、Apple、Netflix 和 Riot Games 等数字商户都接入运营商付款。韩国、日本等国的 DCB 购买范围很广，日本亚马逊支持各大运营商 DCB（如 DoMoCo.d 支付、au 快捷支付）及 BNPL 支付方式，软银汇总支付是运营商汇总每月的手机支付的费用，一起收取订单金额再进行结算。

5.11　虚拟币

虚拟币（Virtual Currency）是一种小众的支付形式，通常是由服务商发行的专用电子代币，用于购买固定网站或平台内的服务，以网络游戏为代表，如网游的预付充值卡、预付金或点卡等形式，类似腾讯的 Q 币。虚拟币由企业发行，不具有法偿性和强制性等货币属性，不能作为货币在市场上流通使用。虚拟币发行申请门槛较低，通常不属于金融监管范畴。在国内，同一企业不能同时经营虚拟币的发行与交易，游戏虚拟币不得支付购买实物，以防止对现实金融秩序可能产生的冲击。虚拟币通常支持在线上或线下代理充值点进行充值，并实时到账，安全性较高，不需要银行卡付款，不限定人群，使用过程不会泄露任何隐私信息。

曾经 LibertyReserve、Pecunix 等网络货币可实现在线收付款，并可兑换成美元，具有等价基础。游戏市场的支付方案如 UniPin、Xsolla 等，提供在游戏内支付虚拟产品的技术方案。东南亚 Razer Gold（雷蛇币）是在全球游戏玩家中最流行的虚拟币之一，拥有虚拟信用积分平台，支持线上信用卡、网银、运营商计费等支付方式，或授权经销商网点进行购卡充值。玩家使用 Razer Gold 储值账户获取游戏点数，可以在数百家开发商的游戏中使用，不支持拒付，无月费。近年来，数字代币、预付卡支付也广泛渗入跨境游戏支付领域。

5.12 支付渠道集成

第三方支付把所有银行网关（网银）集成在一个平台上，聚合多种卡支付通道。为了支持更多第三方支付，电商会开发支付网关集成各种支付渠道，实现统一的支付接口和结算对账等服务。聚合支付或第四方支付将这种集成能力打包成了标准服务，在支付前端承载流量"管道"的作用，实现了支付网关（Payment Gateway）、统一结算（Unified Settlement）及交易反欺诈（Anti-fraud）等功能。商家使用这类集成网关 API 定制收银台，顾客输入付款细节并提交订单，网关对收集的交易信息进行加密，并转发给具体的支付通道，通道对请求做出处理和回应。图 5-18 所示为支付商 Akurateco 个性化客户结账体验。在国内，标准化的第三方支付解决方案往往难以满足长尾需求，尤其是面向中小商户的服务端还存在一些利基市场。例如，把微信、支付宝、云闪付、京东、百度、翼支付等众多支付聚合在一个二维码上，以此方便消费者支付，常见的有乐惠、哆啦宝、钱方、美团收单、收钱吧、扫呗、拉卡拉等。

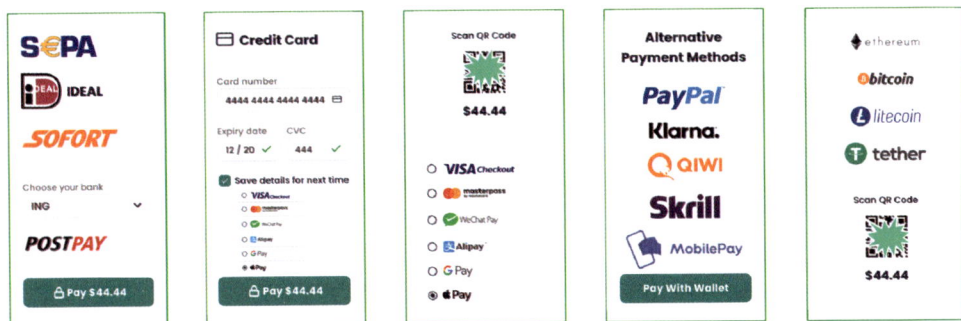

图 5-18 支付商 Akurateco 个性化客户结账体验

网关连接了第三方支付、银行、B 端商户及 C 端用户，集成市场所有的支付接口，通过平台形成统一的支付接口，在电商市场，效率优先，网关连接的这四方机构降低了技术集成难度，为中小型企业提供比第三方支付更灵活、落地更快、门槛更低的定制服务。同时，根据商户场景和业务需求提供创新支付方案，为不同企业所处行业、商品及客户维度提供增值服务，如会员管理体系、多级商户管理、个性化分账、营销分析等方案，根据应用场景提供红包、打赏、优惠券、押金、余额等运营支持与数据服务，满足了市场需求。有一些支付团队把国内的聚合码方案带到境外以服务国内游客，通过建立本地化聚合码在境外落地，扫街、配设备、拼服务费等推广策略仍有效照搬。

> 举例：出海聚合支付 FreePay，聚焦赴日旅游消费退税，是日本观光厅特许的免税系统合作伙伴，获得日本政府电子支付退税授权，是当地电子支付+电子免税政策导入的跨境支付服务商。FreePay 实现与日本 PayPay、FamiPay、乐天 R.Pay、Docomo Pay、Line Pay，以及韩国 KakaoPay、马来西亚 TNG、泰国 TrueMoney、印度尼西亚 DANA、菲律宾 Gcash、新加坡 EZlink 等几十种境外本地电子支付对接，让日本商户接入后可满足各国游客的电子支付需求。

聚合支付提供 SaaS 服务管理，商户先要分别去银行、第三方支付等渠道申请开通支付产品，然后把商户编号、支付账号等参数配置在商户控制台，商户拥有唯一聚合标识 ID，生成商户收款码，商户下载打印后即可使用。通常，渠道收单方收取商户的交易手续费、SaaS 服务商收取技术服务年费或月租。聚合支付负责交易处理，不参与资金结算，所有的资金都由支付通道扣除相应的交易手续费后，按照结算周期直接结算到商户的对应渠道账户，结算账户为申请入网对应支付渠道时提供的账户。聚合二维码存放了支付服务的网址，不同国家或地区的聚合支付二维码如图 5-19 所示，用户扫码后，会访问这个网址，此时系统就拿到了请求代理，通过判断支付通道，调用相应渠道去处理。

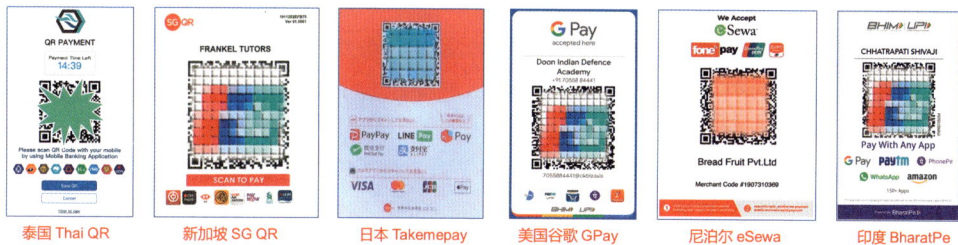

泰国 Thai QR　　新加坡 SG QR　　日本 Takemepay　　美国谷歌 GPay　　尼泊尔 eSewa　　印度 BharatPe

图 5-19　不同国家或地区的聚合支付二维码示例

支付渠道集成提供各种购物车插件 Plug-in、In-App、SDK 及 API 等技术，要结合本地市场特点来开发，支持主流电商系统的标准接口，以及 POS 机、指纹/掌纹、人脸等本地化定制，图 5-20 所示为欧洲市场电商支付方式分类统计情况。支付机构及银行的 API

让支付集成更加容易,很多支付机构也开始提供网关服务。PayPal 提供 Payflow 支付网关,Codapay 是东南亚一种支付集成网关,中东有 Payfort、TAP Payment 等支付网关。欧洲支持 PSD2 即时支付的网关也有很多,Lydia 提供高效的聚合支付管理服务。印度银行及支付机构普遍支持官方的支付网关(UPI),UPI 通道支持原路快速退款 T+0/1 到账。

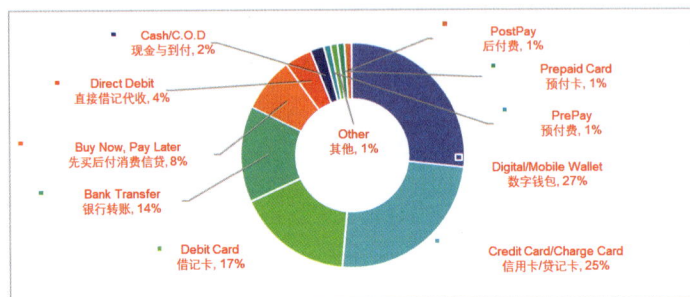

来源:Worldpay Global Payments Report 2022,Europe Ecommerce Payment Methods

图 5-20 欧洲市场电商支付方式分类统计

聚合支付商也提供代理服务,在这种模式下,商户直接把资料给到代理,代理给商家提供配套的收款码立牌(收款码)、收款音响、扫描枪等设备。这种方式的成本费率取决于商户的交易量,如果商户交易量大,那么作为服务商,在支付机构那里会得到返佣奖励;如果商户交易量不大,则会以通道费分润获取收益。如果当地政策允许"二清",支付处理都在服务商的主账户下,则不会给每个商家独立的商户标识。在这类服务里,服务商也要注意对代理方的合规支持,杜绝接入卖冒牌货、假货,以及任何涉及套汇或涉黄/涉赌的不合规业务资金链。

5.13　行业名企

第三方支付的鼻祖 PayPal 是全球领先的使用最广泛的数字支付公司,成立于 1998 年,同时提供个人服务和商家服务,可进行线上支付或收款、用户间转账、跨境汇款等,拥有3.5 亿活跃用户及 3000 万商户的生态优势。基于大数据的客户洞察,通过创新产品和服务,公司逐步从传统的支付拓展为金融服务和商业平台,驱动支付行业的最佳实践。PayPal 不直接向消费者收取资金存取费用,而是通过客户活动获得收入;收入来源中的 90% 是基于支付平台上的交易服务,包括收取外汇兑换费、提现手续费、收款手续费、转账费和贷款产品利息等费用,如客户账户与银行账户之间进行转账,从 PayPal 账户转出余额的收费情况如表 5-7 所示。在 PayPal 的交易分布中,美国本土为 36%,英国为 11%,其他地区为53%,单个活跃账户年均交易 40 笔。

表 5-7　从 PayPal 账户转出余额的收费情况

提现类型	单笔费率（不兑换）	币种兑换费（汇率）
中国内地电汇	35 美元/笔	▪ 美元、加元为 3.50% ▪ 欧元、日元、港币、卢布、澳元、英镑等为 4.00% ▪ 印度卢比等币种为 2.5%
中国香港银行账户	无费用，单笔提现 ≥1000.00 港元	
	3.5 港元/笔，单笔提现 <1000.00 港元	
美国银行账户	35 美元/笔	
申请支票	5 美元/笔	

注：如果使用账户中的余额计价币种以外的其他币种提取余额，将被收取币种兑换费。

用户的 PayPal 支付账户余额金不会获得利息或其他收益[①]，但授权 PayPal 获得用户的资金产生的利息，PayPal 会汇总用于短期投资。这些汇总的资金属于备付金，与 PayPal 的公司资金分开持有，即 PayPal 以其名义将用户资金汇总存放于银行金融机构中，是无息账户，且不能使用这些资金进行贷款或其他业务，按照美国的相关金融法规，如果 PayPal 破产也适用联邦存款保险。

初期，PayPal 采用免费模式获取了大量用户，早在 1999 年就推出了 Money Market Fund 货币基金，以此获得利息收入，由于个人账户的资金流动性大，利率不断市场化、货币政策宽松、银行竞争等因素影响，导致这部分收益率持续下降，无法支撑运营，于 2011 年关闭。近年来，PayPal 仍着力提升核心服务能力，收购海内外多家具有独特技术能力的金融科技企业，如表 5-8 所示。企业中涉及支付安全、客户信息保密、反欺诈等技术，拥有丰富的产品线，包括消费信贷、延期支付、支付营销等创新解决方案。

表 5-8　近年来 PayPal 收购金融科技企业情况

收购对象	被收购企业主要业务范围
Xoom	提供电子转账、跨境汇款服务，用户可在 130 多个国家或地区汇款、支付账单、手机充值等
Braintree	为众多商家提供移动支付方案，提供 Payflow 支付网关集成服务
Venmo	社交分账、出游支出等小额付款软件，可与使用者的支票账号或借记卡同步交易
Paydiant	专为大型连锁零售企业提供授权技术平台"白标"服务，创建其自有品牌数字钱包应用
iZettle	为用户手机和其他移动设备提供支付读卡器、移动支付、POS 机及数字营销等金融产品
Hyperwallet	在多国持有汇款牌照，是亚马逊官方认证的服务商，是一家全球性收款服务提供商
GoPay 国付宝	在并购国内第三方支付机构后，PayPal 成为在中国获得支付许可的国际公司，获得网络支付、移动电话支付、基金支付、跨境人民币支付、预付费卡发行与受理等业务许可
Honey	浏览器扩展工具，整合电子优惠券并自动在电商网站使用，通过交易及转介服务向零售商收取佣金

———————————

① PayPal 官方网站用户服务协议。

PayPal 账户可存放 25 种货币，支持超过 100 种货币购买商品，欧美市场支持 PayPal 付款的网站转化率要显著高于不支持的网站。基于 PayPal 广泛的市场覆盖度，国内的跨境电商及外贸商家多数都注册过 PayPal 账户，PayPal 为消费者提供较严格的权益保护，且更偏向于买家，所以不明理由的退款容易让商户遭受损失。如果消费者未购买商品而被盗付，或者订单未到、与实物不符，商户需要提供这些商品的销售和运送证明。出于对知识产权的保护，PayPal 严查品牌侵权和仿牌产品，时常因故冻结商家账户。

支付是任何一种电商交易的必选功能，其使用的便利性与 C 端流量走势十分贴合，社交网络、电商平台、共享出行等"高频场景"绑定的支付工具，在移动应用中使用频率和市场份额占据优势，在消费支付领域占据主导地位。Amazon Pay 占据在线购物领域，GoPay 则发迹于打车服务，但服务商户端的支付商仍能够通过创新突破而崭露头角。支付商 Stripe 基于"平台的平台"支付解决方案如图 5-21 所示，建立了独特的服务优势，Stripe 被称为"移动时代 PayPal"，起初是为商家提供移动支付收款方案，逐步建立了以"多平台接入+聚合小商户"的一键接入能力。PayPal 的收费规则是基于所提供的不同服务来制定的[①]，相比之下 Stripe 的收费结构更简单，技术对接更便捷，它采用"固定费率+浮动费率"的收费方式，并对于所有卡的收费标准都一样，例如，对所有年交易额 100 万美元以下的客户都收取每笔基础费率模式，对于国际卡或支付失败的情况不收取额外费用；在系统层面，通过与国际卡组织网络的多区域直接连接集成，以预处理减少事务延迟。

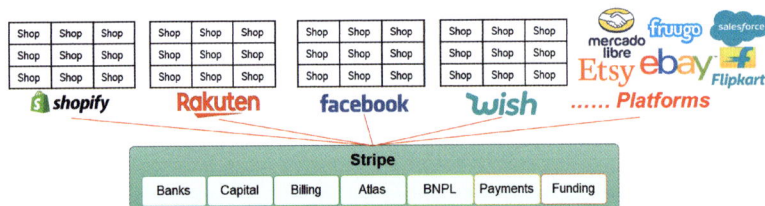

图 5-21　支付商 Stripe 基于"平台的平台"支付解决方案

面对线上支付巨头，另一个支付独角兽 Square 通过线下服务小微商户进行突破，小型商家在移动设备上借助 Square 的刷卡插件接受卡付款，Square 从所有交易中收取一定比例的费用。Square 收取商家手续费为 2.75%每笔，在向发卡行上缴 1.9%的手续费后，分润比例约为 1/3，这仍远高于国内支付企业的收费标准。

所有站稳脚跟的支付科技企业，凭借其技术壁垒、产品与客户拓展，都不会局限于支付、汇款或收单业务，而要试图创建全链条的支付方案，但链条的一些环节仍存在薄弱或空白之处，这就为新一代支付提供了机会。未来，大型支付机构更倾向于获得全功能"数字银行"牌照，成为新一代"Challenger Bank"。

---

① PayPal 官方网站商户资费条款。

第 6 章

支付通道与系统设计

业务系统关注商品、库存、订单、运营服务等方面，而支付系统侧重支付流程的完整性、易用性、安全性，资金合规性及技术可实现性。支付系统的核心逻辑是确定的，但价值实现则是建立在绑定的业务场景上的，要厘清支付产品，选择合适的支付渠道，可以直连通道，也可以打包成一个集成服务。金融体系中的支付系统与电商中的支付功能是完全不同源的，但它们的演进方向、技术应用与架构升级越来越接近，都在追逐客户的支付需求与服务体验，新一代金融行业信息架构的演进如图 6-1 所示。金融体系中的支付系统从"金融电子化"向"互联网金融"再到"金融科技"进化，从聚焦于前端服务渠道的线上化，到逐步打通"资产端—交易端—支付端—资金端"的闭环，实现业务前、中、后台的全流程科技应用变革。但是，要改变传统金融的获客、客服、风控、营销、支付和清算等金融服务全部环节，需要基于客户需求驱动的自动化、精细化和智能化的运营优势，通过将技术与场景结合，以及收集的大量数据来优化客户旅程。

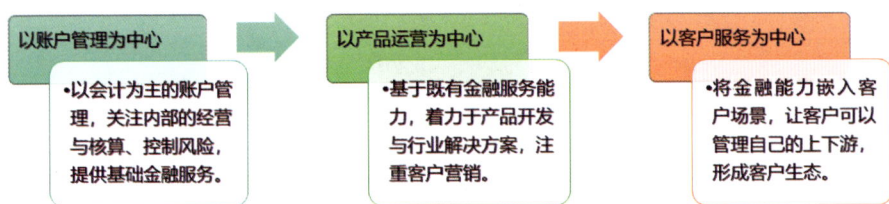

以账户管理为中心
- 以会计为主的账户管理，关注内部的经营与核算、控制风险，提供基础金融服务。

以产品运营为中心
- 基于既有金融服务能力，着力于产品开发与行业解决方案，注重客户营销。

以客户服务为中心
- 将金融能力嵌入客户场景，让客户可以管理自己的上下游，形成客户生态。

图 6-1　新一代金融行业信息架构的演进

系统是业务流程和组织架构的体现。消费者的支付行为具有相似性，为了使系统大而不乱，在系统设计上要进行模块化分离，将服务分拆细化，以组件的形式对各类功能进行抽象封装、串接。跨境支付平台的设计更为复杂，跨境零售进出口有在线支付、收款、结算、分账和开户等众多场景，需要集成全球各地的支付渠道接口、专业风控数据等。支付机构针对客户量身定制服务及改进体验，以便支付功能在业务端得到灵活配置。为此，部分支付科技企业也为合作伙伴提供支付系统搭建及一体化运营等后端服务。

6.1　金融级支付平台

银行是最终的资金通道，支付是银行的基础功能。相比电商的支付处理，支付机构及银行的金融级支付系统更为复杂。商业银行和金融机构可以在统一支付平台上搭建各种支付往来业务，实现支付流程标准化，支付平台支持多种支付工具，以及多币种、多渠道和多种清算方式。基于这种集中式设计，只需要关注本系统的业务过程即可，统一收款、付款、对账的自动化流程处理，实现本外币统一头寸监控管理，统一反洗钱、风控合规等管理。典型商业银行的系统构成如图 6-2 所示，银行的系统体系完备，具备支付机构所需的各种资源与能力。由于同质化竞争、金融科技的冲击，以及新业态需求复杂度提高、获取在线客户困难等挑战，传统业务管理模式塑造下的金融系统在为客户提供灵活便利服务方面相对落后，导致其通道平台能力未能充分发挥。

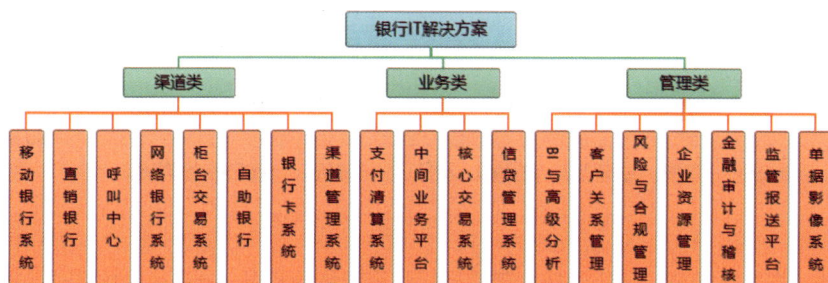

图 6-2　典型商业银行的系统构成

科技赋能的最终对象是需求。银行的信息化创新在加速，支撑银行产品的创新能力、商品化经营能力和客户运营能力在提升。银行的支付产品有很多，不同的产品可能是不同子系统所承载或相互组合的。例如，为高附加值付款设计的实时全额结算系统，低手续费的转账只能从差额结算系统延迟到账，用户进行国际汇款可以选择不同的代理渠道。支付引擎实际更像一个多核处理器，要将支付业务定义成产品，则以配置化方式对业务差异进行规则抽象，定义业务流程的处理。银行支付系统的交易构成如图 6-3 所示，银行支付系统的交易功能与支付机构是类似的，底层逻辑也是相通的。

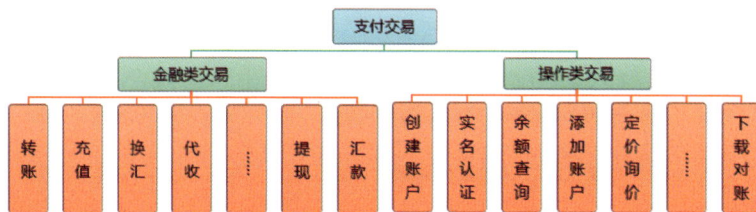

图 6-3　银行支付系统的交易构成

银行支付中台的统一支付系统架构如图 6-4 所示，并不是说传统金融系统更高级，恰恰相反，外部渠道的第三方支付已经占据支付业务很大比重，电商市场的支付规模之巨，让资金流从消费端如同洪水一样波动到银行的后端，乃至影响整个金融基础网络设施的升级。支付科技公司大量应用新技术，解决了网络经济下很多前所未有的业务场景和支付体验，并引领了新一代支付系统的发展。为了适应科技潮流下的密集投入与自主迭代，国内银行在科技组织保障方面阔步变革，成立了民生科技、建信金科、招银云创、壹账通等一大批金融科技子公司，国外的高盛、花旗、摩根士丹利等巨头也一直在不遗余力地发展数字科技。

图 6-4　银行支付中台的统一支付系统架构

如今，支付系统建设侧重于技术架构升级和客户体验提升，以更符合数字时代的趋势；如果要完成支付校验、收款、付款、转账、退款、圈存、解圈、余额查询等流程，则需要逐级支付指令的执行，标准化指令功能是相对稳定的，但是不同类型的支付企业的系统功能会有较大差异，如表 6-1 所示。

表 6-1　不同类型支付企业的系统功能差异

类型	系统建设要点	典型对标企业
支付机构	与银行、卡组织对接，建立高速、高并发的交易通道，前端提供电子钱包应用，后端提供资金存管配套的结算、财务管理等	PayPal、Stripe、Adyen、Alipay、Klarna、GPay、Limonetik、Square、WeChat Pay 等
收单服务商	商户管理，定制收银台，连接支付网络和结算账户所在银行，处理卡交易授权，服务商家的结算资金与账务管理，支持反洗钱 KYC 合规等	TSYS、Fiserv、FirstData、Helcim、Chase.Pay、Flagship、Shopify Pay、SumUp、Aplauz 等
支付服务商	管理商家注册过程，代理支付渠道，管理申请、承销流程，定价协议，系统集成等	Stripe、Payline、2Checkout、WePay、BlueSnap、Paytm Biz、SagePay 等
聚合支付商	多子商户及收银台管理，连接多种支付渠道，与商家系统集成，主账户内处理相关的分账分润	CCAvenue、Citrus、PayU.Money、Billdesk、Instamojo 等
汇款机构	连接国内外银行、清算机构及 SWIFT 等，处理汇款报文，拥有多币种资金账户及资金池管理	WestUnion、Wise、Vemo、Skrill、Xoom、Remitly 等
跨境收款	具有汇款系统能力，连接跨境电商平台、境外银行及境内结汇渠道，自动化外汇申报等	Payoneer、PingPong、WorldFirst、LianLian、Skyee 等

专业跨境汇款系统的设计，要考虑会员、账户、交易、计费、账务、网关、牌价等功能，还要与银行或清算组织对接，如图 6-5 所示。跨境收款的定制化程度更高，涉及汇款的同时还可能会有收单，涉及收单时可能又会有聚合支付。由于银行首先要保证核心功能的稳定，服务侧相对弱，要参与这类创新业务，需要分拆整个过程，只做部分环节，或委托专门的支付科技企业来对接电商平台与境外资金渠道，银行专注于后端外汇的合规流程，这也是支付企业占优势的集成性与生态性。

图 6-5　专业跨境汇款系统的设计

6.2　资金归集与存管

依托第三方支付平台，商户和消费者可以连接多个银行网关，实现前端的统一接入，多种通道的联机支付。大型企业需要直连多个银行或第三方通道，对资金进行归集管理，与财务系统有效集成、自动对账。构建平台级"统一支付结算平台"是实现"业财一体化"的重要环节。实现后端将散落在各个业务系统内的收付功能集中管理，使多种支付通道或工具形成统一的中台服务，统一管理内部清分与对外付款等。企业统一结算平台的构成如图 6-6 所示。企业的统一支付结算平台已包括第三方支付的诸多功能，如果企业继续朝着平台化方向发展，则要为第三方客户提供支付及资金归集服务，这涉及分账和资金托管问题，需要找银行或持牌支付机构来做，同时，这也是支付系统要考虑的重要前提。

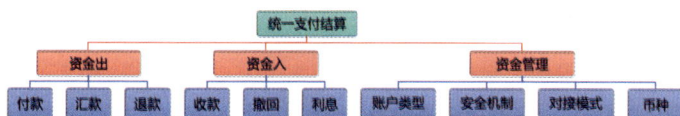

图 6-6　企业统一结算平台的构成

非金融机构若没有支付牌照，而变相开展沉淀资金二次结算，则属于违规"二清"行为，代管其他商户的交易资金存在挪用风险。对接的银行作为独立第三,方负责结算资金的存管或托管，用户/子商户在银行有独立存管账户，间接管理自身资金，实现交易资金监管范围之内的合规清算。银行履行托管义务，防范平台通过伪标的、自融、虚假交易等方式"洗"出资金。例如，支付机构的客户备付金、券商的证券投资交易资金通常用到银行的第三方存管。在线融资平台与银行或第三方支付机构合作资金存管，托管方直接管理资金去向，平台无法接触资金或干预资金流动，只充当信息中介，降低了资金风险。

非金融平台机构的资金存管流程：首先，以平台方名义在银行开立对公账户，账户用途限定为存管账户。这类账户不能进行消费、转账等操作，只能接受支付渠道结算资金，并把资金下发给相应的业务参与方；其次，当平台方的入驻商户和注册用户需要有资金通过存管产品进行管理时，要在平台方的存管账户下分别开立属于自己的虚拟账户，这类账户属于银行存管产品下的银行内部账户，类似于境外银行或跨境收款提供的"伞形账户"，由客户掌握账户实际使用权。存管账户模式中的账户关系如图 6-7 所示；最后，支付渠道将交易资金结算到存管账户，按照平台方指令进行资金管理。平台收款资金及入驻商户的结算资金在实体账户上都体现为平台托管账户的资金进出。

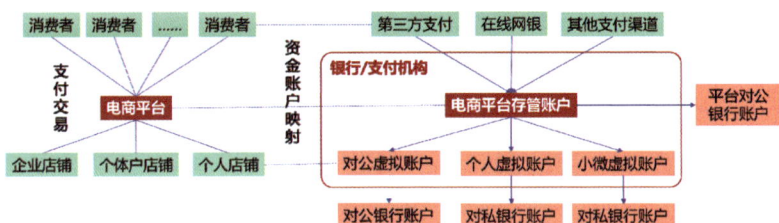

图 6-7　存管账户模式中的账户关系

在在线担保交易中，交易资金进入待清算账户，等待平台方的结算指令，先"结算"至商户的虚拟账户，完成平台内部资金清算或手续费分配，商户再通过"提现"将虚拟账户中的款项结转，通常该转账的付款方为平台公司。对于平台方会计而言，在资金流水往来中，通过"代收/代付"科目对属于入驻子商户的交易资金进行记录。银行会提供资金电子流水单，对结算记录提供对账证明。支付机构核算备付金账户资金，该资金基本都属于客户资金，会计科目平衡表通常仅设置资产类、负债类、共同类（待清算）等栏目。

没有支付牌照的平台要建立合规的收付款体系，通常选择第三方支付机构提供账户管理和存管方案，因为第三方支付机构拥有比银行更灵活的资金流动及监控机制。若第三方支付机构成为某电商平台的收单方，则该平台商户及其注册用户都在该支付机构下拥有账户，并授权该支付机构通过平台方进行统一收款。第三方支付机构要为平台开发定制账户系统，为平台和用户提供支付系统运营全程服务，保障用户资金由第三方支付机构全程监管，在资金划入虚拟账户后，纳入整体的备付金管理。

6.3 支付系统设计

支付系统既可以是银行、第三方支付机构及电商平台的独立支付系统，也可以是为各类业务平台提供收付款交易及资金管理等功能的模块化子系统。这里仅以电商平台常见的基础支付为探讨范围，不展开介绍接入工具及清算渠道的底层功能。图 6-8 所示为支付系统架构主要模块与流程关系，常见电商交易平台的支付系统有账户、支付、记账、清算、账务等核心功能。在设计系统功能架构时，要权衡功能范围、关联系统、交易规模等因素，基础系统可以分为"业务、账务、财务"三个角色[1]，或继续细化拆分。在现实业务场景中，有时只是将支付通道嵌入业务系统使用，例如，电商 ERP 和网店系统集成支付接口并作为预置模块提供给商户，仅涉及外部支付功能集成，系统侧重于交互和异常处理等。

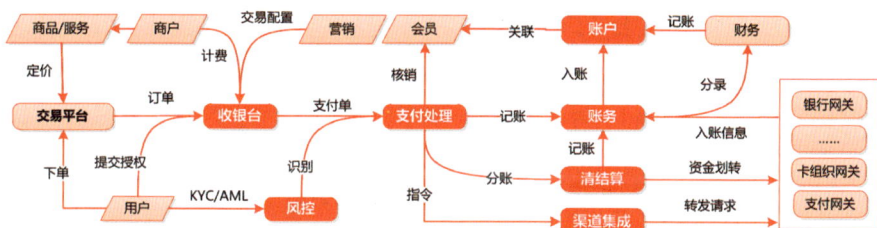

图 6-8 支付系统架构主要模块与流程关系

支付创新层出不穷，电商企业通常在业务发展初期接入很少的支付通道，主要是为了验证业务的可行性及流程的完整性，支付功能可能会耦合在业务系统里，通过与收银台、会员账户、营销定价等功能集成起来支撑业务处理。当业务发展到一定规模时，拓展对商户的延伸服务，支付功能必然会独立成子系统，并提升支付的承载能力和风险应对能力。考虑到未来的扩展性和资金账务等问题，避免因交易需求复杂化而逐渐增加支付系统补丁，最好在支付系统设计阶段就进行架构解耦，将功能原子化、微服务化，尽量分散风险，使得企业可以聚焦于用户端、商户端的体验，减少底层逻辑变动。支付系统功能模块化与支付处理原子化如图 6-9 所示。

---

① Ping++支付学院，《支付系统设计白皮书》。

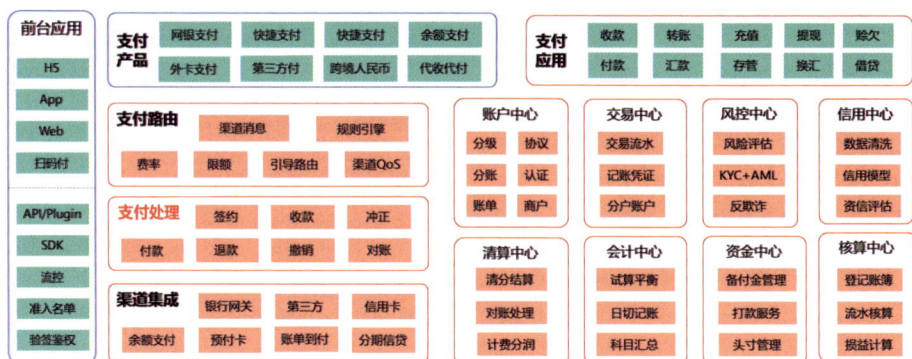

图 6-9　支付系统功能模块化与支付处理原子化

6.3.1　账户体系

支付账户是支付机构为客户开立的具有记录客户资金交易及余额功能的电子账簿。账户体系是支付系统的底层基础，账户的类型可以根据用途和会计科目设置，图 6-10 所示为跨境汇款系统中的账户体系关系。系统层面的账户记录客户参与交易的账户余额的增减和账务流水历史，以完成会计记账与具体金额、借记或贷记等，为用户提供资金收、付、管的基础服务。账户也是电商平台会员系统的一部分，关联了客户在支付系统内的交易主体信息，为客户建立以会员 ID 为标识的统一关系视图（个人会员与银行卡等）。企业客户会配置一定的业务参数和商户权限，如结算周期、接口权限、支付方式等配置。多数电商系统仅需要对接支付渠道，若不是平台化钱包系统，则不需要多级账户体系。对于支付机构的账户管理，其用户/子商户都要有独立账户。

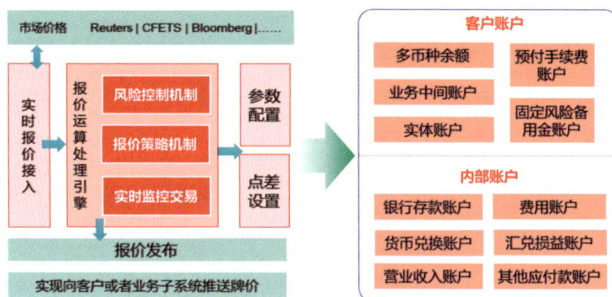

图 6-10　跨境汇款系统中的账户体系关系

站在业务的视角看，账户可分为平台收付账户、汇缴账户、商户结算账户、会员子账户、中间担保账户、押金账户等；支付机构内部的虚拟账户类型包括个人账户、企业账户、机构自身账户。账户管理功能包括账户开设、修改、冻结、余额限额设定、受限操作属性设定和账户查询等，当遇上账户被盗、司法案件、反洗钱等情况时，冻结账户操作往往是最直接的。以建立账户为例，商户在商业银行开设自己的结算账户，需要支付机构代提交商户开户申请，将子商户同步到存管银行系统完成子账户开立。在交易中，支付机构要按照平台、用户、商户的收款金额进行分账，实际系统层面的结算是各个参与方账户的数字变动。相应地，银行的清算过程在行内完成资金汇划，实质是银行内部以账户为核心的账务操作，改变资金所属权。支付机构账户体系中的资金流动如图 6-11 所示。在支付机构账户下有不同的科目，从财务科目分类来看，内部账户可以分资产类、负债类、损益类、共同类等。

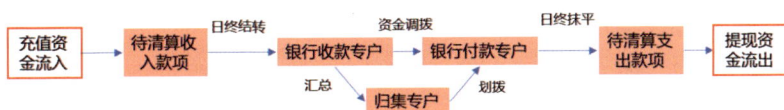

图 6-11　支付机构账户体系中的资金流动

电子钱包系统的底层能力离不开账户及其开放接口，尤其是聚合支付的账户属性，要兼容银行账户、预付卡账户及第三方支付账户，支持在同一总账户体系下挂多个子账户。支付机构账户体系中的资金流动如图 6-12 所示，账户一般包含交易日（T 日）与结算日（T+n 日）的期初余额和期末余额，贷、记明细等账户资金变动，要根据前端业务系统的要求设计相匹配的账户体系。会员账户系统支持用户充值、消费、转账、提现等场景需求。

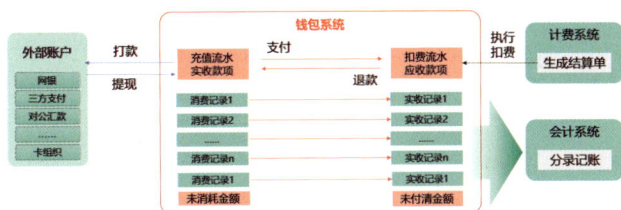

图 6-12　支付机构账户体系中的资金流动

总之，支付服务被包装成业务产品，并通过产品定义与定价向外输出，产品被拆分成各种交易，再将交易分解成系统指令，所有的指令处理、账务流水都围绕账户产生。交易驱动记账，支付完成后给予账户同步记账；记账基于账户，统一管理不同业务所产生的账务，按照财会规范提供反映各账户间资金变化的流水数据。

6.3.2 商户管理

支持多商户服务的电商平台（Online Marketpalce）的支付系统与第三方支付系统的架构设计类似，需要将用户账户与商家账户分开管理。平台方的注册商户授权支付系统通过平台方进行统一收付款。平台需要具备完整的商户接入、账户管理、多渠道收单、分润、结算等功能，并能适应社交电商、多级商户、银行存管等平台化模式的商户管理。支付机构在给商家及渠道签约的过程中，与通道建立支付协议及清算规则，适应不同场景订单对应的支付产品、通道、费率等要求。

在多商户收单及商户层级管理方面，支付系统要根据商户类型制定入网流程、分账需求、结算周期、费率阶梯、是否可垫资及退款等功能。其中，入网流程即进件管理，要涵盖商户资料审核与签约，线上入网、建档、授权、企业资料、合同等信息采集与审查。有时，商户入住平台需要缴纳保证金，在商户充值后，平台方冻结该笔资金。如果平台没有提供商户入网功能，则商户入网需要和支付渠道直接签约，授权平台方代理自身向支付机构发起交易。比如，服务商版的微信支付需要商户自己向微信申请，服务商没有商户管理权。聚合支付商户一般是多种支付方式的商户集合，这种交易通过第四方发起，带上所属商户支付参数信息，转发相关支付通道处理。

在商户的资金结算规则方面，在每笔交易发生前，平台已经明确订单参与方。以消费者与商户之间达成交易的状态表示交易是否完成，账务与资金同步，资金流水是财务意义上真正的记账；在每个结算周期结束时，根据资金流水及费率因素来计算应结算金额。有些支付渠道给商户结算的资金并非直接到商户的银行账户，而是结算到商户在渠道开设的钱包账户，这属于内部跨账户的账务操作。支付系统的商户钱包账户结构如图 6-13 所示，商户钱包账户管理实现平台资金闭环托管，当日收单资金可以在平台内使用但不能提现，当日以前的资金允许提现。

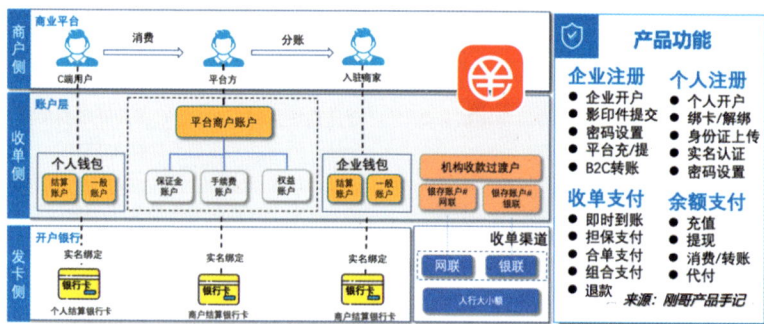

图 6-13　支付系统的商户钱包账户结构

对于分账管理，基于支付账户体系的分账可解决多商户电商平台的结算问题，商户可以对交易预设分账接收方并限定分账资金比例，也可在订单中包含分账信息。对于商户的待结算资金，支付系统按照预设规则或平台交易请求二次调整收款资金的归属，同步至存管账户。对于只涉及固定商户或合作方的结算，也可以采用先收单结转再对公代付的模式，支付资金直接到平台银企直联的银行账户，通过该账户对商家结算。另外，支付系统的合规性是基于资金流和信息流的合规，核心是"流程+数据"。从监管风控审查的角度，收款POS跨境移机、远程在线支付等成为跨境资金流动的隐形通道，官方清算机构很难监控这类支付行为，只能依赖收单机构进行监测管理。若支付系统涉及 B2B 支付场景，如租金缴纳、供应链金融等，则需要构建企业钱包（银行托管账户）划扣或线上核销。

另外，商户管理的日常还涵盖交易监控、风控管理，基于总体商户交易特征进行商户状态的监控与维护，建立风险名单。通过系统风控模型，对单日交易金额、大额退款、高频大额交易等情况，及时进行商户调单，调整商户风控值、延迟结算或调整结算比例，必要时冻结或关停商户。

6.3.3　交易系统+收银台

在电商交易平台的设计中，交易系统主要衔接业务订单和支付订单，承接上层业务订单，接收交易请求，处理业务逻辑、订单管理、计费等部分，抽象出具体交易类型的下单服务，完成订单的生命周期管理。用户在前端发起一次支付行为后，交易系统基于订单对应生成一笔支付订单，根据"支付协议"生成一笔支付类型的任务，对应相关支付指令，调用支付服务流程或外部支付渠道完成交易。当用户下单后生成交易订单时，即确定了交易参与方。电商的营销活动五花八门，固定时间的单笔优惠、优惠券、补贴等可能随时间变化而调整，在如图 6-14 所示的订单支付处理的全流程中，未提交支付的订单，计费金额也可以变动再生成新的支付。

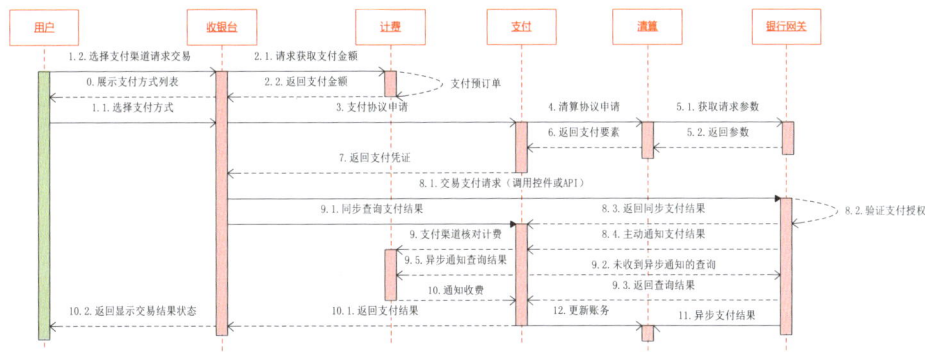

图 6-14　订单支付处理的全流程

订单可以单笔支付，也可以合并支付，对于购物车里有不同商家订单的场景，用户可基于多笔订单发起合并付款。支付金额既会因为合并的促销规则发生变化，也会因此产生单笔费率、总额费率、阶梯费率等差异。在一个完整的电商交易平台中涉及折扣、积分、满减、返现等支付场景，这些规则通常放在订单交易模块中，支付处理只关注实付金额，每笔订单的应付、折价、抵扣等要在此前合计清楚，最后结算时根据实付分账。常见支付订单的几种状态如图 6-15 所示，交易流水通常不含订单的内容和状态，只关注各个账户的收款额、退款额、支付类型和时间等信息。

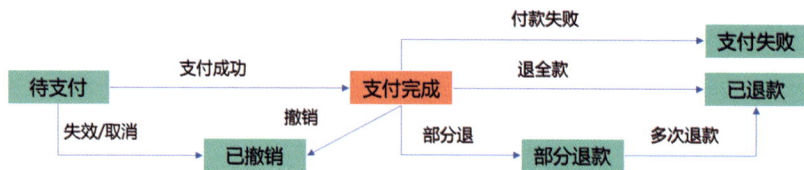

图 6-15 常见支付订单的几种状态

收银台是交易系统的前台，即用户日常付款前选择渠道的页面，引导路由决定展示可供选择的支付方式，协助业务平台完成支付交易，向用户提供一致的支付体验。支付机构会根据不同终端类型定制收银台，给到外部进行调用，为业务系统提供收付款的操作界面，转接交易请求，并针对各种场景的特定需求展现不同的支付方式。收银台功能与支付渠道管理如图 6-16 所示，每个支付渠道都会有各自的支付产品来满足各种场景，如微信支付 JSAPI 产品支持线下扫码、刷脸、网站、小程序、App 支付等场景。收银台的支付渠道配置是支付方式对应的落地通道，并对适用场景进行匹配，一般商户不需要做复杂的支付路由，支付逻辑为指定某些支付渠道，但要处理好不同支付通道的异常容错。

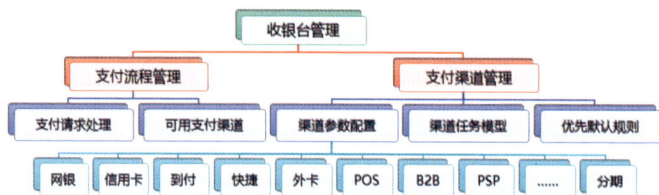

图 6-16 收银台功能与支付渠道管理

收银台的业务流程一般分为付款和充值，功能与界面设计取决于业务流程和支持的支付渠道，图 6-17 所示为境外支付收银台的常见样式与流程。收银台的客户体验优化主要包括两方面：一是商户接入开发及生产维护更简便，支持多种支付渠道及灵活配置，可自动跳转或在商户页面以实时接口完成支付；二是用户操作的便捷性，跨境支付需要引导用户选择付款方式，提高订单转化率。"站内支付"将整个支付页面内嵌到商家网站，使整个下单和支付过程在商家网站一个页面完成。对于电商平台和独立站的下单后未支付的订单的快捷收款，商家可在系统中生成付款请求链接，通过邮件或短信等方式给到用户，用户访问链接后在收银台页面完成支付。在确认订单付款时，收银台有些常见的用户侧异常，如网络延迟、误录账号、密码错误、限额等，对这些异常要进行友好性提示。

| 操作引导 | 选择国家币种 | 选择支付方式 | 选择银行卡 | 附加认证信息 |

图 6-17　境外支付收银台的常见样式与流程

6.3.4　支付处理+记账

在支付执行层面，将支付请求拆分成基础支付指令，让任何一个交易请求都能被若干支付指令组合完成，减少对后端服务的耦合。通过标准化的支付指令定义，明确每个指令的具体实现，提供适应各类调用的基础支付能力，前端支付请求统一对应后端标准化的处理逻辑，将交易和支付分开。支付处理位于支付网关之后，通过基础服务的流程编排，对后端支付系统的接口进行能力包装，以服务层提供支付输出能力，实现多个支付方式组合，如出款、转账、红包、代金券、余额等。发起的支付单具备进行后续操作处理的全部要素信息，通过协议配置得出指令组合，各条指令与后端记账、结算等环节联动。

> 举例：金融业通用报文 ISO20022 逐渐成为世界各地金融市场基础设施的默认交换标准，适用于证券和支付行业，以及境内和跨境交易（如 SEPA），具有支付消息跟踪、处理、协调和应用支付等丰富内容。银行间和代理行业务仍主要使用 SWIFT MT/FIN 标准，汇款指令 MT103 代表单笔个人客户的汇款，MT202 则是金融机构间资金调拨报文，定义银行之间的汇款所需资料；国际汇款使用 IBAN 国际银行账号，SWIFT 代码帮助确定汇款接收行，使用分类代码（Sort Code）和账号等附加信息来识别付款账户。

支付指令是最小的可执行单位，原子支付类型即最小执行动作，是对支付流程环节的细粒度拆分，抽象定义共性的逻辑过程。支付行为是账户资金的流转，每笔支付订单对应着一笔甚至多笔指令。指令可以是一个程序服务或一套运算函数，处理流程包含输入、增强校验、实效性、外部调用、输出等步骤，交易特性包含了支付类型（充值/提现/转账）、业务请求类型、通道方式、支付产品编码、参与交易方信息、相关联的支付信息（如退款）、支付服务流程等相关信息。以网购为例，可以将消费者的操作分为付款、确认收货两个环节，对应在系统中分成两笔支付单，对应两条支付指令：充值（信用卡、余额等）代表下单支付，转账（平台存管账户结转）代表收货后的商家到账。常见支付指令类型包括以下几种。

（1）充值：资金由外部账户到内部账户的转移入款，将用户账户资金转入支付账户余额。

（2）提现：资金由内部账户到外部账户的转移出款，付款人和收款人属同一个人。

（3）转账：资金在内部账户转移的内转支付动作，在支付渠道中定义的转账还涉及提现。

（4）退款：充值的反向操作，对已付订单、订金等以不大于实际付款的金额退回原账户，退款单关联入款单。

（5）冲正：用于通知接收方先前一笔授权类交易没有按预定流程完成，取消处理结果。

（6）即时到账：买家付款成功后，金额实时进入卖家账户，含普通转账。

（7）担保收单：买家付款后，担保部分进入平台方中间账户，待买家确认收货后才结算给卖方。

（8）订金预付：先行支付部分订金，该部分订金在最终付款的时候可以被使用。

（9）冻结：在交易前将用户的部分资金冻结，保证用户的资金安全，直至解冻。

（10）算费：通过计费或清分系统计算每笔订单的手续费。

当某个业务方在支付系统开设支付权限后，可理解为与支付系统签署了支付协议，即可通过交易系统对外输出支付能力。付服务的配置信息（即支付协议）包含资金归属、权限校验、对应支付流程及通道等。交易侧定义的业务交易与支付侧的收单或支付产品为多对一关系，当交易系统调用支付处理时，交易订单包含支付协议的配置明细项生成支付单，进而转化为一笔或者多笔支付指令，去执行系统的下游流程。例如，非余额方式的"卡基"付款，单笔或批量转账就是调用清算通道的外部划账操作指令与操作账户金额的内部账务操作指令。由商户发起的退款请求调用外部支付通道的退款指令，渠道会原路退款并退回手续费。另外，平台可以将支付处理封装，建立开放 API 规范，面向内部业务系统，或直接对外服务，并建立支付协议管理的数据加锁、吊销授权、紧急止付、快速冻结等应急中断机制。

由于多商户、多渠道相关联，一笔支付请求可能会生成多笔账务。交易必然涉及记账，系统的账务功能设计要遵循会计基本原理。围绕支付单，记账功能根据规则生成账务明细，记录交易、清分、结算形成的资金变动信息，记录账户余额，并为客户提供详细的账单流水。真实性、完整性、准确性是记账的基本原则，要定期或不定期地对有关记录进行检查。交易处理要有防重设计，结果状态要保持与渠道的一致性，以免影响后续账务。

6.3.5　渠道网关+前置

业务类型决定选择什么支付渠道，从而促成支付。支付渠道由提供支付受理能力的具体提供方来划分，属于外部系统。支付渠道具有资金转移的多种通道，只有先对接渠道才能支付，如卡组织、直连银行或电子钱包、汇款机构等。在跨境市场，第三方支付之间也经常互为渠道。支付机构内部的通道划分出具体支付方式，或将一个维度通信类型相关的通道进行归类，核算各个通道的收入、成本、利润、清算方式和渠道类型。支付网关具有通信前置、渠道管理和风险控制等功能，这些功能偏向于对外提供，支付处理的逻辑仍在系统后端各环节完成。例如，网银接口即银行的支付网关，第三方平台要完成扣款的操作，网银接口的作用就是把资金从用户的银行卡划转出来。

在松耦合的平台架构下，支付处理本身也需要网关服务模式，它通过网关响应业务方请求，对请求进行统一处理后，从前置分发到支付渠道的网关去执行，将执行结果通过网关回传给业务方。因此，在支付系统架构设计上独立出渠道网关层具有以下几方面优势。

一是统一支付体验，图 6-18 所示为支付系统前置网关功能，通过统一接入，对接外部多家交易渠道，保持了支付流程的一致性。支付前置支持业务变化的扩展性，通过配置转化为后端支付系统建立统一连接与转发；反向提供后台系统调用的对外连接，如收单处理中的冻结、解冻、退款等；对支付渠道接入进行流量控制和准入管理，配套统一网关状态监控，如流控、报警、熔断等，"限流"通常不放到业务流程中，以提高转化率并改善客户的结账体验。

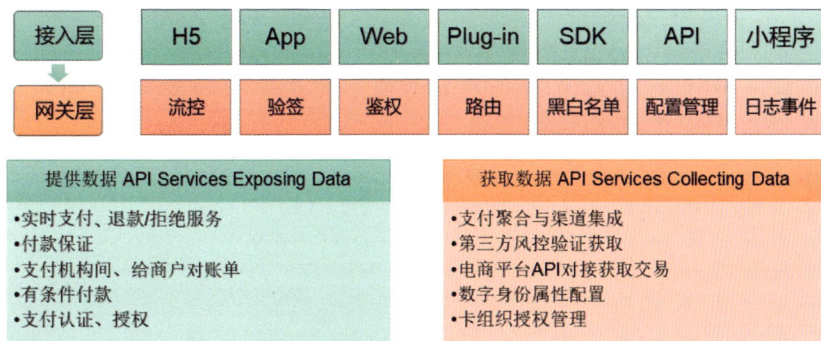

图 6-18　支付系统前置网关功能

二是统一封装交易处理，与全球同业快捷直通，连接各个区域的实时清算通道，并通过可灵活定制的适配器提升集成效率。支付前置包装后端支付处理的接口，对接不同支付渠道封装成聚合 API 请求入口，支付平台适配上下游合作方系统对接示例如表 6-2 所示，通过支付网关适配对外提供底层技术接口，网关会校验业务系统请求的有效性，同时通过 API "网关隔离"确保通道的安全性及不被滥用。

表 6-2　支付平台适配上下游合作方系统对接示例

上游渠道实际情况	← 平台方 →	商户期望对接服务
■ 接口文档升级或变更及时通知 ■ 有些业务没有异步通知 ■ 同一业务在不同渠道表现不同 ■ 各渠道的各自异常处理		■ 清晰的 API 及 SDK 文档描述 ■ 安全保障及沙盒环境 ■ 应用接口统一标准异步通知 ■ 保证出口地址或服务链接稳定可靠

三是统一清算对账服务，对不同格式、不同标准的各通道报文或指令进行收发处理，支持金融业通用语言及各种金融报文格式转换，统一对账连接功能与示例如表 6-3 所示，网关是外部系统的数据交换站，具有报文识别、映射、加密组包、收发、解包解密、解析及密钥管理等功能，便于及时了解渠道接口的升级调整情况。统一向收单机构及商户提供资金划拨及结算对账的数据，提供标准结算文件，降低多渠道对账的工作量，以实现商户自动化对账。企业网银面向直接与银行或卡组织对接的商户，提供线上 B2B 支付方式，银企互联采用批量数据接口提交。

表 6-3　统一对账连接功能与示例

步骤	具体执行协议与内容
格式	Web API 可通过 HTTPS 访问，并符合 REST 架构。使用特定 URL 和参数将请求从客户端发送，动态 URL 消息正文须在 POST 或 PATCH 请求中使用 JSON/XML 格式
授权与认证	基于 OAuth 2.0，通过身份验证获取 Token 令牌。提供的应用 ID 和密码（AppID：Secret）使用 Base64 编码 Encode，再 POST 请求到服务端，Server 发行一个短有效期 Access Token 和长生命期 Refresh Token，存储 Token 以在有效期内发起多次请求
错误处理	先检查网络请求响应状态码了解请求是否成功，如 5xx 是服务端问题，再根据已定义的业务逻辑错误代码及错误描述，制定对应的处理过程
连接	基于 HTTPS 的 SSL/TLS 证书，含身份验证、流量控制及白名单管理等，开发 Dev/测试 Test 环境、联调沙盒 Sandbox，升级部署到 Prod/Live 生产环境

四是统一支付路由导航，基于成本、稳定性和流量均衡等因素，选择最优支付通道，调度转发支付请求。例如，跨境汇款路径多，支付网关要对接不同通道，收费、汇率、反洗钱等要求存在差异，通过智能路由，调整路线到最经济、高效的渠道，避免交易被拒。跨境支付的路由规则维度多，按地区、卡种、IP 地址、币种、支付额、订单等因素分发，保证特定区域交易的通过率。

五是统一通信前置服务，有效兼容各种渠道的信息同步异常。当涉及调用渠道方的远程接口时，远程响应的延迟性往往不可控，容易导致等待超时，可以引入异步通知的补偿机制，调用方在主线程中先返回，通过异步进程得到支付结果，并在异步通知中将结果返回给调用方，同时定时主动查询支付结果，推送通知上层业务系统的交易状态。

6.3.6　交易对账

交易链条越来越长，数据在众多系统之间的传输过程中难免会出现丢失或者差错，为了业务正常运转并及时发现问题，需要确保系统间数据的一致性，对账就是完成相关数据核对或复核的过程。交易对账（Reconciliation）即核对账簿记录，在系统上体现为逐一核对交易明细数据，以此验证支付过程的准确性，从而保证来自业务系统、支付系统、支付渠道等不同环节数据的一致性，保证业务订单、支付流水、渠道流水三者关联性及状态吻合，如实反映支付结果。支付对账的关联系统与主要流程如图 6-19 所示。通常，支付交易是对每一笔实时或准实时数据文件的操作，而对账过程是对批量的数据文件操作。两个机构之间的清算约定是，当清算由一方发起并以该方的数据为准时，该方称该类交易为自主清算，另一方为非自主清算。双向对账，明晰的账务往来，多以渠道账单为准逐笔比对。当两方的数据核对完成后，对于有差异的账务流水，生成差错交易，这里的账单泛指同步使用方的支付订单、订单流水、资金流水等信息。财务对账是保证资金准确与安全的常规工作，而交易对账根据定义发生在支付过程中的几个不同环节，具体如下。

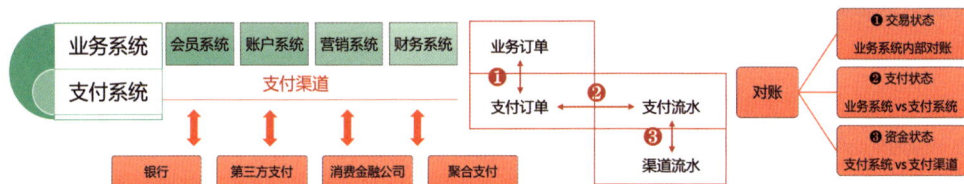

图 6-19　支付对账的关联系统与主要流程

一是业务交易状态核对，当出现支付状态没有被前端接收到，或重复支付、支付失败掉单、金额不等、渠道标识错误等异常情况，使交易状态未实时更新，或各种网络通信、系统交互异常引起异步漏数时，可通过对账直接更新状态。交易对账与支付状态更新处理规则如表 6-4 所示。

表 6-4　交易对账与支付状态更新处理规则

订单	渠道处理	对账结果	后续处理
支付成功	支付成功	正常	无，平账
	支付失败	异常	更新业务订单状态为支付失败
	支付成功、重复支付	异常	退回重复支付的交易
	支付成功、金额不等	异常	退回交易或调整订单差额
支付失败	支付失败	正常	无
	支付成功	异常	更新业务订单状态为支付成功
	支付成功、重复支付	异常	更新业务订单状态为支付成功，退回重复支付的交易
	支付成功、金额不等	异常	退回交易，或调整订单差额并更新订单状态为支付成功

二是交易对账，一条交易信息可能有多条账务流水信息。图 6-20 所示为支付渠道对账流程，先下载每个渠道的账单明细，然后按照渠道与交易流水一对一对账，多账、少账的流水根据流水分类进行汇总"挂账"。创建对账批次防止重复对账，正确无误的交易会结合批次生成结算流水或付款文件。一般对账文件都是隔日才会生成的，因为需要下游系统处理完前日的内部对账后再生成给上游的对账文件，例如，订单在周末支付，账单在下周一才能查询。有些渠道因为政策、汇率或其他运营因素，使得中间扣费可能会偶发差异，差异记录会挂账待复核处理。

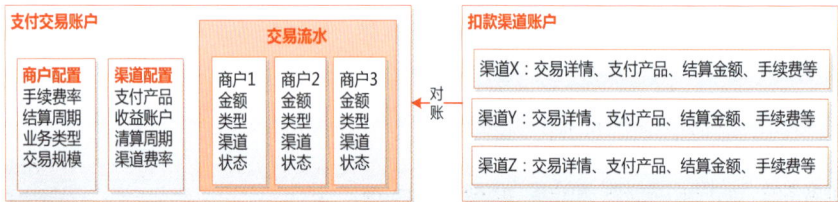

图 6-20　支付渠道对账流程

差错处理是对账的关键，当发生记录不一致的情况时，差错账记录汇集成"差错数据池"，差错账主要由运营人员进行干预处理，可以把一些频繁出现的场景通过系统自动处理，预留好人工复核的工具，以此帮助账务人员节省时间，标准化提取异常数据。特殊情况要与业务部门共同分析，进行针对性的处理，如补单、退款，实现正确进入结算及做账。通常，若某个扣款渠道的流水文件存在差错交易，则这个渠道的所有交易都不会生成结算流水文件，等待完成差错处理后，系统再对该渠道的所有交易生成结算流水文件[①]。

　　三是资金对账，俗称对银行账，核对支付系统与资金账户发生额的一致性，记账的变动流水与账户资金出入明细进行逐笔勾核，交易对账与资金对账如图 6-21 所示，资金对账的本质是支付端交易账户与扣款端渠道账户的一一对照，包括结算划转记录。例如，涉及直连网银、电子钱包、资金托管模式下的财务对账，将自身财务记录与银行结算流水进行核对。如果明细及总的金额都无问题，则平账（对账一致）。这些业务流水在账务系统入账后，会计进行登记分录处理，同步资金变动，让待结算与入账流水在日切点保持等额。

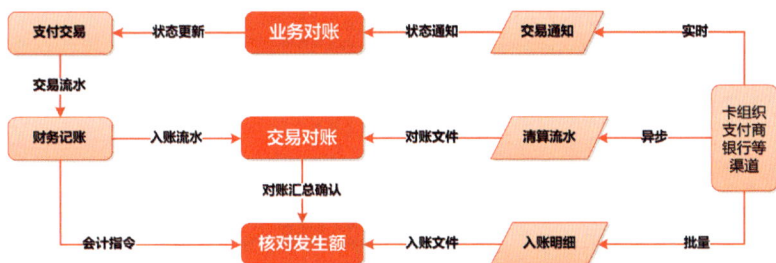

图 6-21　交易对账与资金对账

　　支付机构的资金对账也是将系统交易流水与银行返回的清算流水进行对账，核对系统账务数据与银行清算数据的一致性，保证支付机构各备付金银行账户每日的预计发生额与实际发生额一致。引起银行资金变动的业务流水，如充值、提现、购汇等业务，支付公司通过备付金账户管理资金往来，检查银行实际账户的余额变化与支付系统内部账户的余额变化是否一致，如果银行出入账资金与支付机构的交易流水不一致，则采取临时挂账处理。

　　四是商户对账，属于客户账，商家的业务交易流水（账务流水）与不同支付渠道的资金入账流水（结算资金流水）进行订单与资金的逐笔核对，对账成功后，记录对账日期为系统当日，日终轧账。渠道对账可以采用信息接口模式，也可以按文件方式批处理，流程如图 6-22 所示，如果商户是多渠道收款，商户端可能会面对多种结算文件，要通过格式化将一些字段映射计算，进行统一汇算。很多支付机构尤其是聚合支付商擅长为商户提供正向对账、反向核实的业财一体化方案，支持选择时间范围进行订单流水、清算流水的复核。

[①] 侠之大者，《电商系统：记账设计之订单管理、流水管理》，人人都是产品经理。

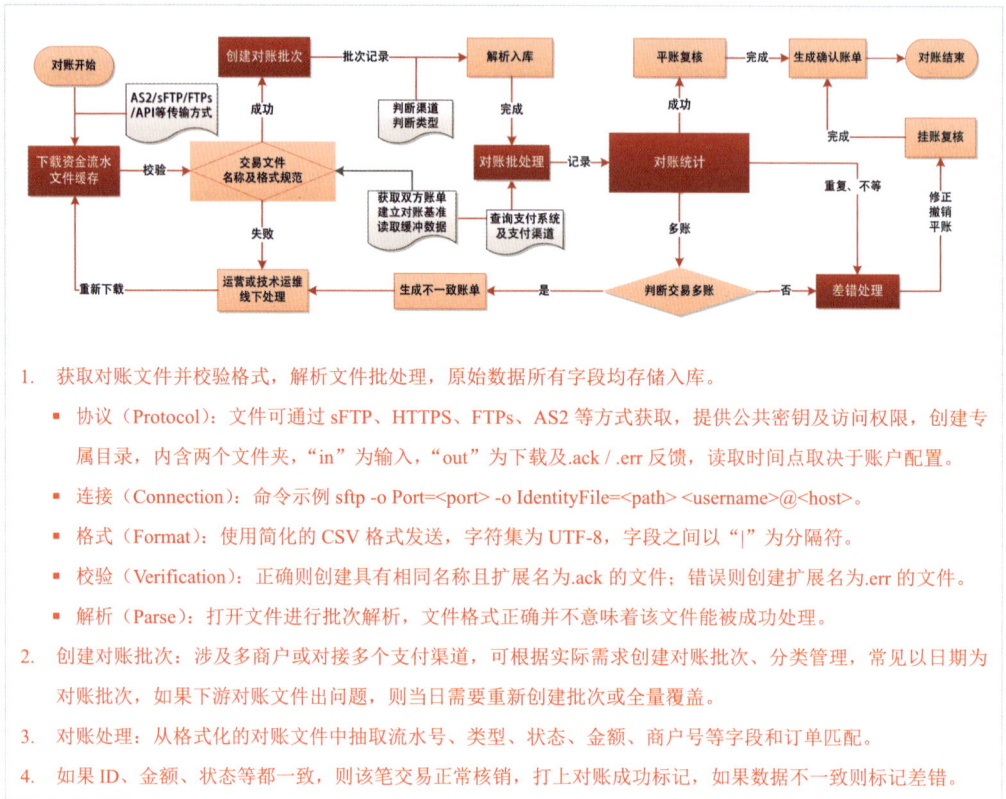

1. 获取对账文件并校验格式，解析文件批处理，原始数据所有字段均存储入库。

   - 协议（Protocol）：文件可通过 sFTP、HTTPS、FTPs、AS2 等方式获取，提供公共密钥及访问权限，创建专属目录，内含两个文件夹，"in"为输入，"out"为下载及.ack / .err 反馈，读取时间点取决于账户配置。

   - 连接（Connection）：命令示例 sftp -o Port=<port> -o IdentityFile=<path> <username>@<host>。

   - 格式（Format）：使用简化的 CSV 格式发送，字符集为 UTF-8，字段之间以"|"为分隔符。

   - 校验（Verification）：正确则创建具有相同名称且扩展名为.ack 的文件；错误则创建扩展名为.err 的文件。

   - 解析（Parse）：打开文件进行批次解析，文件格式正确并不意味着该文件能被成功处理。

2. 创建对账批次：涉及多商户或对接多个支付渠道，可根据实际需求创建对账批次、分类管理，常见以日期为对账批次，如果下游对账文件出问题，则当日需要重新创建批次或全量覆盖。

3. 对账处理：从格式化的对账文件中抽取流水号、类型、状态、金额、商户号等字段和订单匹配。

4. 如果 ID、金额、状态等都一致，则该笔交易正常核销，打上对账成功标记，如果数据不一致则标记差错。

图 6-22　渠道对账文件批处理流程

　　对账的概念有时是多方面的，与业务流程及管理要求相关，多层次对账核账流程如图 6-23 所示，总账、分账、总分等多层级对账，日账、月账、周期清账等多频次对账。支付渠道需要保证财务流水中的应结算金额和实际结算金额的一致性，这是渠道内部的账实核对，目的是保证业务与财务之间账证相符，分账与主账之间账账相符，以及会计账簿记录与会计报表有关内容的账表相符。例如，当出现"短款"情况时，实收资金短少，资金来款方流水文件无记录，而支付机构已成功支付，本地交易状态为成功，需要向来款渠道发起"请款"操作，将交易商户的其他无差错交易资金进行优先结算；相反，当出现"长款"情况时，商户未收到交易成功信息，或本地交易状态为失败，通常可以将交易重置为支付成功并补发交易成功通知，或者支付机构将资金通过来款渠道返还用户。

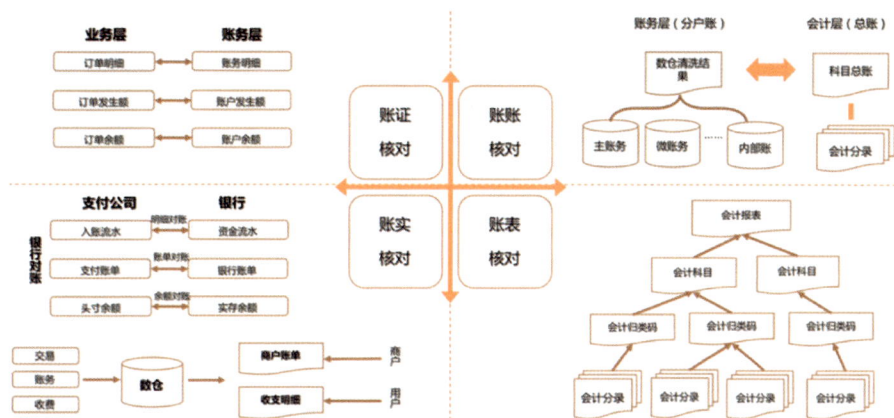

来源:《支付系统难点全面梳理剖析——核算对账核心》,Ping++支付学院

图 6-23 多层次对账核账流程

6.3.7 清分结算

在典型的电商交易中,用户在前端支付后,平台方为交易双方提供担保,资金归集到中间账户(监管账户),商户的应收款通常要在用户收货后才到账。支付系统产生的、与银行发生资金变动的入账流水明细,经过业务对账和确认后,形成入账日志。对已完成对账的交易明细进行包括日切、差错调整、分润、汇总、划拨等一系列处理,完成与商家在协定时间点的周期性结款。对账平账后,先清分,就是按预设业务规则分环节对各类结算金额进行计算,根据交易类型分配商户手续费、抽佣比例、扣款渠道成本等,计算各个账户的收支账目,对账后分账流程如图 6-24 所示;再结算,以清分产生的应收、应付清单及台账作为资金划拨的数据来源,完成沉淀资金的汇划操作。结算流水文件包括生成支付机构对外付款的商户结算数据、等待收款的资金来款方数据,以及自己的收益数据。银行成功受理后,对支付机构开设的实际资金账户进行清算,经资金往来对账或结算复核确认后,进入历史库存档不允许再修改,形成清算日志。通常,各类挂账资金统一归集到挂账专户,若清分出现错误或失败,则可以人工处理后再补清分、划账。

图 6-24 对账后分账流程

通常在支付完成后就已明确订单分账方,清分资金分账示例如表 6-5 所示,参与方比

较多的业务场景需要分账方式更灵活。配置客户参与交易时的资金分配规则，按照预定规则对账户所属资金进行自动化拆分与合并。在一笔交易有多个收款方参与的情况下，当所有扣款渠道的资金全部入账后，对商户所有扣款渠道的交易进行资金汇总，通过指定出款渠道完成划付。例如，商家可将需要结算的代理商或用户以清单形式上传到委托结算系统，系统自动为商家进行委托结算，将待结算资金直接汇入收款人的账户。结算系统根据划账结果，为交易商户生成对账单，供交易商户后续核对使用。

表 6-5　清分资金分账示例

时间	节点	记账分账的账务处理		
T+0	买家支付成功 100 元	借：待清算充值账户 103 元 贷：买家支付账户 103 元	借：买家支付账户/货款 100 元 贷：交易中间账户 100 元	借：买家支付账户/服务费 3 元 贷：收费账户 3 元
T+1	中行清算资金对账	借：中行银存账户　　　　100.94 元 ＝103×(1−2%) 借：中行手续费备用金账户 2.06 元＝103×2% 贷：中行待清算充值账户 103 元		
T+3	买家收货交易完成	借：交易中间账户 100 元 贷：卖家支付账户 100 元		
T+4	若发生交易退款 50 元	借：收费账户　　　　1.5 元 贷：买家支付账户/服务费 1.5 元	借：交易中间账户　　　50 元 贷：买家支付账户/货款 50 元	借：买家支付账户　　　51.5 元 贷：待清算充值退回账户 51.5 元
T+5	退款资金清算对账	借：中行待清算充值退回账户 51.5 元 贷：中行银存账户　　　　50.47 元＝51.5×(1−2%) 贷：中行手续费备用金账户 1.03 元＝51.5×2%		

　　日切，即切换当日的记账时点，是系统日终处理与数据割接，对资金计算汇总，完成当日终了轧账，其时点与流程如图 6-25 所示。对于支付机构而言，日切时将应付金额从商户的待清算账户（共同类）结转到商户结算账户（负债类）。通常在 T+n 结算规则下，商户 T 日（交易日）及其之前满足结算条件的资金会在第 n 日汇总划付。例如，T+1 为第二个工作日到账，D+1 为第二天到账（含周末节假日），但资金入账时间根据收单银行不同会稍有差异。跨境结算的监管流程复杂，一般结算周期较长，各国结算周期不等，例如，日本是负利率国家，转账手续费高、周期长，一般是 T+15 结算或月结。由于国际收支进出是双向的，需要单独统计，因此不允许支付机构在外汇展业的时候使用轧差结算，只有经过外管局审批才可以进行轧差退款。

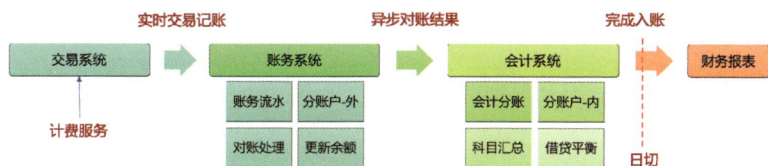

图 6-25　日切时点与流程

如果商户需要当天到账服务，即 T+0 或 D+0 到账，那么提现要由他方垫资处理，平台会收取一定比例的手续费。对于已清算处理的历史交易，比如 30 日内，用户发起或收单机构判断此交易需要进行资金扣回的，可通过向清算系统发出交易"追扣"指令，对商户的该笔交易清算资金进行挂账处理。当商户出现清算资金为付差时，商户的付差资金由收单机构垫付，即"收单垫付"，待商户后期清算出现正向清算资金后，由清算机构扣除收单机构垫付部分资金"回补"。

举例：中国银联的"多边净额清算"系统日切时间段为上一日的 23:00 至当日 23:00，将该时间范围内的交易作为当日交易，所有通过银联做转账或转接业务的系统日切均应晚于 23:00，否则要在次日进行清算处理。在 T+1 日商户的收单银行收到银联清算的交易资金，不同银行的入账时间为 T+1~T+3。银联大约于次日 10:00 主动发送流水文件到企业指定位置，或者企业登录银联服务器或邮件系统下载。

为满足内部的运营、财务及管理层等需要，支付系统要在前端提供多种查询服务，按业务种类详细列明交易，提供查看明细数据的实时查询、批查、汇总及可视化看板等统计分析，供相关人员下载使用，具体包括三类：第一类是交易数据，展示整个业务运作情况，提供交易额、订单转化率、支付渠道占比等信息，筛选支付类型，便于掌握各时间段内的交易趋势；第二类是结算统计，了解关联业务信息的结算报表、试算平衡表，是运营或财务后续查账、审核的依据；第三类是账户资金视图，图 6-26 所示为支付企业经营视角的内部账务与财务管理，标明账户的资金收支情况，记录不同项目的账务记录和收入所属科目，生成财务报表，形成针对企业内部经营结果成本效益分析的财务核算。

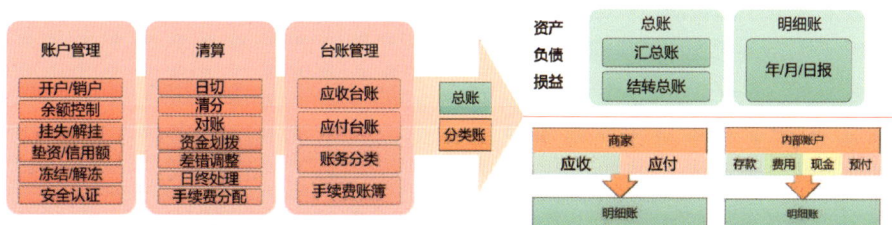

图 6-26　支付企业经营视角的内部账务与财务管理

6.4　架构设计与运维

架构的灵活与稳定是相对的，稳定意味着变化少，灵活意味着可配置化。传统金融 IT 架构与技术应用倾向于业界成熟方案，在电商多元业务场景的驱动下，面对海量交易的计算、存储和安全等新情况，让金融系统沿着网络科技已实践的技术路线升级，技术栈趋于通用。系统设计上，电商模式下的支付功能结构更注重解耦，低耦合、高内聚、少依赖、多备份、有补偿；为应对线上化营销带来的瞬时海量交易，软件技术采用高性能分布式架构、实时计算与组件式系统构建，支持动态平行扩展，保证资源和应用的均衡，兼顾系统弹性与健壮性。例如，在数据架构设计中，图 6-27 所示为支付系统架构与数据处理方案，通常广泛使用 Spark 实时计算、Flink 流计算、Hbase 键值存储、Presto 交互分析、Elastic 搜索、Kafka 总线等开源技术。

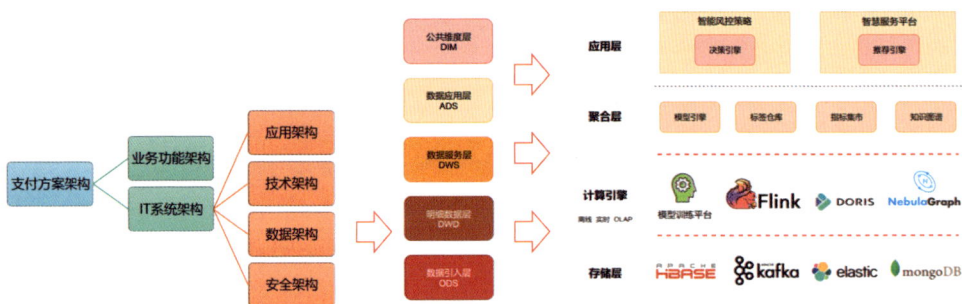

图 6-27　支付系统架构与数据处理方案

量变引起质变，系统架构是对业务功能的承载，结构性设计来自需求及预期的变化，没有全能的技术方案可以普适各种场景，图 6-28 所示为国际汇款公司 Transfer Wise 的系统架构。以数据库为例，新技术及其分支很多，企业需要结合自身业务特性进行技术选型，兼顾支付系统的数据一致性、事务性和并发性能等。关系型数据库的事务一致性有利于财务处理；分布式数据库支持以多节点、分库分表解决高并发、大存储的交易处理；云原生数据库解决垂直节点扩展、多副本及高可用问题，兼顾事务性与负载扩展；非关系型及图数据库用于服务欺诈及外汇风控检测；分析型数据仓库解决历史海量数据挖掘及复杂关联交易分析问题。支付系统不同模块所需要的架构特性也不相同，系统中被高频操作的热点账户控制、高鲁棒性对账操作的分布式数据锁、前端交易的高并发与补偿事务等，都需要有针对性的设计或工具应用。对于初创型（百万级用户量）支付企业来说，对交易数据库的需求主要是部署和运维成本低、易开发、架构灵活简单，仅投入较少的人力和时间成本就能满足业务需求，但要适度考虑业务的增长性和延展性。例如，XTransfer 在全球部署了三个数据中心，搭建了自己的实时数据库，保障在跨境收款业务全链路上，数据交互满足低延时、高精度等需求。

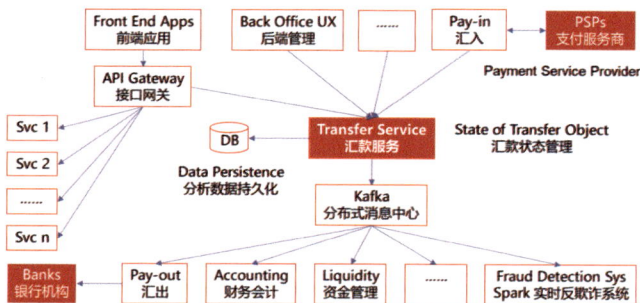

图 6-28　国际汇款公司 TransferWise 系统架构

在系统部署方面，金融机构上云已成常态，私有云从渠道类、客户营销类和经营管理类等辅助性系统开始，不涉及核心系统风险，提升渠道管理的灵活性与在线用户体验。互联网金融、网络支付、消费金融等业务系统通常采用全新架构模式建设，历史包袱较轻，采取公有云 SaaS 或与合作金融机构共享混合云。跨境支付系统广泛使用跨境互联网、境外云主机，支持自动配置资源、快速部署应用、动态扩缩容，同时要结合业务开班范围选择 IT 基础设施布局，通常本地化 IT 部署能更好地适应网络交易瞬时高并发、多渠道、大流量的线上化金融业态特征。

支付系统运行维护十分重要，网络通畅、运行稳定、交易失败处理等都离不开高效运维。在特殊情况下，运维还发挥异常交易后台取数、筛选日志和数据分析等作用。由于在线类业务并发量集中、高波动性并保持实时在线，大幅增加了运维管理的压力，因此要依靠专业系统维护团队，保障系统可靠及业务连续性。日常要监控支付处理的系统服务质量水平（SLA）、平均处理时间、成功率等，对异常告警及时处置；监控外部支付渠道的交易稳定性、接口响应时间、连接并发量，动态监测分析网络流量和行为；平台所有数据要符合监管并随时备查，对商户或运营人员在系统的任何变更进行日志记录，系统要有可靠的灾备方案。

基于新架构的复杂交易系统大幅增加了日常运维及问题诊断的难度，并且可能将支付逻辑的复杂性传导给业务系统，因此，必须建立统一的智能运维监控管理平台，借助自动化运维实现效能解放，精准呈现系统的关系脉络，实现多端、多渠道的运营监测及安全防护，保障关键业务数据备份与容灾。以微服务治理解决复杂运维及业务组合创新问题，同时，传统瀑布式软件工程方法向开发运维一体化模式融合，打通了开发与运维之间的隔阂，运用敏捷开发、灰度发布等方法提升研发效率。

6.5 支付安全与风控

支付服务的风险管控涉及面很广,包括合规风险、操作风险、欺诈风险、信用风险、交易纠纷、系统运行风险等。如今网络十分发达,一旦涉及资金安全,风险可能就会被无限放大。瞬时的系统漏洞,如账户接管的威胁,都可能造成不可估量的损失,因此不能等到产生实际损失才开始补救,风控就是要适时采取措施减少风险事件发生并减少损失。首先,企业要完善内控制度,制定风控流程、防范措施,通过业务制度固化技术系统,保障交易真实合规。其次,在设计支付系统流程时,要动态梳理风险因素,监测、拦截异常交易,同时,提高关键信息基础设施安全保障能力,以及用户信息、交易数据、算法模型等核心数据资产的信息安全等级,防范和应对网络安全风险。数字经济需要防范网络欺诈,由于欺诈往往是事后才被发现的,因此要在不拒绝或不冒犯正常客户的情况下识别和预防欺诈行为,防止误判。

> 说明:站在支付商的角度,平均 1000 美元汇款的欺诈经济学原理是,交易的平均利润约为 5 美元/笔,则需要 200 次成功汇款才能弥补一次欺诈交易造成的损失,在所有跨境汇款的欺诈案件中,各种移民群体的比例高达 1‰~5‰,汇款机构使用各种技术来保证实际欺诈率低于 1‰。"羊毛党"用户作弊欺诈是指在没有资金的情况下从关联银行账户中汇款;"虚假陈述"是指客户谎称转账完成后没有汇款(提出异议)。

金融业的风控成本很高,也是连接用户与产品的隐性获客成本。风控是支付必要的环节,支付企业申请境外牌照的首要任务是做好合规,建立相应的风控方案,监控账户安全、交易欺诈、反洗钱,做好 KYC/KYB/CDD 身份验证、交易授权及真实性审核等。风控模块一般位于交易处理的前端,每笔交易通过检验后,才允许进行后续的处理。风控要尽可能多维度采集信息,当支付系统积累了一定量的风险数据,会形成有效的风控通用规则,进而丰富风控模型。强化交易和身份审核的同时,风控措施要减少对用户支付体验的影响,支付系统的稳定性十分重要,体验差或服务中断可能带来订单取消之外的损失。

6.5.1 KYC 和 AML

强监管下,跨境支付需要在批准的业务范围内经营,有真实合法的贸易背景。企业要建立高度的合规意识,建立满足监管要求的公司治理和内控方案、专门的合规团队,反洗钱(Anti-Money Laundering,AML)、反恐融资(Counter-Terrorism Financing,CTF)机制一直是金融机构在跨境交易中的风控关键点。对于支付机构、银行和金融服务商,履行"了解你的客户"（Know Your Customer，KYC）及 "了解你的业务"（Know Your Business，KYB）程序，是要在跨境交易中充分了解交易对手或客户，以及对业务真实性质进行风险评估，这也是反洗钱的一个基础工作。由于各个经济体的信用水平差异巨大，部分客群金融知识相对缺乏，因此为合规工作提出了更高的要求，要确保 "客户尽职调查"（Customer Due Diligence，CDD）水平与这些地区与新客户交易所涉及的风险相称，往往需要借助第三方风险管理方案。收款机构通常对一些地区及行业（如表 6-6 所示）的收付款进行限制，即便能接收来自受限地区汇入的贸易款项，也可能会收到银行的通知，需要配合银行的问询及调查。

表 6-6　支付机构公布的跨境交易受限区域及行业

受限区域及行业	说明
受限地区：几内亚、几内亚比绍、黑山、阿富汗、布隆迪、中非、古巴、伊朗、伊拉克、利比亚、马里、缅甸、巴基斯坦、巴勒斯坦、巴拿马、索马里、南苏丹、苏丹、叙利亚、突尼斯、委内瑞拉、也门、津巴布韦、朝鲜、尼加拉瓜等	不支持任何资金汇入和汇出
高危地区：孟加拉国、巴巴多斯、白俄罗斯、塞浦路斯、加纳、以色列、黎巴嫩、毛里求斯、墨西哥、蒙古、秘鲁、俄罗斯、塞尔维亚、斯里兰卡、乌干达、乌克兰、冰岛、哈萨克斯坦、柬埔寨、开曼群岛等	提前进行交易报备并提供贸易材料，最终以合规审核为准
高危行业：船坞/船舶行业、化学品行业、有色金属行业、服务行业	同上

资料来源：PanPay 及 Xtransfer（更新至 2020/08/26）

随着全球经济高度一体化及资本国际化，借助网络，金融违法手段更加复杂和隐蔽，识别和发现洗钱、赌博、非法物品买卖、欺诈活动等愈加困难。监管机构会对展业交易进行合规检查，根据各国监管需求，支付机构要全面获取和审查交易数据源，及时按要求上报。在国内，支付机构要遵守国际收支申报及结售汇信息报送规定，保证交易可还原、可追溯，抽查验证，保证数据真实准确。在部分外贸收款的入账和结汇审核环节中，外贸商家需要补充交易过程信息。不符合国家进出口管理规定的外贸交易，不具有市场普遍认可对价的商品交易，定价机制不清晰、存在风险隐患的服务贸易等，支付机构尽量避免提供跨境支付。

> 说明：国内跨境支付机构应通过表单系统于每月 10 日前向注册地外汇管理局报送跨境外汇支付金额、笔数等总量报告，每月累计外汇收支总额超过等值 20 万美元的及单笔超过等值 5 万美元的客户交易报送大额收支交易报告，业务开展中如发现异常或高风险交易应随时报告。境外交易对象 KYC 包括名址、国家、IBAN、账号、币种、金额、汇款附言等，关联的业务材料包括收付双方的供货合同或服务协议、税务凭证、发票清单等，物流单及明细、报关单、留学材料等辅助材料。

每个国家或地区的 KYC/AML 数据标准不同，跨境的安全性与合规性检查困难，这是支付公司进军境外市场的一大挑战。建立自主的全球身份验证解决方案耗时久、成本高，KYC/AML 验证所需的数据通常来自本地数据供应商，验证多国的收付款人身份就需要与多方合作，这样才能获得足够多的可信验证、金融犯罪情报数据，与每个数据源集成需要投入一定的资源和时间，熟悉当地的金融生态系统。国际汇款支付机构 KYC 常见风控手段如表 6-7 所示，要做好 KYC/AML 的第一步需要经济高效的身份验证或交易方认证，用户在办理银行卡时，银行会进行"实人认证"，因此可以利用银行或卡组织的银行卡验证接口，或接入大型商业信用机构和安全机构的名单库，获得被查封的账号或黑名单。欧洲 PSD2 对客户身份验证的要求很高，主要依靠银行开放接口，银行还需要进行对账单/开户证明影印件、身份校验、工商核验、打款认证、核验等真实性审核。

表 6-7　国际汇款支付机构 KYC 常见风控手段

白名单	黑名单	实名检测
有合理交易背景及申报资料，如固定留学汇款记录，进入白名单系统，系统检查评估匹配度给出风险值、账户阈值	有过不良交易记录和行为的汇款人自动进入黑名单系统，交易时，系统自动检查信息关联性和匹配度风险，对账户冻结处理	根据汇款人的邮箱、卡号、电话、地址、IP 地址及 cookie 等信息，自动分析验证信息的真实性和匹配度，动态更新 KYC 评估

跨境 KYC/AML 是一项持续的系统工程，其常见步骤如图 6-29 所示，需要持续监测交易行为，不断对客户背景进行维护更新，并创建黑白名单、安全列表、客户画像风险评分等。KYC 要尽可能涉及收付双方，由于不了解交易对象，可能会导致交易涉及跨境诈骗、炒币、网络赌博、进入制裁名单等，因此建立或利用第三方数据库进行收款人 CDD 十分必要。汇款机构对汇款人开展 KYC，汇款人可能是已注册账户的客户，也可能是未开立账户的临时客户，对其办理的跨境汇款监控、抽查性跟踪并进行信用记录，检查汇款是否过于频繁、累计金额是否超限等，并详细采集业务材料及其他可辅助证明交易真实性的资料，留存相关凭证。

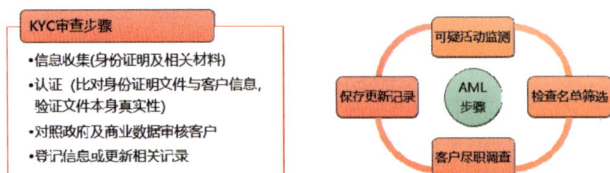

图 6-29　跨境 KYC/AML 常见步骤

KYB 主要针对合作企业，评估与其开展业务是否有财务、数据安全等风险。商户管理 KYB 主要针对商户性质、风险特征、业务分类及规模等区分风险等级，及时清理违规商户，持续更新完善商户资信管理。了解商户所在行业中商品或服务的公允定价范围，例如，海外留学的常规性学费为 3 万~5 万美元，超过这个范围可认为该笔交易超出合理区间，存有可疑风险。

资金风险管理是风控的后防线，当银行对资金背后的交易难以准确掌控，或资金量过大时，往往会因为担忧洗钱风险而停止账户服务。在支付过程中，支付机构要对出现异常的客户采取调低等级、提高费率、追加保证金、停止合作等措施，发现异常交易要及时阻断，或转入待审由人工进行甄别确认，并按时向监管部门提交可疑交易报告，一旦出现账户资金异常，及时"账户接管"。"风控挂账"主要适用于收单机构根据风险规则判断交易存在风险的情况，先将商户资金暂时存放在本机构，挂起相关账务处理，而不清算给商户。挂账金额可以是全额，或按照风控模块的规则设置一定比例。挂账资金对于收单机构而言，是暂收的应付清算款项，是收单机构的负债，对于商户而言，是商户的应收款项，是商户的债权。当原挂账交易风险解除时，收单机构将原先存放在本机构的挂账资金清算给商户。

交易信息与资金流水的对账匹配是在线支付执行反洗钱监控的重要手段，也是在线账户服务区别于传统银行服务的重要创新，要确保每一笔支付收款关联交易信息之后才能入账。关联分析交易 AML 风险特征如表 6-8 所示，关联分析 AML 风控需要利用多个维度的数据沉淀。涉及洗钱的个人业务常将不符合政策规定的大金额汇款分拆，如通过多个通道汇款将非法所得以合法名义进行洗白。涉及洗钱的对公业务常以合法贸易的形式进行，隐蔽性强。如将正常贸易账号提供给他人使用，或直接代替他人做业务，通过少报出口、多报进口、进口预付货款、出口延期收汇等形式进行虚假贸易操作；或为了逃税等目的，以个人名义将企业所得转化为个人消费转移资金。基于自动化技术解决数据采集认证越来越重要，例如，通过构建机构之间的联盟区块链，不同金融机构和监管机构共同参与建设跨境大数据征信平台，解决跨境商户企业的授信等问题。

表 6-8　关联分析交易 AML 风险特征

交易信息	客户信息	历史记录
该笔交易自身的信息要素，例如，交易类型、金额、时间、账号等，在交易频率、涉及的国家或地区、交易模式等方面的特征	发起该笔交易的用户信息，KYC 特征及交易关联信息，包括用户使用的设备类型、定位信息、手机号归属地等	用户在平台发生过历史交易，通过关联用户、交易频率、金额、目的地、账户等信息，结合以往案例的经验，设定可疑交易监控

跨境支付要防范新型电信网络诈骗、外贸欺诈等犯罪行为，对非法交易要采取果断措施，及时拒绝、冻结及关闭账户往来。对于消费者个人而言，要注意保护个人信息，不要出租或出借身份证件、银行账户或参与不实交易，警惕掉入洗钱陷阱而成为"替罪羊"，导致个人声誉及信用记录受损。

6.5.2 交易风控引擎

支付伴随着业务场景，明确业务风控下的支付风控才更有意义。支付平台的风险控制策略通常是围绕行业监管规则的"最小化"风控，对于识别出的风险交易，根据危害程度设定等级，分类管控。例如，电商平台对交易的信用风控，有商家为排名刷流量、刷销量、刷好评等刷单行为，在支付端可能不属于风控范畴，宜采用事前交易端拦截机制。触发风控的时效可以分为实时、准实时、离线，由于报表式的离线异常监控一般是 T+1 模式，等发现时已经太晚了，因此要在技术上尽可能进行实时监控，前置检测交易订单的合规性、风险等级。依托风控引擎常态化筛查疑点，只有通过了风控系统的安全订单才能进入支付系统继续完成交易，使高风险交易得以及时控制。交易风控模型决策流程与规则更新机制如图 6-30 所示，业务要素决定风险的定义，识别风险的决策依赖可获取的交易信息和客户信息分析已发生的风险交易，抽象出风险交易特征，从比较基础的知识图谱逐步积累到知识库。

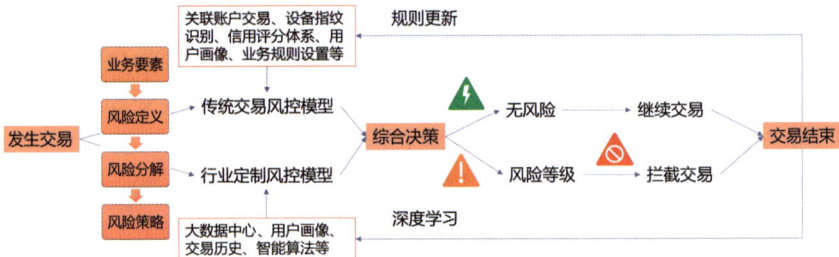

图 6-30　交易风控模型决策流程与规则更新机制

在境外卡支付领域，为避免交易欺诈行为，要识别本人交易，进行事前"身份验证"。由于过去国际主流的信用卡支付无须额外验证，持卡人只需提供正确的卡基础信息就可以完成扣款，这样造成跨境盗卡、复制卡及盗刷、盗余额等账户安全问题，产生很多交易纠纷，因此有必要在支付授权环节添加额外的认证层来保证支付安全，以减少外卡支付欺诈和拒付退款的风险。除了信用卡片上的 CVV2 安全码，还结合交易密码及实物条件（短信验证码、电话语音、令牌或指纹等生物标志）对用户进行双因子验证（2FA）认证校验。使用国际卡组织及银行的网络安全流程实时洞察欺诈行为，便于消除与处理争议，MC SecureCode、AmEx SafeKey、VISA 3DS 等卡认证服务为在线卡支付提供二次安全验证，前提是持卡人必须开通"安全码"服务。借助卡组织 3D 交易风险评估流程如图 6-31 所示。

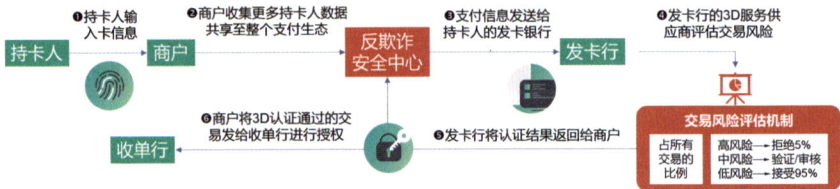

图 6-31　借助卡组织 3D 交易风险评估流程

使用增强验证把拒付和欺诈行为进行责任转移，发卡机构为了鼓励商家使用增强验证，甚至给予手续费优惠，但也在一定程度上增加了支付弃单率。因此，为避免商家与用户产生不必要的摩擦，实时交易仅在强制要求或高风险的情况下才触发二次验证，并以多样化的安全认证元素匹配在线安全支付的体验，平衡业务机会与潜在风险。

> 举例：美国商家可以用持卡人名+卡号+有效期+CVV2+3DS+AVS 来增强验证，AVS 地址验证是由发卡行将交易地址信息与发卡行记录的地址进行比较，返回验证结果、匹配次数，商家据此决定是否接受交易。地址或邮政编码错误，容易发生信用卡欺诈，但是商家通常不会直接拒绝，而是结合多种因素进行人工审核。在日本，VISA/MC 卡结算超 5 万日元或 e 票 1 万日元，需要事先注册安全的本人认证。

为安全交易保驾护航，要分阶段建立风险监测和干预，分环节风控关键流程及验证防范机制如表 6-9 所示，自动预警测试实现可疑交易自动化拦截与应急处置，提升风险防控的及时性。风控模型的完善要根据行业风险规律不断调整更新迭代，定制动态风险计量评分、分级分类规则。识别到的风险订单，根据消费者行为特征、设备指纹、订单等信息，通过模型变量计算出风险分值。对于无法确认的可疑大额交易，进入风控待审核列表，由风控专员审核，通过电话或远程视频沟通，判断交易是否真实。

表 6-9　分环节风控关键流程及验证防范机制

事前预防	事中监控	事后补救
▪场景分析，列举可能的欺诈、信用卡滥用等风险类型 ▪入网审核、增强认证采集，分行业、业务质量、许可等进行商户资信认定、风险等级评估 ▪单笔限额设置、单日限额设置、频次设置、黑名单、灰名单等 ▪真实性审核，通过持卡人网站和邮件对用户进行风险预警 ▪建立交易主体负面清单	▪实时规则，多维判断、拒绝，运用评测及关联系统跟踪每笔交易，触发分级风险管控机制 ▪拦截黑 IP 及 E-mail、黑卡、高风险地区，交易限制、卡 BIN 阻断，验证时人工介入 ▪限额、延迟操作，可疑交易预警 ▪交易监控，真实性审核，标的合理性、逻辑性验证等	▪数据分析、核查单，对通道严格把控，巡查、警告 ▪商户巡检、降低评级、升级防范措施、逻辑完善 ▪案例分析，更新对不同资质客户设定分级风险的控制门槛，反馈至事前、事中的规则中 ▪事件跟踪处理及时反馈持卡人 ▪对持卡人投诉、退款申诉及时处理反馈

知识库 ➡ 监控 ➡ 情报 ➡ 评估 ➡ 策略 ➡ 处置

触发合规风险是风控的底线。外贸中涉及来自高危行业、高危地区的高风险订单，收款机构通常限制受理，按单提前报备审核；如果付款条件不好，商家应采取稳妥的退单措施，以免财货两空。收单方对商户侧的风控，如单笔交易或每日到账限额等，一旦发现金额异常、可疑地区交易，要警惕继续交易存在的合规、法律和声誉风险。为了提升本地化的纠纷处理和欺诈识别能力，必要时要与业内风控提供商、安全机构进行合作。基于专业性和技术性，全球数据风控本身是个大市场，如直连第三方反洗钱及反恐融资数据库，与卡组织的黑卡库共享精准识别盗卡等，表 6-10 列举了一些常见的第三方支付风险管理工具。

表 6-10　常见的第三方支付风险管理工具

工具	说明
账户授权认证	Acuant、BottomLine、TeleSign 等通过电话或短信验证持卡人身份，防止伪冒虚假卡交易，Trulio 提供 50 多个国家身份数据 API，CyberSource、VeriSign 等提供网络安全证书、加密及身份认证通信协议等，识别仿冒 App、钓鱼网站等
数字身份识别	Callsign、iDenfy、InnoValor、Signicat、DueDil、Au10tix、Idemia 等身份数据源
KYC/KYB/CDD	LexisNexis、Melissa、Veriff、Encompass、Outseer 等具有持续客户数据聚合
交易防欺诈	ThreatMetrix、MaxMind 以神经网络、位置识别、决策评分等判断交易的真实性；EverCompliant、Austreme 等针对商户网站安全检查、监控交易产品合规性
反洗钱监控	Mitek、Jumio、HID、AtSec、Accuity、Arctic 等金融业交易行为 AML 识别实践
金融犯罪情报	4Stop、BioCatch、FeedZai、SilentEight、ReveLock、Sedicii 等风险识别数据库，汤森路透 World-Check 覆盖 240 多个国家和地区的制裁、受监视和监管名单覆盖

基于在线交易的高离散与高并发的特性，风控要上升至智能化金融风险监控平台，将智能风控嵌入业务流程，基于丰富业务特征的风控"埋点"也更有效。当各业务环节接入风控规则引擎时，要考虑调用方式、超时控制、风控开关等因素，并将人工审核与机器学习、数据挖掘等技术结合，探索人工智能在账户管理、授信、反欺诈、身份识别等领域的应用，构建数据驱动、人机协同的智能风控体系，以实时计算为支撑，在保障客户体验的同时，减少大量交易过程中的人工处理。大数据具备随着数据规模扩大进行横向扩展的能力，可以精准刻画客户风险特征，优化风险防控数据指标、分析模型，对潜在风险进行研判和防范。有监督学习只能识别已知欺诈情形，有滞后性；无监督学习是以用户基本信息和行为特征来聚类，能有效识别未知欺诈，其输出的群组特征信息可作为一个维度输入有监督学习，补充有监督学习的检测维度和分析盲区。

6.5.3　信息安全与隐私保护

信息安全包括网络、通信、数据、系统运行等多方面安全管理，其保护范围如图 6-32 所示，很多信息安全准则和管理规范，最终落地又是系统层面的技术实现。跨境支付平台的安全防护，要建立信息全生命周期管理制度和标准规范，定期对易发生问题环节进行排查，保障身份信息、资金、账户、交易等数据资产安全。遵循合法、合理原则，选择符合国家及金融行业标准的安全控件、终端设备、软件组件等产品进行支付信息采集和处理，利用通道加密、双向认证等技术保障信息传输安全，存储的数据都应经过算法加密以防止人工篡改。

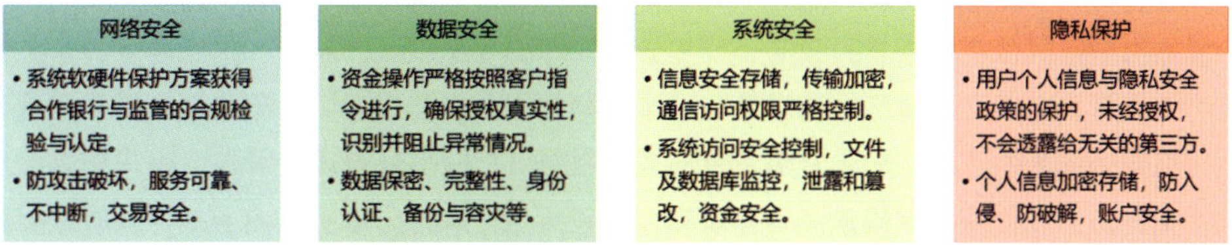

网络安全	数据安全	系统安全	隐私保护
• 系统软硬件保护方案获得合作银行与监管的合规检验与认定。 • 防攻击破坏，服务可靠、不中断，交易安全。	• 资金操作严格按照客户指令进行，确保授权真实性，识别并阻止异常情况。 • 数据保密、完整性、身份认证、备份与容灾等。	• 信息安全存储，传输加密，通信访问权限严格控制。 • 系统访问安全控制，文件及数据库监控，泄露和篡改，资金安全。	• 用户个人信息与隐私安全政策的保护，未经授权，不会透露给无关的第三方。 • 个人信息加密存储，防入侵、防破解，账户安全。

图 6-32　信息安全保护范围

完整的安全保护方案，涉及数据采集、传输、存储、处理、交换和销毁等各个环节。支付系统的大部分交易信息都属于敏感数据，数据还涉及商业安全，跨境支付中多个节点能接触到交易信息，这些信息在某些环节泄露就可能产生运营安全问题，要分环节提升网络威胁和安全事件的防范应对手段。支付过程中不同阶段的安全威胁与欺诈示例如表 6-11 所示。

表 6-11　支付过程中不同阶段的安全威胁与欺诈示例

形式	欺诈操纵	恶意软件	网络钓鱼	服务攻击	僵尸网络	非法变现
信息泄露	密码/验证码	木马程序	假 App/网站	破密解密	垃圾邮件	—
请求付款	交易欺诈	虚假交易	虚假链接	交易漏洞	无效请求	恶意提款
发起/认证	虚假授权	截取授权	虚假授权	系统中断	尝试验证	—
交易处理	盗取资金	违规商品	伪造收单	系统中断	交易攻击	洗钱套现

来源：European Payments Council，Payment Threats and Fraud Trends Report，4.Nov.2020

保障移动互联背景下的支付可信环境，以可信计算、安全多方计算、密码算法、共识机制、生物识别（指纹、人脸、虹膜、声波等）等技术，建立健全兼顾安全与便捷的多元化网络身份认证体系。明确相关岗位和人员的管理责任，定期开展信息安全内部审计与外部安全评估。安全支付要能够快速校验交易，数字签名验证发送者身份，通过身份认证、日志完整性保护等措施确保金融信息使用过程有授权、有记录，保障交易过程的可追溯和不可抵赖。

举例：国内公安部门核准颁布的"信息系统安全等级保护"三级认证，是针对非银行机构的最高等级认证。为了降低支付卡风险，多家卡组织共同设立了旨在严格控制数据存储以保障持卡人交易安全的统一业界标准——PCI-DSS 数据安全标准。这是一套包含六大领域十二项要求的规范，认证过程严苛，包括自我安全检测、漏洞分析及由协会执行的安全调查三个阶段，考察范围涉及硬件、软件及员工等。

健全支付安全应急管理，当系统遭遇攻击和意外故障时能够保护客户业务的连续性，有效支撑全天候的客户服务，常见网络安全防范要点如表 6-12 所示。借助专业安全工具或防护方案，完成必要的行业资质认证，增强网络安全态势感知，动态监测分析网络流量和网络实体行为，实现风险全局感知和预警；加强 IT 服务外包风险管控，以集群存储及灾备防丢失，避免内部代码未经审核发布到托管平台，确保云服务安全可控，及时把握系统异常与网络安全监测防护。

表 6-12　网络安全防范要点示例

防范要点	说明
网络扫描	鉴定对外网络主机的信息安全漏洞，脚本与宏拦截、渗透测试、输入验证等
防泄露	权限控制（防越权非法访问），敏感数据加密存储、脱敏输出，密钥管理（从认证接口获取加载到内存），加密通信、双向签名，防抵赖、防篡改、防窃听
防攻击	以硬件为基础的防火墙 IPS/IDS 功能，攻击者拒绝、流量检测、僵尸网络 DDoS 防御
程序漏扫	抓取和刺探系统程序的指令，鉴别 SQL 注入和跨站脚本 XSS 等漏洞，主动防御
木马检测	找出可能由服务器感染访客的恶意软件或后门程序，防窃取数据、防账户盗用
证书验证	采用来自受信证书颁发机构的安全传输协议 SSL/TLS 加密通道（如 SHA512）
摘要认证	确认传输信息的完整性，防止支付数据的完整性（数据被恶意修改、非法篡改）

遵从隐私保护的法律法规要求，防范用户个人信息被泄露和滥用，将隐私保护融入产品设计，预防客户信息泄露风险。客户信息要限定使用范围，使用前要先经用户授权，脱敏展示。支付机构（含外商投资）在我国境内收集和产生的个人信息和金融信息的存储、处理和分析应当在境内进行。欧洲 PSD2 规定支付商只能在用户明确同意的情况下访问、处理、保留提供服务所必需的个人数据，GDPR 个人数据比敏感支付数据（Sensitive Payment Data）更严，严格目的限制（Purpose Limitation）与数据最小化（Data Minimisation）原则，用户同意只是处理个人数据的必要理由之一。为处理跨境业务必须向境外传输数据的，应当符合法律、行政法规和监管部门的规定，要求境外主体履行相应的信息保密义务，并经个人信息主体同意。敏感信息要限制访问权限，具有数据查看权限的人员需要对数据安全和资金安全负责，监控任何滥用客户信息的动机。履行消费者投诉处理主体责任，保护消

费者权益，完善投诉处理程序、处理质量与效率，以邮件、短信等实时通知用户，掌控账户动态，提升安全体验。

6.6　支付产品"白标"

灵活性是支付科技企业的必备能力，如今支付机构都在努力开发健壮灵活的支付解决方案，标准化的产品底层，高度可定制的前端。不同于非法套牌，白标（White Label）类似商品贴牌代加工，通常指一项产品或服务先由甲公司开发生产，再由乙公司对此产品重新包装。支付市场很大，受众广，而支付牌照和技术门槛又高，具备通道能力的企业较少，相关生态企业可以提供更丰富的市场服务。因此，没有资源新做一整套支付系统，市场上有这类一站式方案（Turnkey），借助将支付技术后台包装成新的支付品牌，以自己的名义将支付处理服务扩展到客户。支付商则通过贴牌将平台开放给非竞争性同业公司和其他行业参与者，实现设施资产的变现。

举例：海外众多本地支付机构提供白标支付方案，如荷兰 Akurateco、美国 PayKings、意大利 UnicornPay、德国 Ratepay 等支付及收单服务商，内置 SDK 或 API，可一键植入的整体产品解决方案等，支持常见电商开店系统、移动支付和 POS 机收款，并保证在支付处理过程中有效数据的安全性和防止欺诈交易。

白标支付方案的优势在于不必花费时间和资源从头开始开发类似的系统及流程，利用对既有支付链条的拆分和再封装，可以专注于自身主要产品或交易引流获客。方案提供商处理大部分流程和技术问题，包括集成网关、认证、安全、欺诈预防、退款管理等。方案可能是完整的或部分环节的，取决于具体合作模式。集成网关（Integrated Gateway）是最常见的白标服务，托管支付页面，网页或 H5 跳转的黏着力不强，要深层嵌入服务，以 SDK 嵌入商户 App 中，用户通过商户应用中的钱包入口进入，使用资金管理、生活服务、消费卡管理和优惠券等功能，也可以通过 API 接入第三方生活服务应用，调用支付环节。

托管支付运营除了提供技术平台，还可以输出从支付到资金管理的一站式能力，包括管理风控、业务运营、资金结算等，并从为客户提供的支付中获得分成受益、阶梯返佣，从而具有更多的周边服务，如前端搭建、定制营销、数据分析等。支付能力输出与互联网金融存管一站式资金管理方案如图 6-33 所示。由于监管要求，海外支付难以进入本地直接开展跨境支付业务，因此需要与本地机构合作或合资，白标解决方案可提供快速接入新目标市场，打开多种本地支付方式和收单渠道的交易通道，拥有多个支付通道选项，并冠名品牌风格的系统。

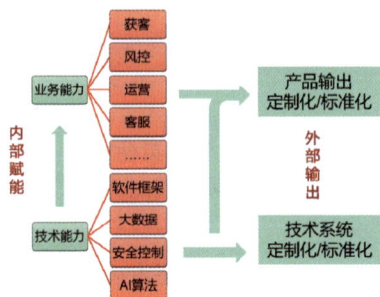

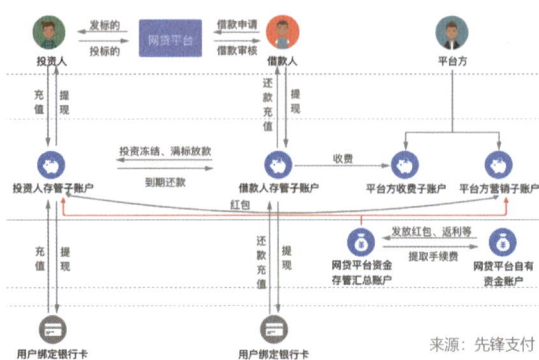

图 6-33　支付能力输出与互联网金融存管一站式资金管理方案

从技术角度来看，云交付 SaaS 白标模式大大降低初始投入门槛，按期收取租期订阅费用，支持为客户特定运营流程定制开发、私有部署及自定义风控规则引擎，作为独立软件服务商可以快速迭代、维护更新软件，了解金融政策、验证需求等。同时，借助互联网渠道持续跟踪客户服务，提高产品易用性与获客留客能力，还能通过交叉销售的方式为用户提供更多服务，分享商户交易手续费收益。当然，由于不掌握技术系统，品牌方在结账体验的外观和功能方面需要深度定制才能体现个性化，从而打造差异化、场景化的支付产品。无论支付渠道的技术实现如何，都要保持全面合规性和满足反欺诈、信息安全等合规要求，白标服务可以深入到产品运营、运行管理、技术运维等多方面。定制化支付服务解决方案相关服务如表 6-13 所示。

表 6-13　定制化支付服务解决方案相关服务

能力	支持范围及实现方式
支付嵌入	内嵌加密技术，Web 在线支付及 Android、iOS、H5 移动端支付，帮助商家多屏收款
经营合规	持牌运营、账户独立管理、安全审计、PCI-DSS 认证、资金外部审查、风控管理等
支付通道	国际卡及本地卡支付、收单服务、货币转换、后付款方案等
网关集成	对接多地区多种支付渠道、付款通道、账户体系等系统平台，动态智能路由降低拒付率
支付验证	对卡交易进行验证处理，对持卡人授权管理，以避免盗刷等高风险交易
设施方案	多云部署、信息安全认证、7×24 小时软硬件运维支持，SLA 服务等级 999.95‰
行业方案	按行业分类，电子烟、药店、约会、博彩、当铺等高风险行业的批准利率大于 2.5%

银行可以直接开展跨境支付业务，但银行以自己的逻辑做跨境市场成本高、效率低，并不拥有支付机构的前端获客、市场甄别和技术整合等优势。有些未获牌照的企业为银行提供白标服务，在前端获客运营，银行负责背后的渠道，不同资质机构的支付白标方案对

比如表 6-14 所示。例如，在境外成立离岸跨境支付公司，注册资本少，申请牌照门槛低，与新兴数字银行对接，可以提供离岸账户开户、收款方案，借助 "API 经济" 打包给代理商。

表 6-14　不同资质机构的支付白标方案对比

代理机构	持牌机构
▪ 白标体现自有品牌	▪ 全功能、多币种收款及支付流程
▪ 原厂商提供合规服务	▪ 提供多级银行账号体系
▪ 收集、分发和管理支付交易	▪ 符合国际金融机构合规标准
▪ 对接多渠道与结算方式	▪ 高效直连主流央行清算系统
▪ 风控技术支持	▪ 具有汇兑功能的多币种账户
▪ 基于 SaaS 的快速云部署	▪ 本地/全球资金头寸管理
▪ 平台 API 与功能模块化选择	▪ 支持可配置自动化清算

第 7 章

跨境金融服务

支付本身是一种金融服务，支付机构依托庞大的客户群及丰富的资金通道，拓展其他金融服务是近水楼台。跨境电商带动了资金服务需求的增长，使得跨境支付机构数量快速增长，反过来追求用户规模扩张的竞争也倒逼这类行业的领军企业的商业逻辑和业务模式不断迭代，这让领军企业从原来主做支付业务逐步进阶，开始尝试上线跨境金融产品，帮助中小商家从合作渠道获得跨境融资。同时，金融服务助力跨境电商业务发展，跨境金融需求呈现多元化。随着客户逐渐转移到线上，使得电子商务平台正在取代部分传统贸易，在线市场伴生了买卖双方所需要的电子支付、消费贷、网络融资、简易保险等金融服务需求。"谁离客户最近谁将获得市场"这个商业逻辑导致传统金融模式在数字经济中逐渐落伍。中小企业通过传统渠道融资难的原因在于传统金融机构服务中小企业的成本过高，缺乏必要的嵌入业务过程的数字化手段。资金是跨境电商重要的一环，零售业通常现金流充沛，但这个前提是零售商对上游有足够的议价权和宽松的账期，中小型在线商家并不具备这样的条件，图 7-1 所示为出口跨境电商中众多中小商户面临的资金需求痛点分析。

进货应付紧	存货占款久	回款应收慢	物流费用高
• 为应对电商促销大量备货垫资，热门品类的订货付款条件、预付更多	• 提前在旺季促销前长达数月的库存暂存，折价、折损与大量退货等	• 基于配送周期的收货确认到账期长达数周，收款换汇入账期也有数日	• 国内仓储直邮或海外仓、国际运输、清关及本地配送等费用高昂

图 7-1　出口跨境电商的资金需求痛点分析

跨境进出口中小型企业把融资方式转向具有新型供应链金融属性的渠道，通过产融结合、深耕小微商户、垂直产业优势，将资源驱动变为数据驱动。通过对跨境商家在线受理"在岸贷+离岸贷"的供应链金融产品，新型供应链金融服务打破抵押式传统授信模式，以电商订单、库存、收款等记录为授信的主要依据，在风控额度内可在线自助借/还款，极速到账，随借随还，满足跨境电商"短、小、频、急"的资金需求。对于跨境独立站的支付功能，叠加消费信贷领域增值服务的潜力也很大。

7.1　传统外贸金融服务

将金融服务跨境提供给不同国家或地区的消费者或企业会受到一系列国际合作准则及本地法规的约束。根据 WTO 服务贸易总协定（GATS），跨境金融服务适用于 GATS 定义的服务贸易四种模式：跨境交付、境外消费、商业存在及自然人流动。四种跨境金融服务贸易模式因各国金融市场准入开放度不同，监管难度很大，尤其是通过互联网数字平台跨境提供金融服务，消费者的交易支付与服务交付发生了时空错位，传统属地化监管不完全适用，造成一些领域还存在跨境监管争议或盲区。下面主要探讨境内金融机构为境内市场主体提供的跨境业务相关的金融服务。

外贸融资通常是指银行对进口商或出口商提供的与国际贸易结算相关的短期融资或信用便利，如进出口押汇、进口代付、进出口保理、担保类等。各银行对贸易融资的做法大体相同，只在详细操作和协议要求方面略有差异。境外贸易融资则是指利用国外代理行提供的融资额度和融资条件，延长信用证项下进口付款期限的融资，如买方信贷、福费廷等中长期信贷，用于进口商支付国内出口商货款，以促进国内货物和技术服务的出口。常见传统外贸金融服务如表 7-1 所示，传统外贸金融服务的主要特征是需要依托大宗贸易、外贸单证及银行跨境分支等条件，线上化程度不高。

表 7-1　常见传统外贸金融服务

服务类别	具体服务项目及内容
授信开证	银行为客户在授信额度内减免保证金对外开立信用证，假远期信用证是开证行开立远期汇票，开证/付款行即期付款，且贴现费用由开证申请人负担的融资方式
出口打包贷款	在出口商收到进口商所在地银行开立的未议付的有效信用证后，以信用证"正本"向银行申请，取得信用证项下出口商品生产、采购、装运等所需的短期周转资金融通
进口托收押汇	开证行在收到出口商通过托收行寄来的单据，根据进口商提交的押汇申请、信托收据，先行对外付款并放单，申请人凭单提货并在市场销售后将押汇本息归还给开证行
进口 T/T 押汇	进口发票融资，在 T/T 结算方式下，进口商收到进口货物后、销售货款回笼之前，以进口商业单据或其他凭证作为抵押，由进口地汇出行先行对外垫付货款的融资
出口托收押汇	采用托收结算方式的出口商在提交单据后，委托银行代向进口商收取款项的同时，要求托收行先预支部分或全部货款，待托收款项收妥后归还银行垫款的融资方式
限额内透支	根据客户资信情况和抵（质）押、担保情况，为客户账户上核定一个透支额度，允许客户根据资金需求在限额内透支，并可以用正常经营中的销售收入自动冲减透支余额
进口代付	开证行根据与国外银行（多为其海外分支机构）签订的融资协议，凭开证申请人提交的信托收据放单电告国外银行付款，开证申请人在代付到期日支付代付的本息
国际保理	在国际贸易承兑交单、赊销方式下，银行或出口保理商以有条件放弃追索权的方式对出口商的应收账款进行核准和购买，使出口商获得出口后回款保证
外汇贴现	银行在外汇票据到期前，从票面金额中扣除贴现利息后，将余额支付给票据持票人
提货担保	在信用证结算的进口贸易中，货物先于货运单据到达目的地，开证行应进口商的申请，为其向承运人或其代理人出具的承担由于先行放货引起的赔偿责任的保证性文件
票据融资	票据包买或票据买断、商业发票贴现，是客户将现在或将来的基于货物销售合同所产生的应收账款以商业票据形式转让、抵押给银行，由银行凭以办理贴现的一种融资

据调查，2018 年我国企业的平均信用支付期限（赊销期）为 86 天。从结构来看，在融资服务中提供超长平均信用支付期限（≥120 天）的占比高达 20%，其中 55% 的企业遭遇超长支付逾期（≥180 天）的数额超过了企业年度营收的 2%[①]。近年来，发达国家信用证的使用率已降至 10% 以下，国际贸易赊销基本上取代了信用证，成为主流结算方式。2018 年，我国社会融资成本构成如表 7-2 所示，社会融资平均成本为 7.60%，资金成本较低的银行贷款、企业债、上市公司股权质押等渠道是大型企业主要享有的，对于多数小微企业而言，更多依靠保理、小贷、网贷、流贷等资金成本较高的渠道。小微企业在供应链中处于弱势地位，实际运营资金常不断被挤占，在经济放缓和国内去杠杆的大势下更为突出，更长的支付账期加剧了现金流困境。

表 7-2　我国社会融资成本构成表（2018 年）

主要融资主体	社会融资类型	平均融资成本（利率）	总体占比
央企、政府平台、上市公司	银行贷款	6.60%	54.84%
	承兑汇票	5.19%	11.26%
	企业发债	6.68%	16.50%
	上市公司股权质押	7.24%	3.39%
	融资性信托	9.25%	7.66%
	融资租赁	10.70%	3.95%
中小企业、非上市民营企业	保理	12.10%	0.44%
	小贷公司	21.90%	0.87%
	互联网金融（网贷）	21.00%	1.09%
总体状况		7.60%	100.00%

资料来源：清华大学经管学院《2018 年中国社会融资成本指数及未来融资成本趋势分析》。

从金融机构数量来看，我国金融供给总量是充足的。除国有大银行外，还有数千家遍布各地的中小商业银行、贷款机构。问题在于金融产品与服务的供给结构不均衡，以银行为主的间接融资比重远高于直接融资，而银行产品的设计常常具有单一性与同质性的问题，难以精准满足实际市场中不同规模级别和不同行业特点的客户差异化需求，对小微企业供给不足。小微企业是市场创新的源泉，品牌出海需求及国内商家转型带来的跨境卖家持续增长也将为小微企业出海提供高效便捷的跨境金融服务。从外贸电商、跨境电商经营角度看，备货占资大、平台账期长、跨境收款周期长等问题都影响了商家资金回笼，加上高昂的营销、仓储及配送等成本费用，使得资金压力是个大难题，融资也存在渠道少、成本高、授信缺失等困难。

---

① 科法斯（Coface）保险公司，《2019 年中国企业付款行为调查报告》。

7.2 数字银行与互联网金融

传统金融服务体系存在门槛高、普及率低和供给不足等问题，小微企业、中低端收入人群的金融服务需求一直没有得到有效满足。由于深层次的供需关系原因，传统金融服务覆盖不足，传统的以资产控制为基础的融资基础，为金融科技企业释放大量潜在需求，以移动支付、互联网理财等为代表的新金融服务模式带来更加快捷便利的金融服务渠道，金融服务成本大幅降低。银行也在不遗余力地升级 IT 系统和改善用户的数字化体验，但很难彻底改变服务流程和业务模式以适应客户的变化预期，尤其是对消费者及小微企业的数字金融服务，要建立"嵌入式金融服务"的理念。图 7-2 所示为著名咨询公司麦肯锡开放金融市场的分层演化分析，嵌入式金融最贴近客户端。金融服务不是预先存在的"放贷产品"，而是伴随着客户业务的发生因需出现的，是更加场景化的"无感连接"。随着具有大流量的互联网头部企业对金融领域的涉足，使得传统金融行业感到了压力。银行、保险、信托、基金、证券等都纷纷拥抱互联网，出现了互联网与金融相互交叉发展的景象，模块化程度更高的新型金融服务使开放银行（Open Banking）成为可能[1]。

图 7-2　麦肯锡开放金融市场的分层演化示意

网络支付及理财平台大量截留居民现金，固定存款作为廉价贷款资金源正在减少，金融市场常态化的低利率与净息差减少，这使得传统银行重要的收入来源受到挤压。互联网推动的透明化竞争已迫使银行降低了金融服务的价格，新兴竞争对手金融科技进一步通过数字化手段解决市场不对称问题，如在线完成认证、开户、转账及融资签约等，直接攫取了价值链中最有利的部分，银行运营成本高昂的基础设施成为负累。运营从实体模式转变

---

① 波士顿咨询公司、平安银行，《中国开放银行白皮书 2021》。

为数字线上模式，让交易自动化和资金过程更精简，也让在线交易降低操作与审核成本、社会化线上营销增加获客机会、大数据风控降低风险水平。

> 举例：对银行来说，由于其有很多线下流程，审核和签约需要消耗大量资源，单笔贷款的操作成本相对固定，占 10%~15%，其中总体资金成本一般是 4%，小企业贷款业务的风险溢价一般是 4%，获客成本大约是 6%。假设有 40 件贷款申请，如果过件率为 100%，风险溢价就会明显上升，如果通过 20 件，也就是过件率为 50%，那没通过的 20 件贷款申请的获客成本就要分摊到通过审批的 20 件贷款申请上。

近年来，互联网金融经历了从繁荣到"暴雷"的粗放式发展过程，网贷 P2P、炒币、炒汇等脱离监管的网络平台变相突破了市场红线。因此，国家对于金融科技应用的监管更加严格，通过数字化穿透式监管、系统嵌入及系统接口准确抓取经营数据，把资金来源、中间环节与最终投向全流程连接起来。另外，为了促进金融科技企业良性发展，让金融服务更加个性化、数字化、普惠化，数字银行牌照已经在全球流行，如境内的微众、网商、百信等直销银行，中国香港的 ZA、Mox、WeLab、Livi 等虚拟银行。美国市场新一代银行也在兴起，以 Moven、Simple、GoBank、Chime 等为代表，但新一代银行本身并未具备银行牌照，而作为技术提供商与传统银行合作，为用户提供银行服务，用户的资金账户则由银行代为管理。新型互联网金融兼顾了银行及互联网科技的优势，具体表现在以下方面。

（1）获客成本低。互联网金融巨头具有强大的客户网络效应和渠道能力，金融产品设计更加场景化，具有受众群体广泛、边际成本低和用户转化率高等特征。全新的客户体验再结合日常生活场景来推广金融产品，能够对传统金融机构长期服务不到的领域"降维打击"。领先的网络平台将支付、贷款、保险等综合金融服务嵌入业务体验，促进客户关联交易。

（2）科技提升效率。科技企业的优势是长期持续的产品开发与投入大大提高了营销及运营效率，丰富的客户数据让基于数据的信贷、精准营销、市场预测、征信、风控等借助机器学习、生物识别、大数据、自然语言处理等前沿技术，提升金融数据理解能力，打造高效智能的金融服务。

（3）平台化风控体系。平台化模式下的各方信息深度融合极大地提高了供应链金融的运作效率，实现跨地域、跨行业、跨资金来源的开放模式，以支付、清结算及风控一体化方案解决交易中的资金安全、循环利用等问题。按监管要求，第三方支付为互联网金融提供系统与资金的合规服务，其银行资金存管系统解决方案如图 7-3 所示。

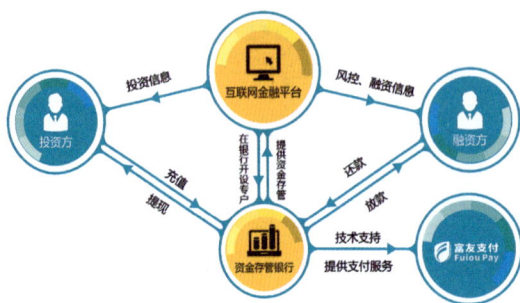

如网络借贷、线下理财、小贷、融资性担保等在线平台。收费标准:线上App费率为 0.65%~1.00%,付款为 1元~2元/笔,网银费率为 0.18%~0.50%,协议支付费率为 0.30%~0.60%。支持多家银行及付款通道在线充值,在用户授权下完成借贷双方的资金划转。

（来源：富友支付）

图 7-3　第三方支付银行资金存管系统解决方案

（4）资金成本低。互联网金融最大的优势在于平台各参与方的联通、透明,银行、租赁、保理、信托等都可以发现优质的资产,从而降低信用风险,企业在提升融资效率的同时也在一定程度降低了融资成本,实现了多方共赢。支付平台更容易往线上贸易融资平台、线上电商金融服务平台等生态化方向发展。

金融的基础是产业,不同产业的主体、生态、周期、资金流动等特征不尽相同,各自供应链管理流程差异巨大,市场主体很难跨越产业鸿沟,形成具有普适能力的管理模式。各级政府指导金融机构对小微外贸企业降低融资门槛,但由于金融机构对新业态的贷款坏账风险仍很谨慎,并不会因为政策宽松而降低审核门槛,所以实际拿到资金支持的跨境企业并不多。多数银行因为对跨境场景陌生,所以仍依赖最保险的抵质押模式,而跨境电商多属于轻资产,缺少抵押物,业务和资金流程不健全,导致融资难度大;银行的贷款业务审批周期长,很多跨境企业在缺钱时,只能去拆借民间资本,但拆借民间资本的风险大、成本高。相比产业激励,释放产业与金融之间的结构性效率,采用银行 API、产融结合、数字生态等方式更有效,开放银行会是金融监管制度发展的重大变革[1]。

7.3　跨境供应链金融

供应链金融（Supply Chain Finance，SCF）已成为跨境支付重要的盈利业务。供应链运营中会存在资金缺口,供应链金融是一种针对中小微企业的自偿性贸易融资模式,以真实贸易背景为前提,帮助供应链上的成员盘活流动资产,形成稳定持续的现金流切割,让利益各方以较低的成本实现高效的生产运营。供应链金融不仅包含融资借贷,还包括更广义的金融服务和产业服务组合,是一种平台型金融。传统金融与供应链金融的比较分析如表 7-3 所示。供应链融资方一般为上游供应商和下游经销商,提供融资渠道的服务方一般

---

[1] 麦肯锡，《全球银行业年度报告（2019）》。

为商业银行、电商平台、保理商、金融科技企业及供应链企业等。涉及金融业务就需要解决授信、风控问题，供应链融资也面临着信息不对称、信用不充分的风险，这需要提高供应链的数字化风险分析能力。

表 7-3　传统金融与供应链金融的比较分析

类目	传统金融	供应链金融
主体	以财务报表优质的单个企业为主	供应链各环节多个企业，中小企业居多
授信	担保、动产抵押	动产/货权质押、数据化信用
渠道	银行、融资企业等金融机构	银行、其他非银机构
参与度	解决单个企业融资问题、跟踪融资企业	盘活供应链资产，跟踪整个经营过程
期限	融资手续多、效率低，短/中/长期	放款高效，短期为主，滚动周期
风险	财务资产评估信息披露不充分，道德风险、信用风险高	根据交易信息、对手方，企业间存在业务合作，信息相对透明，风险分散

供应链活动的复杂性、参与者主体的多元化，以及金融服务本身具有的差异化特征，造成单一的金融机构或资金渠道往往难以满足相关需求。供应链金融发展阶段划分如表 7-4 所示，供应链金融行业的发展断代在市场上并没有太显著的分界线，很多模式是共存的，电商及数字化平台加速了进化升级，已经进入数字平台化发展阶段，包括基于已有交易服务信息优势或区域产业集成优势的横向跨业整合平台和基于产业知识壁垒的纵向垂直平台。

表 7-4　供应链金融发展阶段划分

阶段	业务特征	主导力量	信用评估
核心企业主导	主要以供应链中的核心大企业联动上下游供应商和客户的轴心式"1+N"方式开展	金融机构主导，但未真正参与到供应链的运作过程中，依赖核心企业驱动	完全依靠核心企业的信用外溢
垂直一体化	以系统集成直接服务产业上下游，围绕单一产业链展开	产业企业深度参与，成为推动主体，金融企业配合	基于对交易、物流等信息的把握，对融资对象隐性识别
数字化平台	搭建平台化设施和规则体系，各参与主体间呈复杂网络结构，实现同业跨链合作	金融与产业的高度融合，科技赋能与资本驱动相互促进，在线平台处于整合中心地位	基于数据的全面、实时、动态信用体系，以数字信用、数字资产作为企业的身份评估标准

在供应链金融模式方面，商业银行提供的供应链金融业务常见模式如表 7-5 所示，银行通过核心企业的信用保障和供应链管理体系，将服务对象拓展到核心企业上下游的中小企业，优化信贷结构。从融资支用的先后顺序看，上游供应与现货抵质押是"先货后款"，下游销售与未来货权是"先款后货"。

表 7-5　商业银行提供的供应链金融业务常见模式

类别	金融产品	中间业务产品	风控重点
应收	保理/保理池融资、应收账款质押融资、订单融资、票据类融资	▪ 应收账款清收 ▪ 结算/退款 ▪ 账户共管 ▪ 汇兑/换汇 ▪ 购销通 ▪ 资信调查 ▪ 现金与财务管理 ▪ 开证	下游企业的反担保，动产质押、动产固定抵押、动产浮动抵押+仓储监管
预付	保兑仓融资，先票后货业务、担保提货、未来货权质押、开立信用证，卖方担保买方融资等		上游对未被提取货物进行回购，并将提货权交由资方控制，卖方担保、保购、保证发货、差额回购、调剂销售
存货	融通仓、标准仓单融资，存货、现货质押，浮动融资等，仓单质押		历史交易和运作情况调查，第三方物流对质押物验收、价值评估与监管
信用	出口信用险项下授信，无抵质押的先票/款后货授信		资金流向在指定业务，融资依据供应链网络内业务往来关系，数据监控

跨境电商在经营过程中经常遇到资金短缺的瓶颈，电商平台开展供应链金融有其天然的数据优势，基于真实业务场景产生的线上交易，更易于电商平台评估信用和识别潜在风险：平台积累了大量连续的历史交易数据、交易对手的履约情况；贷款资金流向与交易行为一致，还款来源明确，贷款发放和还款形成资金闭环；平台可对接多种资金方，能回购及承诺分销，变现能力强。跨境电商供应链金融服务是新型贸易融资解决方案，帮助资金方和商家之间达成一个风险平衡，协助将发票、订单或外汇转化为现金，助力业务拓展。基于交易流程视角的供应链融资时点业务模式如图 7-5 所示，从基于交易流程的环节看，跨境供应链融资时点有若干种。物流辅助掌控货物，是连接商家和其他服务商的重要载体，也是融资时点的风控依据。跨境支付机构具有开展供应链金融的数据基础，根据商家具体情况提供分环节的定制化金融服务，构建在线申请、放款、还款等便捷操作。然而，跨境支付公司多数只有国外的牌照，拥有国内牌照的支付公司较少，银行介入这块业务不深，基本上没有形成资金闭环，难以给跨境企业贷款，有资质的支付机构可以直接为商户提供融资服务，没有资质的则为银行等金融机构导流。

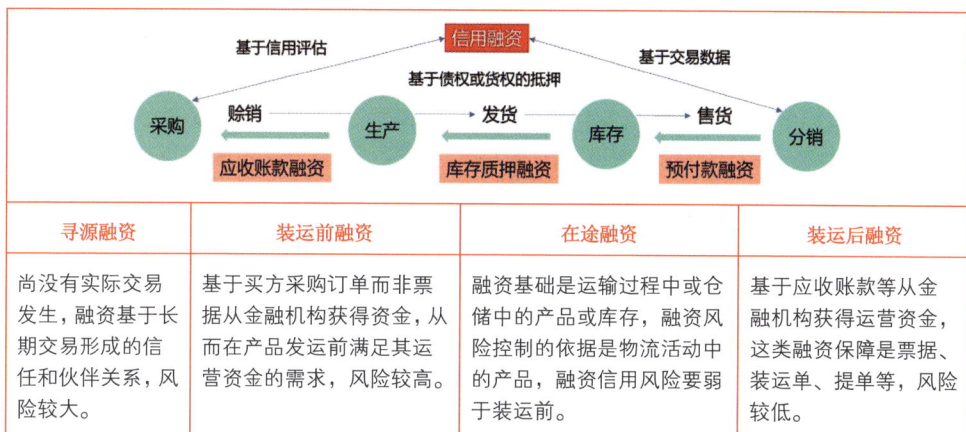

图 7-5　基于交易流程视角的供应链融资时点业务模式

供应链金融业务主要盈利来源于息差收入，资金成本、风控水平等对利润空间影响较大。供应链金融涉及账户、资金、渠道、支付、对账、结算、风控、合规、催收等多项细分工作。动产融资的风险管理需要研发风控评估模型，进行数据分析及验证，引入信用保险公司支持，转移信用风险。

7.3.1　预付账款融资模式

预付账款融资属于先款后货、未来货权融资，融资服务商先代买方向卖方支付全额货款，在卖方根据购销合同发货后，货物到达指定仓库再设定抵质押为代垫款的保证。实务中，代付采购款的融资不需要金融牌照，主要用于下游的销售渠道融资，其担保基础为买方对卖方的提货权，上下游企业及第三方物流与融资服务商共同签订协议。如果卖方承诺回购，可以指定仓库的仓单来申请融资缓解预付款压力，由融资服务商控制其提货权，一般按照单笔业务来进行，不关联其他业务；或者买方缴纳一定比例保证金，融资服务商预付采购款项给卖方，卖方发货给服务商指定的监管仓库，货物到达后先设定抵质押作为授信担保，然后仓储监管方按照服务商指令逐步放货给借款方，监管质量和准确性取决于监管公司的管理能力和现场履责程度。预付账款融资流程如图 7-6 所示。

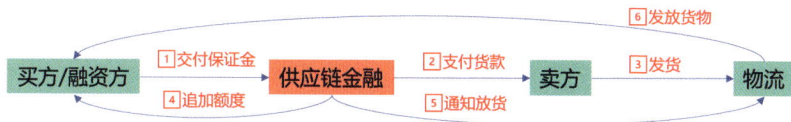

图 7-6　预付账款融资流程

电商在产品旺销时，库存周转快，有时会为了旺季促销而大量备货，所以在采购预付款阶段对资金需求十分突出。预付款融资时间覆盖上游排产及运输时间，货物到库可与存货融资无缝对接，能有效缓解现金流压力。市场上有很多跨境供应链专业化服务公司，如进口保税仓、跨境电商园区、清关公司、直邮服务商等。由于采购旺季过于集中，提供跨境供应链融资的单个资金池都不大，资金成本也不稳定，涉及及时供货、滞销及在途风险等环节，采买方对供卖方的谈判地位也是重要条件。常见的跨境预付账款融资形式有以下两种。

（一）跨境垫资采购

商家预付部分定金，在淡季向上游打款，支持上游生产或供应所需的流动资金，并锁定产品优惠的价格，交单后付尾款，在旺季分次提货用于销售。跨境电商促销期订单在全年的占比很大，促销期的集中采购备货尤为重要，商家在淡季批量订货，在旺季进行销售，可获得更多收益。备货的周期可能长达数月，大量采购产生了大量资金需求。预付类融资能缓解季节性资金短缺问题，以小资金撬动大销售的杠杆，如海外进口代采、出口垫资采购、国际物流费用先行垫付等情况。有些进口电商平台的账期较长，在给这类平台自营供货时，很多资金实力弱的中间采购商会选择代理采购，提供预付类融资的机构作为"托盘商"。

> 跨境供应链代理采购金融方案：融资服务商收取中小企业约 20%货值的保证金，向上游供应商支付全款，对于货物运抵资方合作的境外仓库或国内保税仓，客户根据自身情况还款赎货或补充质押库存换货。整个跨境电商进口业务的总量相对较小，按有些服务商最大单笔 500 万元来算，资方的资金成本年化收益率一般在 10%~15%。

垫资采购对商家的在途资金占用少，杠杆比例高，在仓可以补货式还款，适用于有长期采购需求和稳定销售渠道的企业。资金方要对上下游合作对象做风控评估，交易风险分布在采购至销售的各个阶段，对于销售季节性差异较大的产品，商家要能有效解决销售渠道问题，减少应收账款占用，提高资金周转效率。

集中进货的资金困难，部分原因是采购需求突增，上游的短期资金盘有限，与需求匹配不平衡。在采购时，单源供应往往因为供方过于集中而带来供应不稳定或议价影响，如境外品牌方凭借货源地位控制供货的状况；而柔性的多源供应也会产生选择的隐性成本，特别是在全球供应链体系中，存在诸如各种税收、汇率、进出口费用、供应商认证审计等代价。因此，要综合考虑供应商的地区风险、品控、供应能力、运输前置时间及稳定性等因素。

（二）跨境保兑仓

赊销考验卖方的资金流和买方的信誉。保兑仓（担保提货）是指买方缴纳一定保证金，资方贷款供买方采购，卖方出具金额提单作为授信的抵质押物，卖方不用发货给第三方物流监管，而本身受托承担监管职能，按照资方指令逐步放货给买方。该模式又称为卖方担保买方信贷，核心是卖方出具回购担保承诺，承担相应的因发货不足而退款的责任。典型如境外华人代采商将货物发至保税区并控制提货权，买方交存一定数额的保证金，专项用于向代采商支付货款；代采商凭单发货，首次发货的价值不超过保证金额度，境内买方收到货物后，在到期日前若干天未足额备付时分批拿货、分期还款，代采商承担货物质量保证及回购责任。

实务中，保兑仓运用的贸易背景是，客户为了取得大批量采购的折扣，采取一次性付款方式，而上游可能因为排产、集货等问题无法一次性发货。对资方而言，异地在途物流和到货后的监管要深度绑定卖方，将对卖方和物流的监管合二为一，简化风险控制，引入卖方承兑手续，从而解决抵质押物的变现问题。

7.3.2　存货融资模式

存货或库存融资主要是指以贸易过程中的货物进行抵质押融资，持有存货的企业利用现有货物提前套现，释放库存占用的资金，提升资金周转率，平衡购销稳定性。通常，除了大宗生产物资会直接进行库存短期抵押融资，单纯就产成品库存进行融资的情况较少，为避免因市场价格波动或其他因素导致产成品库存积压，更多的是在采购或销售阶段对库存进行控制。在跨境电商行业里，库存占整个供应链运营成本 30%以上，存货量大或库存周转慢的商家，在资金周转困难的情况下，用库内现有货物融资。存货融资模式的流程如图 7-7 所示，对受监管库存要分类管理。

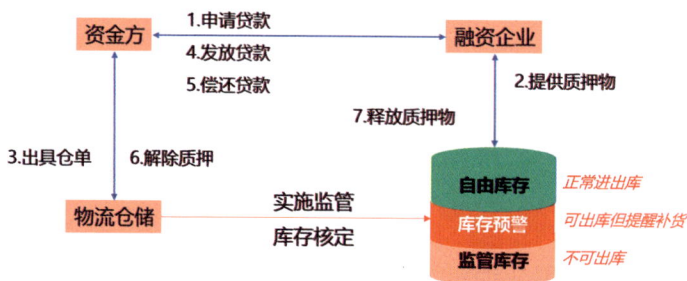

图 7-7　存货融资模式的流程

质押物存在管理和价值波动风险，跨境电商与大宗商品的供应链金融特征对比如表 7-6 所示，对于货物类别而言，标准品（价值易于评估）、能够识别到件的物品（防止被恶意调包）更适于采用该模式。存货类融资主要分为现货融资和仓单质押两大类，现货融资又分为静态抵质押和动态抵质押，通常需要企业具备小贷牌照或典当行资质。

表 7-6 跨境电商与大宗商品的供应链金融特征对比

跨境电商供应链金融	大宗商品供应链金融
▪ 商品对象种类多、价格低、波动大	▪ 大宗商品，品类单一，货权清晰
▪ 货物真实性识别、货值定价等难度大	▪ 价格机制确定、有市场参照
▪ 商品处理周期长、不确定性大	▪ 商品处置程序标准化、账实相符
▪ 存在海外仓/报税仓的监管难，法律处置风险大	▪ 通常存放在境内普通仓，监管相对容易

（一）现货融资

（1）静态抵质押。企业以自有或第三方合法拥有的存货为抵质押的贷款业务，融资服务商或委托第三方物流对货品实行监管，抵质押货品不允许以货易货，可汇款赎回，无须另外的抵押，购销方式为批量进货、分次销售。企业以此盘活积压存货的资金，扩大经营规模，货物赎回后可进行滚动操作。

> 举例：客户 A 为天猫国际宠物食品商家，每年销售额达千万元，天猫国际建议库存备在指定物流仓发货，但客户 A 缺乏资金采购新品迎战"双 11"。供应链金融服务商 FundPark 提供存货融资服务，按照其销售和存货总值批出信用额度予客户 A，以供客户 A 采购新品在"双 11"取得佳绩，并在 90 天内随借随还。

对于跨境进口，商家把货物送到保税仓库，并提供电商平台网店的链接，融资服务商向其合作物流拿商家的销售额和存货报告，对货物估值，按商家现有存货的货值和电商销售额授予信用额度，商家可以随时提取资金。

（2）动态抵质押。放款机构对抵质押的商品价值设定最低限额，允许限额以上的商品出库，也允许商家以货易货，适用于库存稳定、货物品类较为一致、抵质押物的价值核定容易的情况。基于品类维度的动态授信决策与额度系数如表 7-7 所示，出口的摩托配件和汽车配件类产品，销量较平稳，产品生命周期长，季节性影响不明显，可以支撑稳定的融资方案。跨境进口的爆品纸尿裤、奶粉等销路畅通，也是相对容易融资的品类。这种动态核定库存模式对于生产经营活动的影响小，对盘活存货作用明显，但隐性风险较高，有时质押物需购买财产综合险。

表 7-7　基于品类维度的动态授信决策与额度系数

品类	品名	成长性	保值率	产品周期	季节性	促销	是否准入	淡季放款比例	常数	旺季放款比例
SKU 1	消费电子	★★★★★	较低	短	不明显	显著	√	0.8	1.0	1.5
SKU 2	汽车配件	★★★	较高	长	不明显	一般	？	0.6	1.0	1.2
SKU 3	摩托配件	★★★	较高	长	一般	一般	√	1.0	1.0	1.0
SKU 4	体育户外	★★★★	一般	中	显著	显著	？	×	×	0.5
SKU 5	服装	★★★★	较低	短	显著	显著	×	×	×	×

（二）仓单质押

仓单质押是以仓单为有价证券标的物的质权，用于短期贷款，支持承兑、保证、信用证等授信业务，质押和解押只需背书即可，企业持专业仓储公司的仓单进行质押申请融资，仓单项下货物所有权不转移，不影响企业的正常生产经营。仓单质押分为标准仓单和普通仓单，区别在于质押物是否为期货交割。标准仓单是经期货交易所注册生效的标准化提货凭证，指定交割仓库验收，适用于通过期货交易市场进行采购或销售、套期保值、规避经营风险的客户。普通仓单以非期货交割仓单作为质押物，理论上，只要质押物权能做下来，由资方指定的仓储物流都可以承接，可以是普通仓、保税仓、海外仓等，跨境海外仓的仓单质押存货融资方式如图 7-8 所示。在海关特殊监管区内，保税货物设定担保物权提供了海关许可依据。

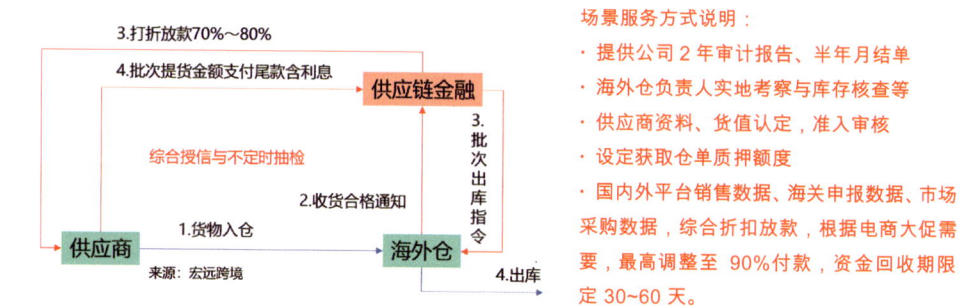

图 7-8　跨境海外仓的仓单质押存货融资方式

库存对零售和电商非常重要，从现金流的角度看，基于库存总额计算库龄结构，按月动态分析。融资服务商要通过给电商卖家做这类数据分析，将整个仓库的库龄状况与行业水平同步对比，将分析结果给到金融机构用作贷款时的风险评估。出口海外仓常会涉及多国库存，如表 7-8 所示，不同国家仓库商品库龄的去化率存在差异，除评估销售水平外，还涉及国外当地法规、逾期高额仓储费等问题。国内多数跨境进口供应链融资需要抵押物，一般采用固定资产做抵押或法人做担保，以防出现坏账情况。海外华人贸易商融资难度大，因为没有合适的质押物，也没有国内公司担保，同时受到财务数据、业务流水等限制。

表 7-8 不同国家仓库商品库龄的去化率对比

仓库	60 天	90 天	180 天	270 天
A 国仓	59.2%	72.5%	90.1%	95.7%
B 国仓	52.1%	69.1%	94.2%	100.0%
C 国仓	53.6%	66.9%	86.8%	95.6%
D 国仓	56.4%	69.7%	86.3%	92.3%
平均值	55.0%	70.0%	89.0%	95.0%

细化融资方案要综合企业的货物周转状况来定制各个品类、各个仓库的融资方案。尽量规避运营周转率低的不合格品类，单仓 SKU 过多会拉低周转率，需要评估去化率平均水平。例如，消费电子类的销售增长比较迅速，但是库存滞销风险较大，所以这部分品类和户外品类就不太一样。要对接库存和销售数据，可通过数据模型进行实时监控，运用风控体系来做定期评价，与资金进行闭环关联。不同库龄去化率对供应链金融风险示例如表 7-9 所示。放款机构每月提供 70% 的杠杆，周期为 90 天，扣掉干线运输 30 天，若每个品类的去化率都能在 30% 以上，则 3 个月资金就可以基本周转完，但销售收入要扣掉成本、平台手续费，才能保证净销售款可以按期还贷。

表 7-9 不同库龄去化率对供应链金融风险示例

项目		SKU1	SKU2	SKU3	风控方式
采购金额（万元）		100	100	100	贷款金额 70 万元
成本占售价比例（扣除平台交易费）		40%	36%	50%	风险评估维度：
供应链金融比例		70%	70%	70%	· 公司层面
预期销售总额（万元）		250	280	200	· 品类详情
0~60 天	去化率	55%	30%	35%	· 销售区域
	两月收入（万元）	137.5	84	70	· 店铺层级
60~90 天	累计去化率	70%	55%	60%	· 历史业绩
	当月净收入（万元）	37.5	70	50	

注：在特殊情况下，SKU3 前两个月销售低于 35%，资金回笼少，按期偿贷可能存在风险。

通常情况下，仓库取货以纸质票据为凭证，系统电子凭证监测商品信息、进出库等动态，仓单的无重复抵押、真实性、货物监控是仓库管理的关键。存货融资中的风险防范如图 7-9 所示，要综合防范仓库管理中的仓单造假作弊、内控失效等风险。跨境进口部分产品也有季节性、周期性，过了时节和流行期就有滞销风险，加之受保质期的约束，跨境保税仓的很多产品超过保质期则不得销售，只能销毁和退运，还有一些新品存在销量不佳、存货贬值且折现慢等风险。

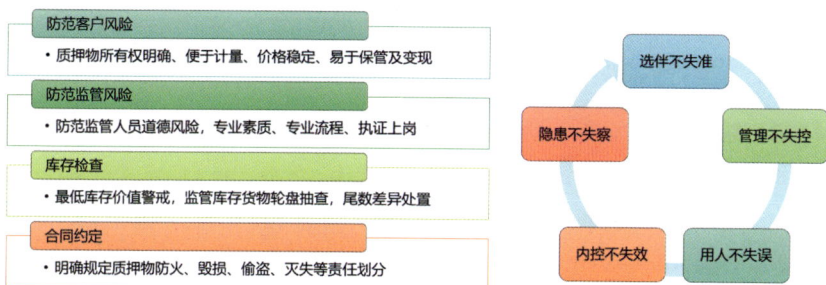

图 7-9　存货融资中的风险防范

7.3.3　应收账款融资模式

应收类融资主要应用于上游融资，以卖方与买方签订真实贸易合同产生的应收账款为质押基础，以应收款为还款来源，将赊销项下的未到期应收账款转让给资方（商业保理/小贷公司）。通常需要发货来实现物权的转移，以促使合同生效、确权，如销售已经完成，但尚未收妥货款，则适用保理融资；如为了完成订单生产，为订单融资，以担保方式为未来应收账款质押，实质可能是信用融资。企业运用应收账款融资可以提前获得销售回款，无须提供传统贷款所需的抵质押和其他担保，缩短资金周转时间，实现商业信用风险的转移。预付款融资和存货融资都涉及对货物的监管和对财产的保全，增加了不少风控环节，应收账款融资对其他辅助环节的依赖少，对物流的把控要求低，不确定性较小。据统计，国内中小企业应收账款占资产比重超 30%，融资需求潜力巨大。在赊销贸易下，应收账款融资市场前景及其长尾市场模式变化如图 7-10 所示，为避免支付逾期，企业对应收账款的管理和融资需求一直是供应链金融的重要方向。应收账款融资包括：保理、保理池融资、反向保理等模式。

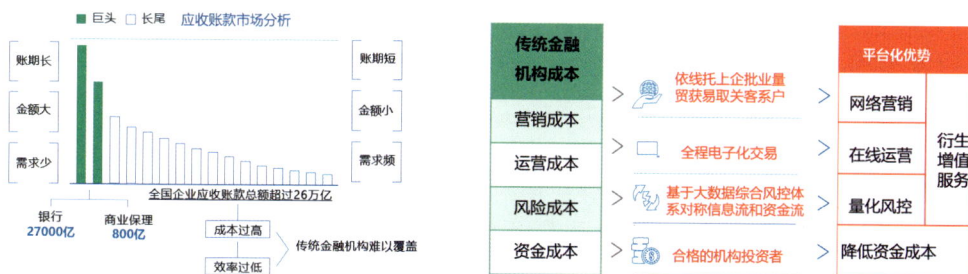

图 7-10　应收账款融资市场前景及其长尾市场模式变化

互联网企业不盈利的情况比比皆是，但现金流绝不能断。上游付钱快、下游结款慢，承接跨境供应链上下游的中间服务商，交易规模很容易做大，做得越大就越有断资风险，这几年不乏被账款拖垮的跨境进口供应链平台案例。随着跨境进口平台流量集中化，行业垄断趋于饱和，大平台采购的账期较长，对渠道的把控更强，在合作上更强势，对采购供应方的资金量、周转率、现金流都提出很高的要求。

> 平台如何通过账期赚钱？电商平台从商家进货，约定账期是 60 天，但平台只花了 20 天就将货卖了出去，剩下的 40 天，资金沉淀在平台账户上，可转手再贷给需要融资的商家，以赚取利差。京东最早盈利的部门是供应链金融部门。中国主要跨境进口电商平台 B2B 供货账期平均为 30~60 天，可能实际结账比合同账期要长，还有一些品类账期长达 120 天。

跨境出口业务占款周期很长，回款账期如图 7-11 所示，加上海外仓头程运输、备货成本、海外仓租等综合资金占款周期也不短，长占款问题更加突出。不含代发和代销，跨境电商从采购到收款的长周期，让运营商承担了巨大的资金周转压力，不同品类、不同供应商信用等都有账期差异。与此同时，由于"货主要账期、航司要现结"的上下游合作规则，国际货代及物流商的付款压力一直很突出，跨境物流领域也有这方面的融资场景。

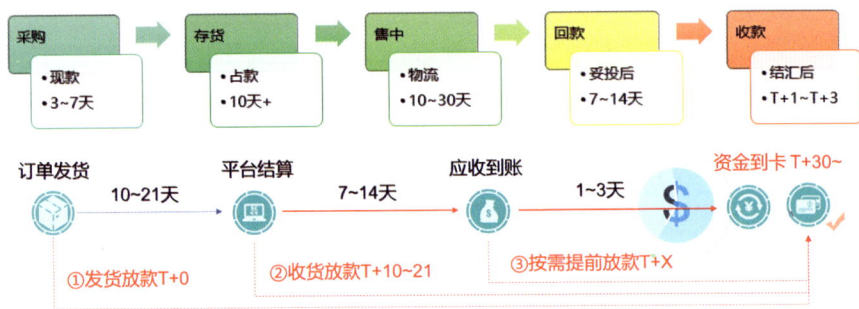

图 7-11　跨境电商出口业务的回款账期

常见的几种应收账款融资的付款方式如表 7-10 所示，常常由资源强势方支配有利于自己的模式，例如，跨境融资平台面对上游爆款缺货且有采购链路的供应商，在同等条件下往往对方会选择付款条件更好的平台进行合作。同样，作为销售流量渠道的大平台方，在同等条件下会选择付款条件更优惠的供应商，这些年常见一些供应商用代销或者货到付款的模式去打新品。下面介绍应收账款融资的两种基本模式。

表 7-10 常见的几种应收账款融资的付款方式

预付款				见提单		到付	代销	
见提单付尾款，如按 2:8、3:7 等比例	见提单付中间款，入仓后付尾款，如按 2:7:1、3:5:2 等比例	入仓后付尾款	100% 预付全款	预付款、入仓后付尾款	付全款	货到付全款	按时间段（月/季）销量付款	按规定金额付款，如50万元

（一）保理及保理池

保理是指卖方将现在或将来的基于真实交易的应收账款转让给保理商，由保理商向其提供资金融通及信用风险担保等一系列服务。在此模式下，担保物通常是买卖双方形成的商业票据，供应商既是信用保证提供者也是融资受益方，以即付的方式受让所有应收账款，提前实现销售回款。保理业务期限一般在 90 天以内，最长可达 180 天，传统模式的保理以核心企业信用为整个产业链信用背书，涉及"核心企业确权"，但对于中小企业的长尾市场覆盖不足。商业保理业务范围包括保理融资、销售分户（分类）账管理、应收账款催收、非商业性坏账担保、客户资信调查与评估，以及与保理相关的咨询服务。

国际保理（International Factoring）即国际保付代理业务，又称承购应收账款，指在以商业信用出口货物时，出口商交货后把应收账款的发票和装运单据转让给保理商，即可取得应收取的贷款，日后如果发生进口商不付款或逾期付款，则由保理商承担第一付款责任。国际保理作为一种对外贸易短期融资，减轻了进出口双方的资金压力，但需要人工验证交易单据的真实性及买方付款能力，操作成本高。由于各个国家或地区的商业交易习惯及法规存在差异，因此保理业务在法律性质、服务内容、付款条件、融资状况等方面也存在差异，保理业务分类如表 7-11 所示。

表 7-11 按不同性质对保理业务进行分类

分类方式	内容定义及区别
是否属预付融资	融资保理（Financial）又称预支保理，当保理商收到出口商的应收账款票据时，即向出口商预支 80% 的应收账款，剩余 20% 待保理商向进口商收取全款后再结清；到期保理（Maturity）指保理商在收到出口商的应收账款销售单据时不提供融资，在单据到期后才支付货款

分类方式	内容定义及区别
保理商公开与否	即销售货款是否直接付给保理商。国际保理多是公开型的（Disclosed），出口商必须将保理商的参与通知进口商，并告知其将货款付给保理商。隐蔽型的（Undisclosed）是指出口商为了避免让他人得知自己因资金不足而转让应收账款，不将保理商的参与通知给买方，进口商并不知晓，货款仍由进口商直接付给出口商，货款到期时再向保理商偿还预付款
保理商有无追索权	国际保理多是无追索权（Non-Recourse），保理商根据出口商提供的名单进行资信调查，在已核定的信用额度内为出口商提供坏账担保，由于债务人问题造成的损失均由保理商承担。有追索权（Recourse）保理，保理商不负责审核买方资信，不提供坏账担保，只提供贸易融资，如果因债务人清偿能力不足而形成呆账、坏账，保理商有权向出口商追索
单/双保理	单保理指仅涉及进口商或出口商一方保理商的保理方式，例如，在单进口保理中，出口商与进口保理商进行业务往来。国际保理中一般采用双保理方式，即进出口国两个保理商之间签订代理协议，在整个业务过程中，进出口双方只需与各自的保理商进行往来

保理池或赊销池融资（如图 7-12 所示为保理池业务及电商平台场景），将一个或多个具有不同买方、不同期限及不同金额的应收账款打包转让给保理商，保理商再根据累计的应收账款进行融资放款，整合零散的应收账款，免去多次保理服务的手续费用，提高了融资效率。由于卖方分散，所以不易同时发生不还款的情况，只要对每笔应收款交易细节进行把控，就可在一定程度上降低客户授信风险，避免坏账风险。

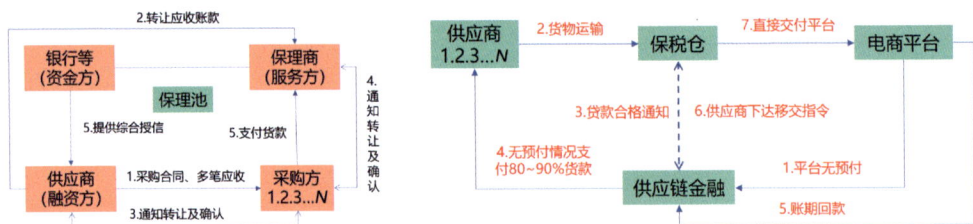

跨境进口供应链金融应收账款融资：
企业从欧洲和日本跨境进口化妆品，直接供货给天猫国际、京东海外、考拉等电商平台自营店。从理货报告起算，平台有两三个月的账期，通过应收账款贴现，回笼资金立即买货和供货，提高周转率。

1. 融资方出货并上传提单、发票、箱单等文件到电商平台；
2. 电商平台收货后，出理货报告显示已收货；
3. 融资企业上传文件 SCF 平台，申请转让应收账款；
4. 融资服务商登入融资企业电商供销门台作风控核实；
5. 融资服务商预批出 80% 的资金给融资企业；
6. 电商平台支付货款至指定账户；
7. 融资服务商收款后扣除本息，余款留在账户，保理完成。

图 7-12 保理池业务及电商平台场景

跨境电商的库存波动大，且销售量越大，就越需要及时补货。制约中小卖家扩大经营的障碍是：货物卖出去，可钱还被平台扣着，有量没货、有货没钱，缺乏紧急周转资金。因为有订单数据支撑，所示跨境支付收款平台已大量开展预提款的短期融资业务，基于卖方在线应收账款信息提供的应收账款融资。还款方式为订单资金到账自动扣款，门槛低、即提即还。

> 举例：联塑保理公司在建材行业开展基于跨境海外仓电子仓单的"订单+仓单"保理业务；华甫达与银行合作开展"反向保理"出口电商订单贷业务，基于其线上保险服务积累的出口订单、物流、资金流等数据，提供无抵押、无担保的短期融资；纵腾跨呗跨境供应链金融服务平台和富友保理联手，推出"云保通"产品，服务中小跨境卖家，提供周转资金，可按月付息，账期灵活。

近年来，保理业务发展的阻力主要是相关法律法规不完善，对主要依据文件[1]，各地尺度把握不一。在国内，商业保理服务通常有细分行业，深圳保理公司交易量占到全国交易量 50% 以上。另外，从跨境业务来看，融资渠道狭窄，企业更信任银行，但存在汇率转换问题、坏账合规追偿等保障缺失。

（二）反向保理/延迟付款给供应商

反向保理（逆保理）又称买方保理，保理商与资信较好的下游客户（买方）达成反向保理协议，针对买方与上游供应商（卖方）之间因贸易所产生的应收账款，为卖方提供一揽子融资、结算方案，图 7-13 所示为反向保理业务流程说明。反向保理与正向保理区别主要在于信用风险评估的对象变成了买方，融资担保物是买方提供的票证，受益者是买方支持的供应商，将应收账款转让给保理商以获得融资。反向保理针对上游中小供应商授信额度不高、融资规模较小的特点，利用信用替代机制，实现供应链上下游资金融通。供应商希望尽早收款，而买方希望延长付款期以增加现金流，通过反向保理把应收账款变现，不增加买方额外的财务责任和成本。

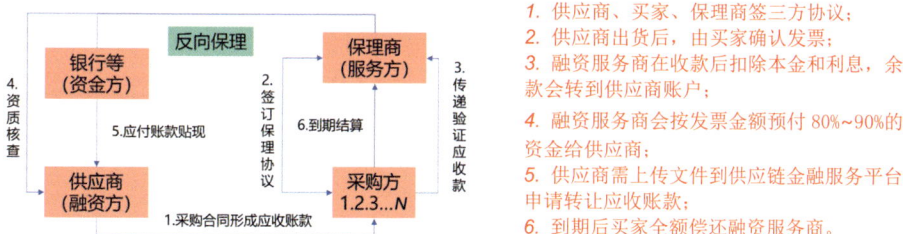

1. 供应商、买家、保理商签三方协议；
2. 供应商出货后，由买家确认发票；
3. 融资服务商在收款后扣除本金和利息，余款会转到供应商账户；
4. 融资服务商会按发票金额预付 80%~90% 的资金给供应商；
5. 供应商需上传文件到供应链金融服务平台申请转让应收账款；
6. 到期后买家全额偿还融资服务商。

图 7-13　反向保理业务流程说明

---

[1] 中国银行保险监督管理委员会，《关于加强商业保理企业监督管理的通知（银保监办发〔2019〕205 号）》。

7.3.4　数据贷和信用融资

数字经济时代，信息是一种新的抵押品，是一种信用凭据。有了数字平台上收集的信息，小额借款人获得信贷不再需要抵押品。数字平台凭借大量消费数据能够方便准确地对用户进行风险评估，以金融科技创新惠及大众，成为发展普惠金融的中坚力量。高频交易中的支付数据构成了平台进行征信授信和风控的数据池，是场景化消费信贷的基础，表 7-12 所示为先买后付的消费金融盈利模式，当前已经成为网络平台普遍开启的一项增值业务。

表 7-12　先买后付的消费金融盈利模式

主要收入来源	主要经营成本
·向商家收取的交易分成	·资本成本：用于发行信贷所需的资金
·向用户收取交易费用	·收款成本：处理信用卡和银行转账的成本
·向用户收取的利息	·违约成本：即坏账，为商户提供坏账保险
·向用户收取的违约金	·合规、运营与技术等投入成本

传统金融机构的风控相对严格，在没有足够资产抵押的情况下，小企业很难申请到融资，抵押物的认定难、变现难，损失补偿低。供应链中的信用融资模式没有确定的抵押物基础，以供应链网络内各方长期业务往来所积累的信任为依托，基于大量业务数据，基于订单数据的信用融资方式如图 7-14 所示。对于银行等资金方而言，风控更加依赖供应链网络内可量化的交易行为。例如，在商户收单结算过程中，很多支付机构提供类似信用贷服务，基于商户具有公信力的历史收单交易数据（银行流水或订单记录证明），核定商户等级，确定周期性的结算垫款额度或比例。

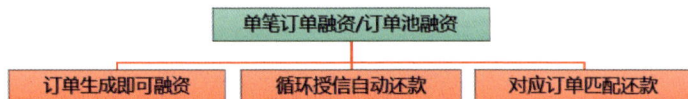

图 7-14　基于订单数据的信用融资方式

在传统外贸活动中，通过专业手段封闭资金流或控制物权，依靠核心企业的信用外溢，这是供应链金融发展到一定阶段的局限性，毕竟很多所谓核心企业都处于信用透支状态[1]。如今，金融科技以对整个供应链信用的评估替代单一企业的评估，没有具体交易环节和主体的限制或倾向，基于场景流程对资金流向闭环设计和控制，挖掘全链条的价值。在数字化贸易中，从采购需求到外贸订单的最终交付，涉及搜索、询盘、订单、支付、通关、物

---

[1] 同盾科技，《供应链金融创新发展报告》。

流等若干环节，各环节的行为在平台上都能够被记录和沉淀下来，企业凭借在平台上积累的信用就能够获得信用融资、信用保险。跨境电商出口供应链金融线上化平台功能如图 7-15 所示，涵盖了全流程业务环节。卖家可以凭支付机构的收款记录去获得配套授信额度，这个授信额相当于一张信用卡，免息账期与销售周转率匹配，卖家可以便捷用款，如用于支付增值税、物流费用等。

图 7-15　跨境电商出口供应链金融线上化平台功能

传统基于经营主体的画像或主体评级，其风险控制的基础是通过给借款方定义一系列属性、信用状态，进而为信贷提供支撑。供应链资金融通的基础是上下游企业所形成的交易结构和贸易关系，借贷前更注重交易信息和交易真实性，借贷后更强调结构嵌入和行为控制。因此，这种风险控制的基础是建立在结构性信用基础上的，数据全面、可信是审批关键，对于参与供应链运营中的主体特征并不是首要关注点，或者说即便参与者的资质可能有瑕疵，只要能顺利地履行真实业务，也能够使金融服务有效开展。

> 举例：类似跨境消费信贷，延期支付（Pay Later）是阿里巴巴 B2B 网上贸易购物的一种信贷支付方式，提供了从平台的第三方金融机构合作伙伴那里获得信贷额度的途径。在美国的企业可以申请一笔高达 15 万美元的 Kabbage 信用额度，用于支付在阿里巴巴国际站上的采购费用，每笔贷款都是由 Celtic Bank 发行的 6 个月分期贷的。

跨境电商和大宗商品完全不同，品种多而杂，同样的商品，有品牌和没品牌的定价差异很大。如果发生风险处置，大宗商品有相对明确的市场定价，更容易被拍卖，但消费品处理的周期很长，不确定性更大。跨境电商部分货物存在海外，但在海外很多银行的分支机构是不完善的，没有能力在海外实施监管。电商平台可以交换数据，海外仓企业可以控货，但对于部分金融机构来说，充分理解新业态业务细节需要时间和成本去建立双方的信任。在电商领域的金融服务，电商数据贷是主要的小额信贷产品，基于商户在电商网站上的交易场景与数据累积，衍生出针对商户上下游赊购产生的资金融通，图 7-16 所示为京东金融提供的供应商融资方案。这些数据可以整合成各类型的风控所需要的表单，还可以提供给外部相关的金融服务机构，从细节上了解商家某个品类或几个品类的周转率、动态去化率，在支付与物流上同样可以提供比较真实的数据。

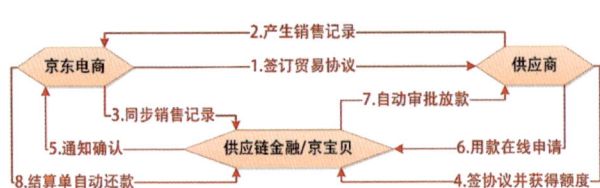

说明："京保贝"资金来自京东自有资金，随借随贷，无需抵押担保，贷款额度基于长期贸易往来及物流活动数据。贷款的前提是长期供给合作，交易质量稳定，供应商凭采购、销售等数据，放款门槛低、效率高。

图 7-16 京东金融的"京保贝"供应商融资方案

每个垂直细分领域都有其特定属性，将融资服务在垂直行业精耕细作，供应链金融资产证券化或能创造出新的商业机会，小贷和保理公司自有资金有限，可对资产进行证券化打包分发对接机构资金，向金融机构开放合作的联保贷款，解决规模较大的商户融资问题。阿里系提供的供应链金融服务如表 7-13 所示，阿里系分别在杭州和重庆注册了小贷公司，针对其平台上不同的商家类型采取不同的贷款方式。

表 7-13　阿里系提供的供应链金融服务

	淘宝小贷	阿里小贷	合营贷款
平台类型	B2C 为电商卖家提供订单质押贷款和信用贷款	B2B 平台为阿里巴巴的企业客户提供信用贷款	与银行合作信用贷，阿里定制产品，申请条件较高
贷款额度	上限为 100 万元，订单质押贷周期 30 天，期限 6 个月	信用贷额度 5 万~100 万元，期限 1 年	经营时间、销售额及评级等，贷款额度 50 万~200 万元，期限 1 年
贷款方式	线上申请，订单质押贷日息万 5，信用贷日息万 6	循环贷日息万 6，信贷额度内随借随还。固定贷日息万 5，审核后一次性发放	无抵押和保证金，随借随还，满 1 个月即可还款，日息万 3.3，服务费为贷款额的 1%

除了基于历史数据评估，订单融资也会兼顾企业信用，如中小商家为了采购或组织生产向金融机构申请融资，信用的提供方和融资的受益方都是商家，买方的信用保证能为其带来更高效的审批和更优惠的利率条件。

举例：企业于中国香港注册公司从事跨境进口供货予不同电商平台，在旺季时会面对因资金不足无法采购以致预期盈利流失。通过电商平台订单进行融资，融资服务商直接打款予其供应商，解决采购资金不足问题。主要流程：

1. 收到电商平台的订单后，融资企业向供应商发出订单；
2. 融资企业开放电商供销后台，向 SCF 平台申请订单融资；
3. 出资方以发票上的全额预批 70% 的额度直接付款给供应商；
4. 供应商出货到仓，融资企业出理货报告；
5. 融资企业上传资料到电商平台后，形成保理单；
6. 支出剩余额度，订单融资自动还款，剩余转到公司账户；
7. 平台回款后，相应还款便完成流程。

　　基于大数据等技术的无抵押信用模式使得贷款变得更容易，但同时也放大了风险，一旦出现波动就很容易出现连锁风险反应。当将数据作为融资的核心依据时，金融机构就必须提升基于场景的数据处理和审计分析能力，加强运营风险侦测和偿债预警，及时调整融资主体信用评级，防止资金流向经营状况差、清偿难度大的高风险企业，同时消除信息不对称，为解决脱实向虚、资金空转、供应链配置失衡等问题提供决策支持。

7.3.5　票据及其他融资方式

　　以"票据贴现"为名义的票据融资较为常见，使用商业单据或其他凭证作为抵押，通过专门提供票据融资的中介服务商，用以支付该信用证款项的短期资金融通。如押汇，即买单结汇，是将汇票和单据质押给银行，银行扣除利息及有关费用后，将货款预先支付给受益人，而后向开证行索偿回款的一种贸易融资业务。进口押汇是短期融资，期限一般不超过 90 天，专款专用，仅用于履行押汇信用证项下的对外付款。如出口商业发票贴现/出口保理押汇，指出口商在获得信用额度后，发货并将发票及相关单据提交出口保理商/银行代其收款时，银行以预付款方式为其提供不超过发票金额 80%的融资。

　　福费廷（Forfaiting）是一种中长期出口信贷融资，即未偿债务买卖，也称票据买断。在延期付款的大额贸易中，出口商把经进口商承兑的，或经第三方担保的远期汇票，无追索权地售予出口商所在地的银行或融资包买商，提前取得现款。出口商在背书转让债权凭证的票据上加注"无追索权"，将收取债款的权利、风险和责任转嫁给包买商。对出口方来说，出货现款，没有风险；对资方来说，福费廷是一项高风险、高收益的业务。在承担期内，包买商承担了资金成本及汇价风险，会收取出口商一定承诺费，债权凭证要由包买商接受的银行或其他机构进行保付或担保。

　　传统的福费廷业务属于批发性融资工具，其债务工具流程如图 7-17 所示，适用于资本性物资的交易，融资额多在 10 万美元以上，其票据的期限一般为 1~5 年，进口商以分期付款的方式支付货款。大的福费廷可由几个包买商形成组合，共同从事大笔业务。福费廷资产流通便利、信用风险可控，受到境外投资者欢迎，"跨境人民币账户融资+福费廷资产跨境转让"的新模式具有很好的潜力。

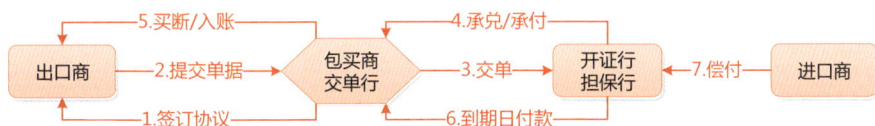

图 7-17　福费廷债务工具流程

虽然传统票据融资业务的线上化程度不够，但其为类似金融服务创新提供了模式参考，如发票贷、税金贷、出口退税贷等。电子凭证便于分拆，持有电子凭证的下游供应商可用全部（或 1/n）凭证支付给上游供应商，可贴现或融资。例如，退税需要准备很多单证文件，且手续烦琐，需要专业的财务人员操作，一般退税周期要两三个月，如果遇到税务局抽查函调，退税周期更是长达半年以上，占用了大量的企业资金。通过先行垫付 100% 的出口退税款给用户，扣除退税款的部分手续费，以此可解决用户因申请出口退税周期过长而导致的资金周转困难问题。

7.3.6　供应链融资风控

金融产品与风控措施是一体两面的，风险要可量化、可预测、可追踪、可控制。在供应链金融活动中，风险敞口的履约因素主要分为外部环境和内在经营两类。宏观层面的经济周期、产业政策、技术升级等变化都有可能影响产业链网络而改变企业的融资情境和要素。企业层面的主体财务资质、资源和能力、业务运营状况等因素则更为多变。资金方出于避险的角度将风控措施尽可能具体到合同执行环节，而虽然有合同约束，但是融资企业的资金使用与还款情况仍存在不可控情况。跨境供应链金融全流程风险管控体系如图 7-18 所示，风控措施需要从多个环节获得数据支撑，在贷前评估、贷中记录、贷后监管中发挥相应作用，数据越全面，风险评估越准确，客户画像越清晰。

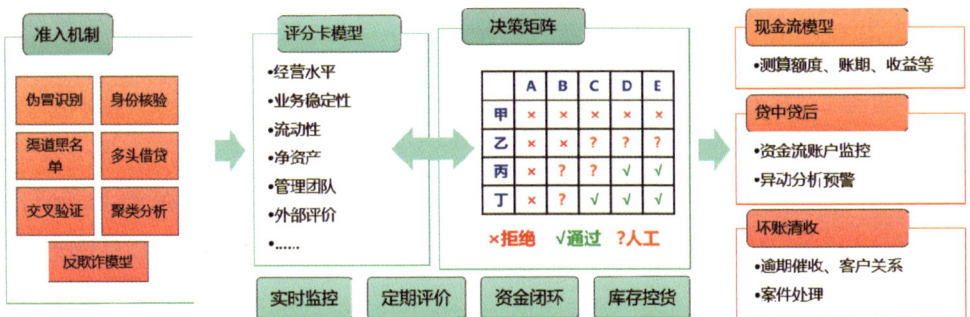

图 7-18　跨境供应链金融全流程风险管控体系

信贷市场中因为信息不对称而产生的风险主要有两类：事前，行骗方在借贷之前为了从资方套取资金而实施的欺诈行为；事后，借款人在获得资金后，通过各种手段套取资金收益，从而增大资金融通风险的做法。各类供应链融资场景化问题风险如表 7-14 所示，有些"三套行为"存在于真实的交易过程，产生了"真实的假交易"，即交易买卖或物流活动真实存在，但其目的在于通过环环相扣的交易行为做大业务量，套取资金，博取相应收益[①]。例如，在国际贸易中通过内外串谋形成出口交易，骗取出口退税等收益，将商品出口至境外，转口贸易到其他地区进行流通加工，再以进口的名义进入境内。还有，融资方通过提供虚假的业务单据和货物凭证取得融资借款，而资金则被转移至其他投机或投资业务等。

表 7-14 各类供应链融资场景化问题风险

事前	虚构贸易	为了套取资金，采用在关联企业之间虚构贸易关系，形成一系列交易合同和单证，据此使关联参与方虚构经营收入和利润，骗取银行授信或金融机构的低成本资金
	放大信用	利用不同金融机构或服务方之间信息不共享，借款方凭借所形成的真实交易和资产从多方获得资金，加大了杠杆，放大了资金借贷风险
	自保自融	针对贷方要求借款方担保、质押监管等要求作为获得资金前提的情况，虚构担保人或监管人，如由同一人或关联人实际控制的物流仓储进行货物质押监管，套取资金
事后	重复虚假仓单	借款企业与仓储企业或相关人员恶意串通，仓库管理方监守自盗，以仓单造假、虚假开立或者重复开立的方式，就他人的货物或者同一货物开立多张仓单，以供借款企业重复质押给不同金融机构获取大量仓单质押贷款，并从中牟取暴利
	三套行为	为获得金融收益而实施的套利、套汇和套税：借助利率或汇率的波动，通过虚构贸易、物流而博取利差和汇差的行为，如虚增业务量套取银行授信或骗取出口退税等
	融资挪用	资金的获取是凭借供应链中的业务或资产为依据，但筹集到的资金用途和去向并不是承诺的相关业务运营，而是将资金投放到借款人博利的其他领域，甚至直接做"二银行"、放小贷或投资股市等，到达约定还款期，融资方恶意违约、故意拖欠

风控手段要靠数据驱动、技术主导，利用各类相关的实时的历史运营数据，对其涉及的真实交易过程、资产状况进行风险监控。若企业间数据共享和系统互通性差，则会阻碍信用跨级传递，增加供应链融资的难度。风险问题类型与各类应对手段如表 7-15 所示，企业应提高对产业深度相关的行业隐性认知，突破传统的企业财务信息的表象局限，提前发现一些与行业特性相关的隐藏风险点和不确定因素，具体有以下几种风险。

[①] 万联供应链金融研究院、人民大学中国供应链战略管理研究中心，《中国供应链金融调研报告2019》。

表 7-15　风险问题类型与各类应对手段

经营风险类型	风控信息来源	业务风控手段	资金风控手段
·单据造假风险 ·货物变现风险 ·采购/交货风险 ·运输/保管风险 ·货物权属风险 ·资金流转风险 ·信用违约风险	·历史交易明细数据 ·财务报表/合同订单 ·征信/违规历史记录 ·物流仓储生产数据 ·法院/工商/市场/税务/关检汇 　等数据源 ·现场及上下游尽职调查	·特定主体、行业资质 ·承诺回购、调剂销售等 ·辅助控货、存货监控 ·经营绩效智能预测 ·确权、第三方/关联担保 ·同业风险参与 ·权益证明、身份认证	·资金定向支付、限期 ·单笔限额、保证金比例 ·货物质押、所有权掌控 ·固定资产抵押 ·银行回款账户共管/监管 ·资方平台退货免责 ·下游开信用证或银行承 　兑汇票

（1）政策法规风险。跨境供应链金融的提供方很多是没有金融业资质的，要注意金融监管政策环境的变化，跨境金融服务中的合规问题列举如图 7-19 所示，从事跨境服务有众多合规要求，甚至包括退出机制。在产业政策方面，要注意跨境贸易风险，很多国内机构缺乏境外的法律知识，外贸摩擦是各国对外贸易中经常出现的问题，支付机构应及时掌握跨境电商平台的运营政策，对接平台形成资金闭环，获取商户信用水平及失信名单，从而提高融资能力与贷款能力。

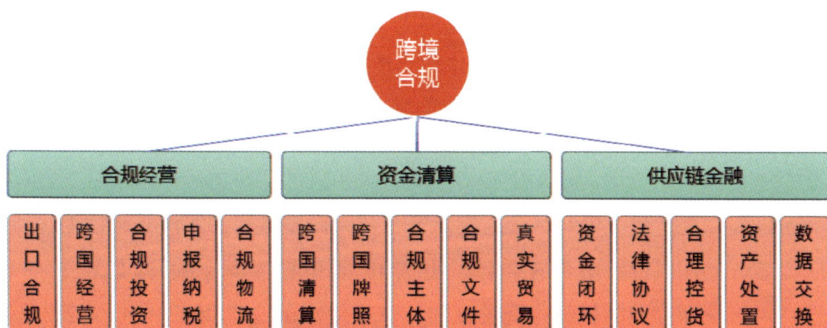

图 7-19　跨境金融服务中的合规问题列举

（2）企业经营风险。经营不健康对企业融资造成的连带风险或负面影响包括：上游采购风险，如飞单、箱单不符、交货延期、假货等，要经常对企业进行资信审核，必要时要担保或质押；保管风险，商品在运输及库存过程中的贬值、滞销、损耗，造成成本的突然上升、销售价暴跌、退换货数量激增等；下游回款风险，融资企业失去提货权、所有权，业务中断或产生资金纠纷等，供应链合作伙伴出现财务处理失当等问题，造成账款延期。对于融资方来说，对跨境运营环节不熟悉、流程管控不专业、运行规则不适应是最大风险。

（3）资金成本风险。供应链金融服务商自有资金少，很多服务商的自有资金来自其他金融方，由于资金盘偏小，所以旺季也只能服务有限个客户。为了提高资金使用效率，一些金融方只做少数指定大平台，或特定渠道、特定品类，或对效期短的产品附加保证金。不同的资金盘风控门槛不同，资金来源一般决定了它的年化水平及风控标准，供应链金融业务的资金来源比例如图 7-20 所示，大部分融资服务商都用过银行资金。跨境供应链融资多数只提供人民币或港币，对于从事全球运营的企业而言，多币种融资需求很受限制。

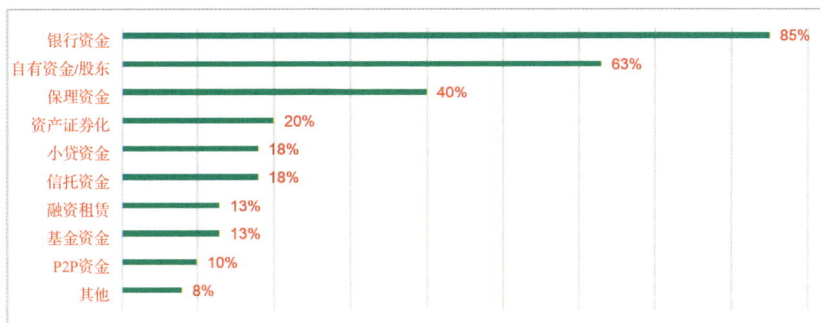

图 7-20　供应链金融业务的资金来源比例

贷后管理要区别客户采取措施，根据进/销/存数据变动实时预警，柔性控货，对于期限内经营数据不理想、预期收入不足的非恶意客户涉及的资金流困难问题，要结合产业资源，甚至配以业务顾问，将管控和协助并举，在催收的同时助力客户纾困、解决问题，视情况调整分批小额还款方式实现共创共赢。对于涉诉、涉案及黑名单客户，可以催收、法律诉讼和控货等多措并举。

国内的支付、电商及网络服务平台等在全球业务扩张过程中，基于完善生态体系的需求，既服务自有平台存量客户跨境支付结算的需求，也在扩展增量业务。各国监管对支付机构能从事的金融业务范围及其所代收资金的处置进行了严格限制，延展金融服务通常要跟各类金融机构深度合作。

7.3.7　跨境供应链金融生态

跨境供应链金融（SCF）生态主要包含以下几类主体：①资金方，包括银行、保理、基金、担保、小贷、信托等，这些持牌经营的金融机构作为流动性资金提供者（示例见表 7-16）；②供应链上核心企业、上下游企业、物流及电商平台等，共同构成了产业生产运营的核心链条；③SCF 服务提供方，包括供应链管理服务公司、金融科技企业、SCF 基础设施方及信息服务商等，为产业链上各主体提供服务，为供应链金融生态的拓展和增值赋能；④相关监管机构，在生态中发挥监督、规范及引导作用。

表 7-16 跨境供应链金融解决方案提供者示例

分类	具体机构举例
金融机构	国有四大行和各种商业银行、信托公司，华夏、中信、平安、浙商、华润等
电商平台	阿里、京东、拼多多、抖音、苏宁、Amazon 等
B2B 平台	铜道、钢银、易煤、上糖网、找塑料、中农网、金银岛、有种网等
物资供应	怡亚通、东方嘉盛、利丰、宁波供销、象屿、创捷、年富、朗华、普路通、飞马等
进口商	奥买家、心怡、天行云、宏远、卓志、全速通、融汇、渝新欧等
物流商	菜鸟、普洛斯、杭州泛捷、瀚钰通、畅联、顺丰金融、郑明物流、东浩兰生等
外贸综合服务	阿里一达通、世贸通、融易通、国贸云商、宝宏跨境、尚易通、青云通等
行业龙头	华为、海尔、联想、OPPO、中粮、中油、小米等
金融科技	蚂蚁金服、富友等支付机构；元宝铺、俊拓、宜信、吉信佳、乐融金服、群星金融、海平线、用友融资通、Fundpark、Qupita、APM 等金融服务商

在供应链生态中，核心企业可能既是交易方又是平台提供方，或凭借自己对行业的认知和信息优势，进一步输出风控能力，成为风险管理方，甚至成立金融子公司，担任流动性提供方的角色。平台企业在具备供应链数字化能力和资金资源的基础上，开展本行业的供应链金融具有不可取代的场景优势。由于产业天然存在壁垒，导致供应链金融的业务经验不一定对新产业适用，因此所能吸引的资源，以及提供的具体业务模式、产品、风控都会呈现很大的不同。平台提供方是整个生态的基础角色，国内的供应链管理企业及电商平台占比较大，如图 7-21 所示，它们的共同优势在于参与或服务产业供应链的部分交易环节，具备相应的链内整合和连接能力。下面介绍几类融资服务主体及其业务特点。

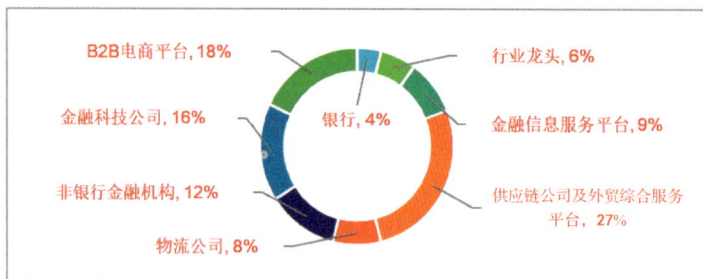

图 7-21 供应链金融服务主体占比

（1）银行类。银行可以为行业客户提供结合理财、投资、现金管理的综合金融方案，绑定核心企业，从而撬动整个链上的业务。银行资金和自有资金依然是企业主要的资金来源，通过配比的资金成本相对可控，使得供应链金融业务能够获得较好的息差。通常，银行会要求企业在该行开户才能贷款，这对于小商户而言不够灵活。虽然银行拥有资金，但业务盲区较大，直接参与市场的份额不大，对质押物（动产）的监管存在难度，同时面临重复抵质押、押品不足值、货权不清晰、监管过程不透明、预警不及时等一系列隐藏风险。

举例：浦发银行开通收款结算产品、跨境电商企业融资产品，围绕企业的开店、进货、订单、销售的全生命周期给予融资支持。中信银行推出了线上申请办理的具备亚马逊平台跨境卖家一站式收款功能的"信银致汇"产品。平安金融旗下的支付机构"平安付"上线货物贸易出口支付服务系统，满足千万级大额授信金融服务，支持商家实时申请入网审核，服务收费透明、零汇兑费。

（2）电商平台。电商平台作为产业供应链的交易"基础设施"，具备一定产业知识和客户资源，掌握了平台上的交易数据，作为主要力量推动了关联环节的生态优势，构成产业话语权和影响力。不少大型电商平台还进一步拓展了自有的仓储物流体系，提升了平台与产业供应链的交互深度，增加了平台可整合的信息维度和风控手段。有自营业务的电商平台还具有其他机构难以复制的优势，可以主导交易纠纷管理及仲裁，使得切入供应链金融成为水到渠成的事情。例如，京东金融具有保理、小贷、保险代理、消费金融、外汇支付、基金代销等全面的业务资质。另外，若商家为轻资产运营和非本地法人，在境外取得融资渠道不多，则跨境电商平台还提供跨境信用穿透能力。

（3）物流或供应链管理服务公司。这类公司依托其服务行业客户的优势，提供产业融资的专项服务。部分技术服务商或外贸服务商的优势在于对产业供应链各环节数字化和数据打通集成，与服务的企业客户资源的积累和触达，基于某一具体产业链深耕发展。部分做跨境供应链金融的融资服务商，本身可能也直接和融资方有业务竞争关系，如做代采融资，容易获得上游供应商资源，掌握采购价格，这也让这类服务商的获客受限。

举例：海尔集团依托线上垂直 B2B 平台"巨商汇"，100%覆盖了其经销商客户。经销商可以进行在线采购、支付、物流、交付，全程可视化、四流合一，巨商汇系统覆盖乡镇级门店，实现了对经销商从下单、销售、库存及售后的实时管控。该平台以供应链数字化承担了部分金融科技的角色，全面打通内部多个系统，并在此基础上对接金融机构的系统与多元化服务，保障客户选择权。

（4）金融科技主导建设的供应链金融平台。平台的优势在于技术领先及融资多渠道，凭借科技赋能，以较低成本和足够高的效率解决不同产业链的数字化和信息整合、风控管理等基础问题。同时，将金融资源和产业资源通过开放的合作机制接入，包括对保理、资产证券化、小贷及其他非银行金融机构的"包装"。多级供应、多方参与的供应链金融的信息不对称、信用无法传递的问题依然突出，图 7-22 提供一种多方共识模型，将分类账上的货物转移登记为区块链交易，以共识机制算法确定与相关参与方活动，支付结算自动化按约定完成。

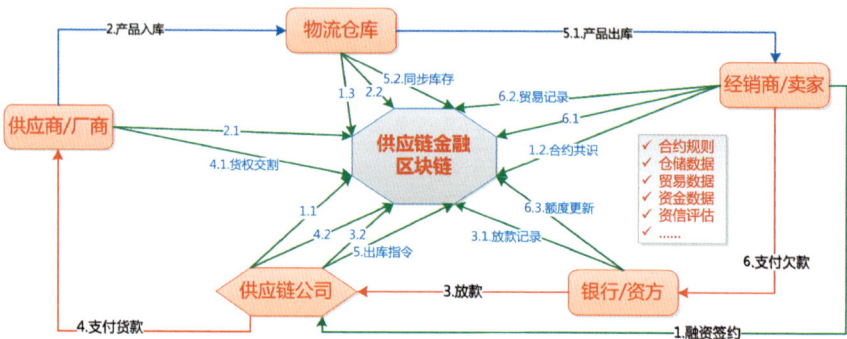

图 7-22 供应链金融 ARIF+区块链跨境垫资采购流程

大部分无牌照机构以垫资、助贷的形式开展 SCF 服务，少数跨业平台的主导方是实体产业链中的交易整合方，或者与之有着紧密关系的生产性服务提供方。例如，基于区域产业集成优势的综保区供应链金融平台，其优势在于参与方协同机制上，可借助第三方、政府或相关组织的公信力，充分调动区域内的资源，协调打通辖区内各公共部门的相关数据，出具配套的正向激励措施，对潜在参与主体形成更强驱动力。

7.3.8 外贸综合金融服务

金融服务需要专业化，数字化平台让这种专业能力更具有延展性：从跨境电子商务贸易的收单、收款、申报，跨境供应链的采购收付款、垫资代采、分销融资等，到传统外贸金融线上化、跨境物流金融、外贸保险等（如图 7-23 所示），跨境金融综合服务是一种趋势。在国际贸易的履约中，商家要跟海关、外管局、税务等部门作申报，找银行、保险公司以获得优惠的收付汇及融资条件，找物流货代把商品运出去……占用企业很多的人力和时间。"外贸综合服务"是供应链企业的一种类型，具备 "交易留痕、风险可控"的技术条件，是贸易流程中的服务提供者，帮助商家更好地利用外贸便利政策。外贸综合服务企业具备对外贸易经营者身份，接受国内外客户委托，依托在线信息平台参与全产业链外贸服务，代办包括报关报检、物流、退税、结汇结算、信保等综合服务和融资。

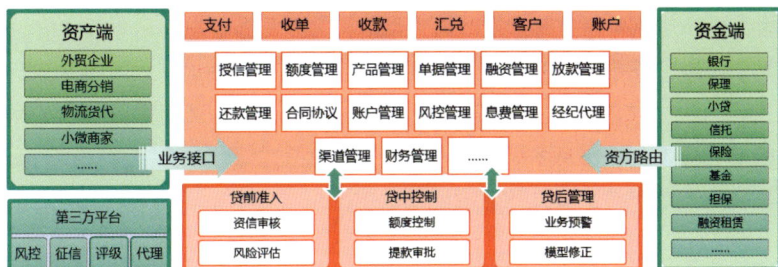

图 7-23　跨境金融综合服务平台应用功能

在跨境物流供应链金融方面，除了境内物流客户收款、境外物流服务商付款，中小物流货代的资金链普遍也很紧张，国际货代想要拿到舱位，需要给航司、船司垫付大量资金，对于货主客户端通常有一定交付账期，货到付款则要更长的账期，物流链路不畅、交货期延迟都会造成资金回笼滞后的问题，国际物流金融领域的账款融资拥有很大的市场，物流产业的支付与金融服务如图 7-24 所示。对外贸易保险与国际物流紧密相关，是国际贸易中不可缺少的业务，其代理保险、出口信用保险等业务，对于跨境运输险、订单险、丢失破损险、延误险等可按件、逐笔投保或签订预约保险总合同，根据交易历史为商家计算最优费率。境内国际寄递、物流、外贸综服等企业可为客户代垫与跨境电子商务相关的境外仓储、物流、税收等费用，为期不超过 12 个月，逾期按规定报备所在地外汇管理局[①]。

图 7-24　物流产业的支付与金融服务

近年来，政府实施"交易越合规、汇兑越便利"的信用约束和分类管理办法，目的是提高贸易外汇收支便利化水平，放宽贸易新业态外汇政策。商户与外贸综合服务企业签署联合出口协议，经办银行可凭综合服务企业推送的交易电子信息办理出口收汇，外汇或结汇资金直接进入委托客户的账户，并利用支付机构账户余额将报关金额的退税款项支付商家。例如，跨境电商出口卖家无须进出口权就能够提供生产型企业开具的增值税专用发票，外贸综合服务机构采取分送集报的方式，代办出口收汇手续，协助办理退税。由于综合服务机构未参与实际贸易，所以对货物状况、申报要素的真实性掌控弱于实际贸易主体。因此，基于审慎办理外汇收支，可利用支付机构为贸易新业态提供客户身份识别、交易背景审核，防范交易信息重复使用，连接外汇管理局的货物贸易外汇监测系统，联机查询名录

---

① 国家外汇管理局，《关于支持贸易新业态发展的通知（汇发〔2020〕11 号）》。

状态、货物贸易外汇业务报告等。银行与支付机构为外贸新业态市场主体提供结售汇及相关涉外收付款服务，要在涉外收支申报交易附言中注明"跨境电商、市场采购贸易、外贸综合服务"等，并对异常交易主体实施重点名单管理。"市场采购贸易"项下委托第三方报关出口的市场主体可以自身名义办理收汇，外贸商通过综合服务平台对接政府联网平台进行备案，采集出口交易全流程信息及明细数据。

7.4　支付即服务

支付即服务（Payment as a Service），支付是所有产业的刚需，但就支付产业自身而言，单一支付服务同质化程度高，难以形成竞争壁垒。第三方支付的跨境业务收入主要来自手续费、汇差及增值服务，成本主要涉及通道、技术、运营和营销等。随着跨境支付市场竞争升级，费率不断降低，低价的竞争手段优势不在，要不断深入行业探索新的服务模式，尤其在完善行业解决方案方面要做精细化服务，打造支付机构在跨境市场中持久的独特优势：一是吸引小微企业及 C 端客户群体，锁定更多的高频交易场景，巩固基础服务，形成规模支撑，留存在支付钱包内的资金更容易接受钱包附带的金融服务功能；二是积累中小型 B 端企业客户群，辅以供应链金融延伸服务，支持账户管理、资金管理、数据服务等，提高企业与用户的黏性。

越贴近客户，就越了解客户需求和痛点。围绕为跨境市场提供全方位的金融支持，支付机构要基于场景诉求的差异，立足产业优势持续加大技术投入，提供灵活、合规、安全的支付解决方案。客户对跨境金融服务产生的痛点和价值诉求，会随着电商市场与消费端的变化而变化，跨境金融服务逐步形成了"连接跨境电商企业"和"沉淀真实贸易数据"的新价值链，可连接基础金融服务、增值金融服务和各类配套服务[①]。

7.4.1　支付增值服务

支付机构立足跨境电商贸易领域，正在发力以跨境支付为核心的一系列产业链增值服务，围绕跨境用户全方位需求，在优势市场深入挖掘包含营销、系统、财税、信用、法律咨询、保险、融资等超越支付范畴的组合式服务。跨境支付的手续费作为支付机构的基本盈利来源，其占比处于下降趋势。第三方支付、跨境收款等机构从单纯的收/付款业务，进入做平台生态的阶段，增值服务收入逐渐成为主要盈利手段。少数支付机构在境外的消费端有突破，多数则主要围绕商户端提供增值服务，从对商户的自定义收费项目中寻找盈利

---

① 亿邦智库，《2021 跨境电商金融服务报告》。

点，其中包括以下几个方面。

（1）输出合规能力。依托相关牌照资质，以资金存管为一些新兴跨境电商平台交易打造安全的资金封闭操作环境；为外贸企业、跨境电商卖家提供多币种银行账户、全球收付款、货币汇兑、银行卡等服务；在跨境收款时为商户提供保理、物退税贷、信保贷、流贷、平台贷、电商贷、融税贷等融资服务；提供跨境业务的合规支持，提供海内外企业的资信报告（Credit Report），为商家提供营销、反欺诈等数据服务。

（2）发挥支付流量变现。以支付功能嵌入与第三方合作的面向用户端的推广营销、消费信贷、红包营销等，以及面向商户端的提前放款、财税管理等；通过在线 SaaS 跨平台支付与收款，提供在线签约及电子单证、风控等技术，延伸搭建会员体系、支付网关、电商系统及收银台等服务；跨境金融工具类高频应用（如汇率查询和换算工具 XE、AnyRate、xCurrency 等）提供汇款及汇兑服务，或通过汇率的浮动及汇差获益。

（3）拓展合作渠道收益。为跨境电商平台招商引流，推广全球开店、品牌入驻、境外广告营销等；借助安全合规的银企合作渠道，辅助商家完成清关和报税的相关手续，如图 7-25 所示，收款机构通过对接各国官方缴税通道，提供税务代理、VAT 缴税支付、税收保证金、退税、关税贷等服务；支持面向不同国家的对外采购或服务付款需求，以及在线保险经纪代理等。

（4）溢出数字化能力。支付机构利用数字化的优势为金融服务，通过了解产业链成员的业务结构、特征、流程和风险，让这种支付数字化能力具备可迁移性，解构产业链的各个业务场景，将关键业务节点信息有效反映到系统数据层面，为所有产业链成员提供信息与资金的服务集成，赋能企业数字化升级。

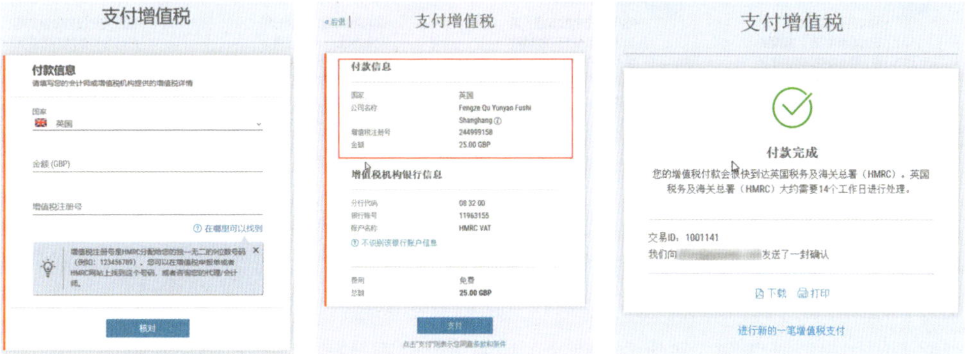

图 7-25　提供各国政府托收账户（IBAN）及银行标识码（BIC）自动 VAT 缴税

举例：第三方国际物流结算平台支持货代、外贸企业多币种线上开票、线上购汇及线上外币支付，使整个业务运作过程自动化，避免业务人员取送发票、财务人员往返银行购汇支付等现实操作问题。连连支付推出的在线交易平台连连 Link 和 PingPong 跨境电商服务平台 SellerOS，整合了货物流、信息流和资金流，为跨境商家提供选品、开店、物流、收款、供应链金融等一站式服务。

（5）全球资金管理。跨境支付机构涉足的金融领域越来越广，全球化贸易让企业资金管理全球化，大企业需要建立全球资金统一运营体系、流动性管理，通过支付全渠道监控资金变动来更便利地对全球资金进行管理，支持跨境双向资金池进行资金归集、对外付款、跨境资金调拨等交易；有资管能力的机构为企业配置优质的跨境金融产品，如基金、债权、外汇、期权等，办理跨境人民币对外汇衍生品业务，在全球金融市场进行跨境投资。

7.4.2　支付平台运营推广

支付要绑定场景，做产品的难点在于发现场景，包括从消费端到商户侧的整个产业链。跨境支付拥有多样化的用户触点，从线上/线下多维度、多媒介、全渠道铺开，以贴近实际的便利性，嵌入式服务提升客户黏性、强化客户关系。金融科技企业的产品设计流程如图 7-26 所示，借鉴互联网产品设计与运营机制，支付企业在客户拓展、技术研发、产业链绑定、市场营销等方面保持快速迭代。当然，在各种支付产品及金融服务背后，需要大量的对接与合作，涉及合规、通道、风险损失等成本。

获取数据
通过自有用户数据、第三方合作数据，实现多方、多维度数据的整合，产品迭代需求更精准，实现更优产品设计。

需求分析
利用所整合的数据，通过大数据与人工智能技术对用户进行深层次的用户分析，挖掘用户潜在需求。

产品设计
在精准的用户需求分析的基础上，一定程度上实现差化产品设计，同时让产品更加贴合自身资源优势。

产品迭代
结合用户反馈及最新用户行为和使用习惯数据分析，让产品迭代更加精准，确保产品与当下市场需求高度匹配。

图 7-26　金融科技企业的产品设计流程

对于流量和牌照的拥有者，2C 意味着对流量永远"嗜好"，不断接触新用户，提高客户留存率和转化率。庞大的尾部流量运营成本较高，长尾客户属于营销驱动管理范畴，迫使 2C 精准营销，找出业务的第一性原理，回归业务本源，提高 App 内用户体验；建立支付服务的用户成长体系，包含会员等级、特权设计、积分权益等，提高用户黏度，留存新用户，提升老用户净值；在 Google 推广跨境汇款的点击成本如图 7-27 所示，通过网络渠道购买公共流量，可更广、更快地与客户达成匹配；开发私域流量，在已有用户中形成口碑，推荐给其他潜在用户，直接切入转介传播。具备终端支持和服务能力的支付商，希望从覆盖更多的流量中"淘金"，构建丰富场景生态，实现"从支付工具到数字金融服务平台"的转变。

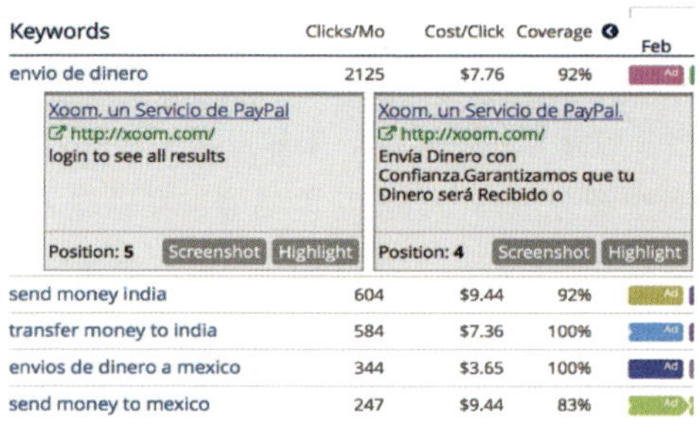

说明：国内金融类 App 平均获客成本已高达百元以上，境外通常在搜索引擎或社交网站打广告，例如，汇款商在 Google 上的付费排名点击可高达 5~9 美元/点击，其他涉及支付的关键词包括：外贸收款、跨境结算、购付汇、海外 POS、独立站、聚合码、离岸账户开设、电子银行托管、聚合支付、支付系统白标、国际信用卡等。

图 7-27　在 Google 推广跨境汇款的点击成本

把支付嵌入所服务 2B 行业中，打造新型支付服务的跨界开放生态。从接触行业到深度了解业内主流企业，少不了"地推"，聚焦寻找匹配客户，提供系统化的解决方案和配套服务。少数跨境信贷服务机构限于资金实力和风控能力，只找优质客户把资金周转起来，广撒网的推广较少。捆绑商户共同创造增长价值，本质是以贴身服务帮助商家获得用户，包括用户忠诚度与奖励计划等方案，为商户激活新客群，并基于数字化营销分析个体的消费模式和特点，以此来划分客群，对目标客户进行精准的个性化推荐。

支付企业要在软件系统、合规审查、定制化服务等运营上加大投入，通过公众号、线上搜索、知识社群等渠道宣传，参加由各地方政府、协会、电商平台等举办的线上/线下活动，与生态单位建立营销联动合作。市场竞品分析有时具有决策误导性，低费率的策略成为很多支付机构的卖点，可在交易体量上寻求优势；新技术可以提供一定的成本优势，但有时在解决复杂问题和交互体验方面仍远远不够，甚至流失获客时机，如智能客服。当支付服务愈发精细，为给用户在各项增值服务上提供卓越体验，团队能力及其知识体系就显得十分重要，要将经济金融、信息技术、财会及法律等多学科交叉理论与业务应用场景进行综合应用。

随着市场监管愈发成熟，为保证支付各环节准确合规，涉及账户、数据安全、真实性核验等大量合规成本。虽然非常耗时耗力，但无论面对怎样的业务惯性或业绩压力，符合各国的金融监管及反洗钱政策都是经营底线，跨境支付的新市场推广要以合规的途径展业。例如，为确保所有代理合作伙伴都遵守合规程序，西联汇款每年会为此花费 2 亿美元的合规费用。另外，在出海布局方面要控制节奏，优先选择那些具有交易优势的资金走廊，与具有本地支付网络及兑换优势的平台合作。

7.5　网络平台的支付版图

　　由于互联网的边际效应，使得"赢者通吃"成为常态。身边的巨型电商平台的触角无不伸向支付，再从支付到贷款、保险、基金、数字银行等领域。依靠海量的交易数据和强劲的用户流量，电商平台进军消费金融及多个细分市场，甚至可能颠覆某些领域的格局。亚马逊在金融服务方面的战略一直专注于支持其核心目标：提高买家和卖家对其平台的参与度，支付的首要任务是以客户体验为中心促进商家销售更多商品，减少客户购买商品和服务时的交易摩擦。亚马逊平台推出的支付及金融服务示例如表 7-17 所示，以更多的支付方式和更低的支出负担，将线下购买转化为在线交易机会，让消费者在亚马逊上购买更多的商品。

表 7-17　亚马逊平台推出的支付及金融服务示例

服务	具体实现方式及场景
支付	为用户提供各种场景下的在线支付，包括订餐支付、账单支付和手机充值等
钱包	允许用户将资金装入亚马逊数字支付钱包，亚马逊印度 Tapzo 移动平台聚合了多种应用，为机票预订和其他多样化交易提供便利，有助于亚马逊在一个平台上无缝集成产品和服务
现金	消费者可通过 Amazon Paycode 在平台上预购商品，并通过 QR 码进行线下现金付款；推出了 Amazon Cash 及现金借记卡服务，用户可在合作零售店用现金对亚马逊账户进行充值
汇款	亚马逊支付的预付费礼品卡 Qwickcilver 系统、移动支付系统 CoDi 等
账户	Prime 商店卡、联名卡等，在墨西哥推出借记卡 Recargable，用户可以在全国各地的便利店用借记卡存入现金；Amazon Allowance 自动账户充值，提高信用卡刷卡次数；GreenLight 推出面向低年龄段消费者的另类借记卡，父母可以通过 App 管理支出限额，并为孩子分配资金
贷款	亚马逊提供贷款合作机构，将借贷 API 与借贷平台整合灵活贷款，如亚马逊卖家可以直接在管理后台上获得贷款，信贷额度高，条件是向第三方金融机构开放其销售数据库
分期	用户可以通过亚马逊钱包、信用卡和借记卡或每月分期付款进行在线支付，推出多种合作伙伴卡，如与 ICICI 银行合作为会员提供信用卡支付后的现金返还或折扣优惠
保险	跨境卖家通过亚马逊官方渠道购买推荐保险；推出了 Amazon Care 保险服务；获得在印度等国销售第三方保险的许可，通过电子钱包支付保险费，推广 Acko 汽车保险产品等

　　电商平台利用流量的"虹吸效应"，通过场外集成，从电子商务转向全渠道支付与金融服务的聚合，增强了对交易过程与资金流的把控。针对平台跨境收款，亚马逊推出了"支

付服务商计划"（PSPP[①]），只有认证的合格收款机构才能直接参与收款，有效地防范和处置不合规行为，以保护买家和卖家免遭欺诈；通过与全球最大的收单处理机构 WorldPay 合作，成为银行和信用卡组织之间的后端处理中介，为商户提供灵活的结算方案并掌控交易记录；与摩根大通合作，推出的联名卡无须年费、无境外交易费、会员积分永不过期，颠覆了传统信用卡的发行、获客及运营模式；在新兴市场与银行合作，推出类似支票账户的可充值数字借记卡，旨在服务年轻客群和没有银行账户的客群。在支付技术创新方面，Amazon Go 探索生物识别支付技术，实现线下无人零售、无感支付；购物者通过向支持 Alexa 语音指令的设备发送语音命令支付水电费及购物等。在推广优势方面，亚马逊 Prime 会员能从数字卡的消费金额中获得 2%的现金，现金将被返还到亚马逊支付钱包，从而推动消费者转向 Amazon Pay 应用，如图 7-28 所示。

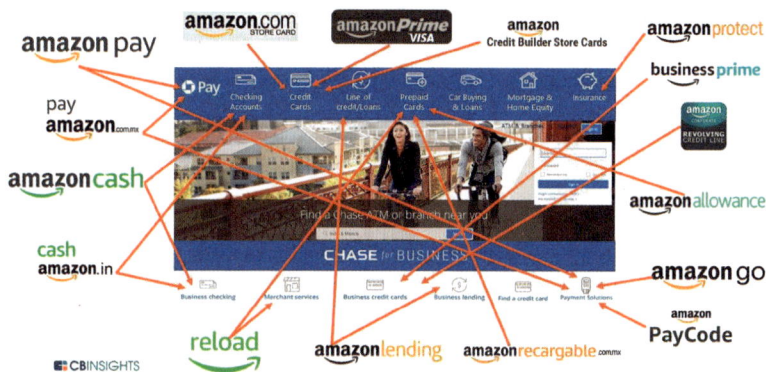

图 7-28　亚马逊涉及金融业务的分解

在网络经济下，数字化供应链的生态组织中，电商平台居于核心地位，是整个供应链的组织者和协调者，其主导的供应链金融优势突出，依靠流量整合吸引供需双方，扮演着信息交换中心、物流中心和结算中心的角色。图 7-29 所示为京东在电商、金融、科技领域的全景覆盖案例，电商平台掌握了在线商户的销售、存货、收益、物流等业务数据，并与买家的行为数据相结合，得到"商流+物流+资金流+信息流"的全景视图，解决了信用传递及信息孤岛问题，从而实现客户筛选和精准营销，并在客户无法兑付及违约时起到一定的风险监测、预防及兜底作用。

---

① 关于亚马逊卖家使用支付服务商的新政策。

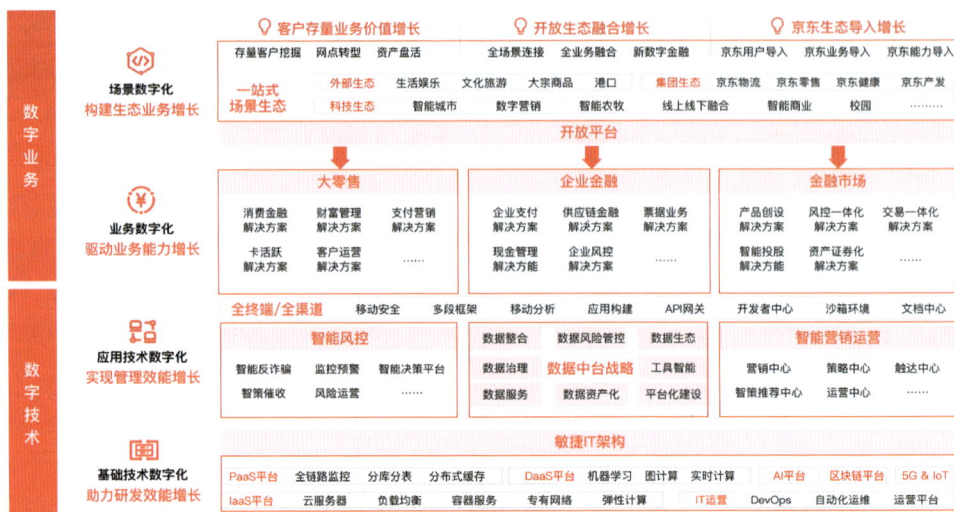

图 7-29　京东在电商、金融、科技领域的全景覆盖案例

在生态行为方面，"平台治理"解决了企业融资难、银行风控难、政府监管难问题，以在线交易产生的可确定未来现金流为直接还款来源，对旗下平台商家的违约行为有很强的约束力。

结　　语

　　本书是跨境系列继"电商"与"物流"之后的"支付"篇，我们已探讨过跨境电商、国际物流，了解了贸易数字化、物流本地化的趋势。电商、物流、支付通常"三流合一"，支付是一个更细分的"后台"领域。本书秉承求真务实的宗旨来书写，当真正涉足一个行业仔细研究时，会发现其专业的复杂性别具洞天。

　　从全球范围看，具有数字金融概念的创业公司在国内外都炙手可热，现在 Fintech 的成长性甚至已到了初具行业影响力的新阶段。网络经济的开放性和巨大活力让很多地区放宽了支付业务的范围，以及降低了获取数字银行牌照的门槛，这是跨境支付起飞的重要原因。

　　从地域来看，支付市场极具差异化，要把握金融科技跨境发展的深层规律，本书的介绍仍停留在表象。金融服务已经像云计算一样嵌入业务场景和消费端，但提升跨境支付效率、降低结算风险、节省支付成本，让金融资源在全球范围快速流通与协作，无论是业务模式还是数字化升级，各类支付市场仍然存在很多机会。

　　感谢家人的支持；感谢朋友们的帮助。

　　至此完结，希望您能从中获益，谢谢！

The End

附　录　A

商业金融机构	· FIS World Pay、VISA、MasterCard、America Express、JCB、银联、JP.Morgan · 微众银行、网商银行、中国银行、汇丰银行、星展，Antfin、Klarna、Wirecard 等			
支付资讯网站	· 移动支付网、支付百科、支付圈、金融界、支付学院、支付之家、中国货币网 · 雨果跨境、跨境眼、出口电商、福步论坛、跨境鹰熊汇、中国支付网、中国外汇			
行业研究机构	· 波士顿、麦肯锡、罗兰贝格、凯捷、贝恩、易观、艾瑞、iiMedia、亿邦、KPMG · PSPLab、CBinsight、Investopedia、Aliresearch、Emarketer、WorldBank、IMF · thepaypers、creditcards.com、11fs、paymentreport.com、CGI Global、paymentwall、Shopify 等（官网支付收款方式介绍）			
跨境支付平台	· Payoneer、PingPong、PayPal、Square、Stripe、Venmo、Paytm、WeChat Pay · eBay、Amazon、Aliexpress、Shopee、Qoo10、Shopify			
境外支付机构	· Aadhaar Pay · AirtelMoney · Allied Wallet · Amazon Pay · Apple Pay · BankAxept · BHIM / UPI · Bizum · BKM Express · Bluecode · BonusFlaş · Wirecard · Bunq · Capital One Mobile · CashClub (Everi) · CashU	· FitBit Pay · FreeCharge · Google Pay · ICICI Pockets · iPAYst · Jiffy · LevelUp · Lydia · Lyf Pay · MasterPass · MBway · mBank · MercadoPago · Mobikwik · Mobilepay · Momoe	· N26 · Neteller · OneCard · Orange Cash · Oxigen Wallet · ParaMara · Zapp · Payconiq · Paydirekt · Paylib · Paym · PayNearby · Payza · Pingit · Pivo · Puma Pay	· Siirto · Slim Pay · StarbucksCard · Swish · Tikkie Pay · TIM Pay · Twint · Twyp · VenMo · Vipps · VISA Checkout · Qiwi.Wallet · Walmart Pay · WebMoney · Yandex.Money · Yoyo Wallet

	· Chillr	· Moneta.ru	· Samsung Pay	· Zimpler
	· Dwolla	· MuchBetter	· Santander Wallet	· Zelle
汇款机构	· Remitly	· Skrill	· Sharemoney
	· Xoom Money Transfer	· SureRemit	· Taptap Send
	· Western Union	· Chipper Cash	· PaySii
	· MoneyGram	· TransferGo	· Xchanged Guam
	· Ria Money Transfer	· Sigue Money Transfer	· Instarem
	· WorldRemit	· Placid Money Transfer	· WireBarley
	· ACE Money Transfer	· Barri Money Transfer	· KoronaPay
	· Usend Transfer Money	· Pangea Money Transfer	· GoRemit
	· Wise Payments	· Intermex Wire Transfert	· Ooredoo Money
	· Xe Currency	· Easylink Remittance	· GME Remit